葉自成印

治道

商鞅治秦与现代国家治理的缘起

叶自成◎著

中信出版集团 | 北京

图书在版编目（CIP）数据

治道：商鞅治秦与现代国家治理的缘起 / 叶自成著
. -- 北京：中信出版社，2021.1
ISBN 978-7-5217-2266-6

Ⅰ. ①治… Ⅱ. ①叶… Ⅲ. ①商鞅变法—研究 Ⅳ.
① K231.07

中国版本图书馆 CIP 数据核字（2020）第 178586 号

治道：商鞅治秦与现代国家治理的缘起

著　　者：叶自成
出版发行：中信出版集团股份有限公司
（北京市朝阳区惠新东街甲 4 号富盛大厦 2 座　邮编　100029）
承 印 者：北京楠萍印刷有限公司

开　　本：787mm×1092mm　1/16　　印　　张：21.5　　字　　数：272 千字
版　　次：2021 年 1 月第 1 版　　印　　次：2021 年 1 月第 1 次印刷
书　　号：ISBN 978-7-5217-2266-6
定　　价：68.00 元

目　录

第七章 法治如何制约君权

第八章 商鞅对司法的治理

第九章 商鞅治农：农业、农村、农民为立国之本

第十章　商鞅治军：打造大国竞争的利器

第十一章　商鞅治官：治邪官，常官迁

第十二章　商鞅治商：限制商业、商人

前 言

商鞅治道的历史意蕴

公元前361年，商鞅来到秦国，随后与秦孝公一起，拉开了中国历史上一次波澜壮阔、影响深远、进程彻底、结局惨烈的大变革。

2018年12月18日，商鞅变法2300多年后，各界精英两千多人齐聚人民大会堂，隆重庆祝改革开放40周年。

中共中央总书记、国家主席、中央军委主席习近平发表长篇讲话，回顾改革开放40年的光辉历程，总结改革开放的伟大成就和宝贵经验，动员全党全国各族人民在新时代继续把改革开放推向前进，为实现“两个一百年”奋斗目标、实现中华民族伟大复兴的中国梦不懈奋斗。

1978年12月18日，在党和国家面临何去何从的重大历史关头，中国共产党召开了十一届三中全会。邓小平同志在会议上指出：“如果现在再不实行改革开放，我们的现代化事业和社会主义事业就会被葬送。”改革开放的大幕由此拉开。

改革开放四十年深刻地改变了中国的历史进程。

习近平总书记在讲话中指出：“中国人民具有伟大梦想精神，中华民族充满变革和开放精神。几千年前，中华民族的先民们就秉持‘周虽旧邦，其命维新’的精神，开启了缔造中华文明的伟大实践。自古以来，中国大地上发生了无数变法变革图强运动，留下了‘治世不一道，便国不法古’等豪迈宣言。”以数千年大历史观之，变革和开放总体上是中国的历史常态。中华民族以改革开放的姿态继续走向未来，有着深远的历史渊源、深厚的文化根基。

最早发出“治世不一道，便国不必法古”豪迈宣言的人，正是2300多年前以身殉法、以身殉改革的商鞅！

“治世不一道，便国不必法古”，语出《商君书·更法》。商鞅在与秦国保守势力论战时深刻地指出，一个国家的政治，必须始终根据形势的变化不断进行变革，而不能固守前人的制度章法。

在中国历史上，虽然主张改革的大家不少，但真正实践改革主张的少，有所成就的更少。在实践改革主张的管子、商鞅、王安石等少数人中，管子的改革虽然规模很大，影响很大，但没能持续，齐国在管子之后又回到老样子，没有从根本上解决问题；王安石的改革也是半途而废，改革并不彻底；实际上，唯有商鞅变法，可以说是中国历史上一次规模大、改革彻底、效果显著、影响深远的改革。

历史理应向商鞅致敬！

商鞅所处的时代早已经远去，彼时的封建君主制度也早已经被历史淘汰，但是商鞅治道对我们今天建设法治国家、法治政府、法治社会依然有借鉴意义，对我们今天所处的大国竞争环境也具有借鉴意义。

如今我们所用的“近代”、“现代”概念，都是以西方学界划分的标准设定的。唯独“现代国家”这个概念，西方学者参照了中国的历史。汤因比、弗朗西斯·福山等称，商鞅时期的秦国创建了历史上最早的现代国家制度，西方比它落后了近两千年。商鞅时期的秦国，不仅建立了中央集权制度，而且实行了以法治国，有一系列制度创新，创建出一整套严格的国家管理制度，包括政治制度、经济制度、军事制度和法律制度。商鞅变法实质上是一次反封建的政治、经济、社会和军事革命，它首次以集权制取代分封制，以法治取代人治，以事功制取代世袭制，首次把农村、农业、农民提到国家兴亡的高度，首次推行小家庭制，首次对井田制进行根本性变革，首次建立人口和户籍登记制度，首次提出凭身份证明住店制度，首次对外国车马进行检疫，首次以严格的证据进行罪行审判（罪刑法定），首次以军功、事功、政功、粮功晋升官爵，开通平民上下流动的通道，首次建立统一度量衡制度……其中与中央集权、军队、政权、法令、税收、货币、统一度量衡有关的许多制度，今天仍在继续实行。

所以，我们今天有必要用新的视野重新审视、研究并鉴别商鞅的改革思想和变法实践，在批判其糟粕的同时，也要对商鞅治道的精华给予全面公正的历史评价。

商鞅治道是对国家治理的早期探索，对于今天推进国家治理体系和治理能力现代化，仍具有重要的历史借鉴意义。

第一章

政道与治道

当英文“Politics”一词从日本传入中国时，人们找不到与之相对应的汉语词汇。孙中山先生认为应该使用“政治”来对译，“政就是众人之事，治就是管理，管理众人之事，就是政治”。他的这一说法在当时产生很大的影响。虽然孙中山先生没有进一步论述何为“政”、何为“治”，但他明确将政治分为政与治，这改变了近代以来国人对政治的理解，也与现代流行的“治理”概念有相通之处。

一、政道与治道的概念

政治每天都在影响人们的生活。不管你喜不喜欢，政治就在你的身边。

政治与日常生活密切相关，但绝大多数人其实都不懂政治，更不懂什么是“政”，什么是“治”。笔者读过一本书，是一位政治学教授写的《政治是什么？》。这本书讲了许多政治现象，比如领袖、国家、革命、选举、政党等，但居然没有一处回答什么是“政治”，什么是“政”，什么是“治”。

政治学教授已然如此，一般百姓可能就更不知道了。

政治其实包括两个相互联系但又有区别的部分，即政道和治道。

政、政权、政务的主体是国家统治机构（元首、政府、议会、法院、军队等）、政党、政治家、政治人物、政治团体、政治组织，政治就是这些政治主体的活动。政的核心是权力、影响力、强制力，政就是政治主体为获得、保持、夺取、影响权力而展开的活动。政的本质是利益分配，政治就是政治主体利用手中的权力和影响力来进行利益分配的过程。

政道，就是按国家统治和公共管理权力的特点、本质和规律来行使权力的道理，体现国家、政权的国家性、阶级性、规范性、强制性、价值性等特点。

政、政权、政道与一个国家的公共权力如何产生、归谁所有、为谁服务相关，它要解决和回答的是国家的合法性、阶级性、有序性、规范性、强制性、价值性及利益分配等方面的问题。

治、治权、治理、治道，则是要寻找、发现和运用权力运行的有效性、持续性、客观性、公共性、工具性、路径和方法。治的主体以国家政权机构为主，但又不限于国家机构，也包括非国家政权机构，例如社会组织、团体、经济文化主体，甚至个人。治的核心是如何有效利用和行使权力，既有政治权力、影响力、强制力，也有非政治权力和资源的运用。治的本质是如何使利益分配相对公平、分配过程更可持续，如何以利益为驱动来达到目的。

治道，就是体现政治的操作性、专业性、职能性、有效性、持续性、客观性的道理。

治权、治道、治理，可以分为两个部分。一部分是与政体、政权、政道相关联的。一个国家的政权，即使是归国王、君主、少数人所有并为他们服务，也存在治理、治权、治道的问题。比如，政权是君主制、政权归君主所有、政权为君主服务，这是政权、政体、统治问题，但君主如何产生、帝位如何继承、谁有资格继位、谁有资格参与继位的讨论和决定，这些事务也是需要管理的；君主的宫廷生活属于君主个人的私生活，但如何选妃、选几个妃、什么时候选妃、太子该立嫡子还是该立贤子、是从亲生儿子中选还是从近亲子弟中选，这些事务也是需要管理的。这些事务虽然纯粹是政权事务，但也具有普通事务管理的属性，因此也是一种治理，是治权事务的一部分。还有一些事务，既具有政权性质，也具有治权性质，居于两者之间。比如，抵御外国对本国的侵略，既是与统治者、政权、政体生死存亡相关的少数人的事务，也是与一国全体居民生死攸关的重大的公共事务。

除了这两部分事务，其他事务大多属于一个国家的公共事务范畴，这就是所谓治权、治理、管理的外延。当然，我们也可以只把与一国大多数居民相关的公共事务，以及一个国家应对和处理的国内外各个领域不同的事务作为治权、治理、管理的外延。

“政”是政权主体，“治”是维护政权的方法和手段，“治”是围绕“政”进行的。政治包括军事、法律、政权机构、政治党派团体等方面。“政”主要是指政权、政府、军队、警察、法院、监狱、政治组织、政治机构。“治”主要是指法律、制度、政策以及依据这些进行的行为，包括军事、法律、行政等方面。

“政”是硬件，“治”是软件。治为政服务，为政决定，但又有独立性、科学性、客观性和功利性。

通俗地讲，“政”指的是正确的方向，“治”指的是正确的管理。“政”是方向和主体，“治”是手段和方法。“政”是统治，“治”是管理。

二、历史典籍中的治道传统

先秦典籍记录的既有“政治”的概念，也有“政”和“治”的概念，这三个概念相通，一般情况下三者可以互换，但在特定环境下，三者又有不同。

《尚书·毕命》有云："道洽政治，泽润生民。"《周礼·地官司徒第二·遂人/土均》有云："掌其政治禁令。"《尚书·洪范》有云："八政：一曰食，二曰货，三曰祀，四曰司空，五曰司徒，六曰司寇，七曰宾，八曰师。"

齐国政治家鲍叔牙推荐管仲时说："若必治国家者，则非臣之所能也。若必治国家者，则其管夷吾乎。"(《国语·齐语》)《左传·隐公十一年》中说："政以治民，刑以正邪。"《管子·任法》已经有了"治之道"一说："君臣上下贵贱皆从法，此谓为大治"，"故上令而下应，主行而臣从，此治之道也"。

至荀子时则有"治理"之概念，《荀子·君道》有云："然后明分职，序事业，材技官能，莫不治理，则公道达而私门塞矣，公义明而私事息矣。"

《韩非子·制分》中也记载了"是故夫至治之国，善以止奸为务。是何也？其法通乎人情，关乎治理也"的思想。

"治理"一词，指国家管理应当按照某种规律、规则行事。统治者应当遵循的为政之道即治道。《管子·侈靡》有云："缘故修法，以政治道。""治道"即"治理之道"。

所谓"治理"，当然首先是从统治者需要的角度出发的，但又蕴含坚持正道，按照事物发展的内在规律办事，顺应社会，符合民心的意思。[①]

正如《史记·太史公自序》中所说，春秋战国时期兴起的诸子百

① 也有人认为，中国历史上只有统治而无治理，或者说统治就是治理，治理就是统治，进而认为治理只是当代国家的产物，古代没有。参见卜宪群《中国古代"治理"探义》,《政治学研究》2018 年第 3 期；李龙、任颖《"治理"一词在中国古代的使用》,《北京日报》2017 年 11 月 20 日；谢扬举《中国古代的国家治理哲学》,《北京日报》2018 年 4 月 30 日。笔者认为，中国历史上的治理、治道与现代流行的"治理"不同，但也有共通之处，这就是政府对公共事务、统治集团的特殊事务，或者特殊事务与公共事务兼而有之的事务进行的管理，其中具有"治理"的内容。不同之处在于当代流行的"治理"强调非政府、非强制、自下而上、服务功能，更加制度化、法制化、程序化、公开化。

家，如阴阳家、儒家、墨家、名家、法家、道家等，都是“务为治者”，由此形成了中国源远流长的“治道”传统。

中国的“政治”概念，既是“政”，也是“治”，两者的结合，已经包含了“政治”的本质和规律在内。所谓政治的本质，就是通过权力、影响力、强制力纠正各种社会乱象，实现政治价值、政治伦理；就是通过集合社会的权力和力量来解决与社会生存发展相关的重大的公共问题，达到对国家的良好治理（“善治”），实现社会稳定、繁荣发展。“政”字分开也可以写作“正”与“攴”。“正”就是阳，“攴”就是阴。没有力量“攴”，“正”就成了空中楼阁，不能落地；没有价值“正”，“攴”就成了野蛮力量、破坏力量，不能治理社会。

三、老子与传统政道思想的高峰

中国历史上对政道、治道论述得最深刻的思想家当数老子。老子把阴阳原理运用于政治领域，对何谓“政”、何谓“治”进行了具体阐述。老子的政治哲学既涉及政道，也涉及治道。对于政道和治道两方面的阐述，都触及本质与核心。中国几千年的历史上，唯有老子一人，以其政道思想最为深刻和全面。

政道，在《老子》里的表述就是“政善治”（8 章），就是“以正治国”。政治只有坚持正确价值观并采取措施来纠正阻碍实现正确价值的东西，才能达到良好的治理，“政善治”和“以正治国”实际是相近的意思。二者的“治”字进一步强化了“政”的既正又反的内容，特别是强化了“权力与利益”的内涵，反映了权力政治、利益政治的本质。政治不仅要有正确的价值观，而且必须面对和解决与生存发展相关的重大社会公共问题，必须解决人类生存的现实问题，比如外患、粮食生产、水患、社会基本的秩序等。这就是“政治”的重要内涵。

什么是政道？

政道就是天下政权应当为谁所有、为谁服务的认识和主张。从这个角度来说，正如牟宗三先生所言，儒家和法家皆认可君主制，而君主制提倡的为君之道，只是一种表面上的政道，实际上是无政道。因为君主制的根本在于政权“家天下”，政权首先主要为君主服务，而这是违反政权的本质属性的。虽然儒家和法家内部有开明君主派和专制君主派之别，以及绝对君权派和法制君权派之别，但两家都认可君主制、世袭制。

法家不用说了，没有一人反对君主天下。即使儒家高张的所谓尧舜禹之治经常被人认为是大同理想的一个标志，其本质上也是私天下的君主制，只不过“私天下”比“家天下”在“公”的基础上更广泛一些，因为政权不仅可以在小家的圈子里转让继承，也可以在更大范围的家族圈子里转让继承。

儒道法三家中，唯有老子学派（包括庄子，但不包括后来的黄老道家和道教），是真正主张公天下且真正彻底反对君主制、世袭制的；自春秋战国至晚清近 3000 年的时间里，只有老子和庄子主张非君主制。

老子明确反对当时礼制下的君主制、世袭制。在《老子》第 12 章、18 章、19 章、20 章、24 章、26 章、38 章、39 章、46 章、53 章、57 章、58 章、62 章、65 章、72 章、74 章、75 章中，都记载了对君主制、世袭制的尖锐批判。

《老子》第 29 章明确指出，“将欲取天下而为之，吾见其不得已”，因为从本质上说，“国家政权”是“天下神器，不可为也”，正所谓天下者，天下人之天下，非一人之天下，有德者取之。因此，第49章又指出，执掌天下政权的人，必须是以天下之道为指导的有道者，只有他们才能“恒无心，以百姓心为心”，不是一时一世，而是永恒永远。百姓才是天下政权的真正主体，只有他们才能评判国家政治的好坏，也只有“百姓皆谓‘我自然’”（17章）的政权才是他们真正需要的政权。以百姓心为心的政治，必然实行有利于百姓的政治，充分发挥百姓“自化、自正、自富、自朴”的积极性（49章），也只有以百姓心为心的政治，才能带来实行“以正治国、以奇用兵、以无事取天下”的善治社会。为了实现以百姓心为心的社会政治制度，有道者必须善于取得百姓的支持和拥护，做到“善者吾善之，不善者吾亦善之”，“信者吾信之，不信者吾亦信之”（49章），而有资格执掌大权的人，也必须是百姓信赖和支持的人，他们“在天下”、“为天下”，以百姓心为心，与百姓浑然一体，有道者必须始终保持与百姓心连心，才能始终得到百姓支持，实现“天下乐推而不厌”（66章）。即使有道者在百姓支持下有了执掌政权的机会，这也不意味着他应当永远在位，因为老子明确指出，“功遂身退”是“天之道”的具体表现（9章），有道者必须“不积”（不积累权势、功名、财利），必须“为而不争”（81章）。

老子2500多年前所阐述的政道，已经非常接近天下政权的本质特点，达到了政道思想的高峰。因此，牟宗三所谓过去中国历史上只有治道、没有政道的观点，放到老子的思想体系中并不尽然。

但光有政道，国家的政治也是不可能正常运转的，必须要有治理之道，必须要有把政治价值、政治伦理实际贯彻到政治实践中去的制度、能力、体系，换言之，治道是运用公权力、社会资源、策略、制度来建设和实现政治价值与伦理价值的整个过程，是运用政治价值和政治伦理以解决国家、社会、民众面临的各种重大问题、各种关乎生存发展的实际问题的过程，是不断建设、积累、发展、完善国家和社会发现问题、解决问题的能力的过程。

老子在 2500 多年前就十分重视国家治理的问题，已经明确地使用了“治”的概念，并提出“无为而治”这一治道的总纲领，就是要执政者根据治国理政的基本规律和要求进行治理，不以个人的主观智见去治理国家。这就是老子所说的“为无为，则无不治”（3 章）和“无为而无不为”（37 章）的思想。

老子的治理思想涉及治理的本质，对治理制度、治理能力、治理体系三个部分都有所论及，形成了治理之道的雏形。国家治理构成老子政治哲学的重要组成部分。

国家治理体系是国家分层治理的结构。老子已经明确提出了个人治理（修身）、家庭基层治理（修家）、基层和地方治理（修乡）、国家治理（修国）和天下治理（修天下）五个层次。《老子》全书共有 13 处“治”，初步形成了国家治理的体系。

国家治理制度、治理能力、治理体系形成了一个有机整体，相辅相成。老子治道中所包含的政治智慧，对人们理解今天的国家治理有借鉴意义。老子治道，虽然没有机会直接进行实践，但对于后来汉初的文景之治，唐初的贞观之治，唐中期的开元之治以及宋时的仁宗之治等，都有一定的指导意义，也达到了相当高的思想高度。

简言之，老子政道的灵魂在于以正治国，就是以百姓心为心，就是让民自化、自正、自富、自朴；老子治道的灵魂，在于无为而治、顺势而为、因循变化，也是按照事物的客观规律治国、治民、治事。

四、牟宗三为商鞅治道论辩

在老子之后，法家把中国古代的国家治理思想推向了一个高潮。古代“法”的概念融刑法、法理、法典和法的政治哲学于一体。得名“法家”，是因为法家人物特有的法的政治哲学观。法家在当时的君主制这一无政道的政体之下，力求公平、程序化和正当，对国家治理产生了巨大作用，百家中无出其右者，其中又以商鞅为杰出代表。

儒家大多贬低商鞅，但牟宗三在论政道与治道时，却对商鞅的治道给予了很高评价。

牟宗三先生曾著《政道与治道》，其中第一章讲政道与治道，第二章论儒、道、法三家的治道。

牟先生认为，儒家是讲内圣外王的，可是到了宋明理学之时，“偏重于内圣一面，故外王一面不很够”，所以当代新儒家的当前使命就是开新“外王”，在“政治上行王道”，王道的最高境界就是尧舜之治，要求儒家要有事功精神。

在今天这个时代，新“外王”即“科学与民主政治。事实上，中国以前所要求的事功，亦只在民主政治的形态下，才能够充分地实现”，“天天讲王阳明，讲良知，是讲不出科学的”，科学的精神是个事功精神，道德理性主义必须与知识结合。①

从这个意义上讲，牟宗三先生指出政道是相对于政权而言，治道是相对于治权而言。中国在以前于治道，已进至最高的自觉境界，而政道则始终无进展。以往中国只有治道而无政道，亦如只有吏治而无

① 牟宗三：《政道与治道》，广西师范大学出版社 2006 年版，第 7、8、11 页。

政治[1]。政道就是关于政权的道理。所谓政道，“就是实现政权之本性”，“实现政权之为集团所共同地有之或总持地有之”。“治道，就字面讲，就是治理天下之道，或处理人间共同事务之道，其本质就是‘自上而下’的。”[2]

在牟先生看来，过去的封建贵族制度、君主专制制度，政权与治权都在君主手中，就是无政道。虽然封建制、君主制的政权也有其宗法、世袭、继承之道，但这是不真实的政道，不能成为静态实有的真正的政道。只有在民主政治之后，政权与治权才得以分离，“则相应政权有政道，治权有治道，而治权为客观化之治道”，“若政权与治权合，政权之取得唯是靠着打，唯寄托在具体之个人或氏族部落上，则相应政权无政道，相应治权有治道，而治道不能客观化”[3]。

所以，截至近代辛亥革命，中国几千年的历史一直都是无政道，但在治道上却相对有所成就，治道“已达极端微妙之境界，无论德化、道化或物化，虽有偏有全，有正有邪，然皆有极深远之意义，非浅薄者所能测”[4]。

牟先生对儒道法三家的治道都称赞有加，认为达到极深远的高度。但仔细品味，三家的治道不仅各有特色，而且也有很大差距。

牟先生认为，儒家德化的治道以孔子继承的礼乐而然，核心内容在于本人之性情，原则是亲亲尊尊贤贤，就是仁义礼智，即道德的心性进一步转为王道的正德、利用、厚生。利用、厚生代表人民生活的幸福，而讲幸福不能离开正德。当然也不能只是德，必重视人民的幸

---

① 牟宗三:《政道与治道》，广西师范大学出版社 2006 年版，第 1 页。
② 牟宗三:《政道与治道》，广西师范大学出版社 2006 年版，第 17—23 页。
③ 牟宗三:《政道与治道》，广西师范大学出版社 2006 年版，第 19、23、24 页。
④ 牟宗三:《政道与治道》，广西师范大学出版社 2006 年版，第 24 页。

福，外王就需要正德以开幸福。[①]

但从头读到尾，人们很难明白儒家的治道有何高明之处，所论儒家的德化之治，多是泛泛而论的道德之论，不易让人明白儒家的亲亲尊尊贤贤如何就能治好国家，为政以德，老者安之，朋友信之，少者怀之，又如何能解决国家治理中那些迫切的重大问题。比如，如何增加粮食生产以及解决农民问题？如何面对强敌威胁？如何达到社会稳定？儒家的德化之治可能在第三个问题的治理上能发挥一些作用，但如何解决前两个问题，儒家给出的治理方案确实要打个很大的问号。道德问题说到底是心性良知的主观作用问题，而所谓治道，如牟先生所言，是个事功精神，是个科学、规律、客观问题，道德有助于事功，但不能直接成就事功，中间如何转化，是儒家没有解决好的问题。

宋明两朝，儒家最盛，其灭亡固然不能全归咎于儒家，但的确没发现儒家有什么人对如何解决强敌威胁提出可行之道。仁义礼智能争取一时的和平，但终究不能抵御强敌。儒家的所谓治道，正德是其强项，至多可以在一定程度上弥补君主专权的劣势，但厚生、利用却看不到具体的操作路径，尤其是如何防御外部强敌，是一大短板。而且从理论上说，"德化的治道"，理论上"是对极权独霸的否定"，但实际上儒家大盛的明清两朝，事实上却加剧了君主的专制。

当年南宋人陈亮（字同甫，称龙川先生，1143—1194 年）对当时的儒者不去思考如何解决关乎宋朝生死存亡的大问题却空谈心性理学极为不满，尤其不满朱熹"三代专以天理行，汉唐专以人欲行"的观点，与朱熹进行了激烈的争论，尖锐地批评说："始悟今世之儒士，自以为得正心诚意之学者，皆风痹不知痛痒之人也，举一世安于君父之

① 牟宗三：《政道与治道》，广西师范大学出版社 2006 年版，第 24、25 页。

仇，而方低头拱手以谈性命，不知何者谓之性命乎。”①

清朝的魏源，针对孟子和宋、明儒家提倡以德治国的特点，特别强调了治理能力的重要性，认为农业、税收、国防或法治其实同古代哲人先贤的心之所在更为接近，“禹平水土，即制贡赋而奋武卫……无非以足食足兵为治天下之具”，并批判了孟子王霸两分的思想，认为强调道德比实际治理能力更有价值的观点，造成了文人“遂以兵食归之五伯”的错误结论。魏源认为，王道并不是道德的空谈，“王道至纤至悉，井牧、徭役、兵赋，皆性命之精微流行其间”。魏源的思想更接近中国封建时代选择性地吸收了法家传统的儒学主流，认为奖励与处罚都有自己的作用②。

针对道家，牟宗三认为，道家的治道，是道化的治道，叫人君归于自己之自适自化而让开一步，让物物各适其性，各化其化，各然其然，各可其可，这也是一种极致的治道，是天地气象、天国境界、神治境界，所以对于道家的无为，儒家是赞同的，但道家只有遮拨私意私智之“无为”，并无价值理想，且没有以德性天理为根据的“无不为”。③

牟先生的难得之处，是视治道为事功精神，是一种科学、客观问题，对法家的治道说了不少公道话。

牟先生以为，儒家德化的治道、道家道化的治道，好虽是好，但实不是普通所谓政治的意义，而是超政治的教化意义，只有法家的治道，以政为法，顺大势所趋，是直接含有政治意义，于政治上为较切。因为在战国时期，君士民均有所解放而取得客观地位，政治的运用就

① 牟宗三：《政道与治道》，广西师范大学出版社 2006 年版，第 192 页。
② 魏源：《魏源集》，第 36 页；（美）孔飞力：《中国现代国家的起源》，陈兼、陈之宏译，生活·读书·新知三联书店 2013 年版，第 46 页。
③ 牟宗三：《政道与治道》，广西师范大学出版社 2006 年版，第 29—30 页。

必须客观化，而最能表示政治运用之客观化的就是法，法的特性，体现为概括性、普遍性、客观性、有效性，比如在法律面前人人平等，适合处理共同事务，这在时代趋势中透露出这个领域所共有的事务，“使孔子而处此，亦不能外乎此一套”①。

牟先生关于法家治道的论述，实际上相当于承认儒家的治道虽然好，但超越现实，其实不是政治的治道，而只是天国境界、天地气象；而法家的治道，因其具有普遍性、客观性、有效性，首先向客观方面的共同事务之领域用心，所以结果是事功。他们的目的在于成事功，也即共同事务之功，所以“确是直接符合政治的意义，因为政治运行的范围，就是共同事务的领域，政治的本质就是客观性的、依法而行的东西，所以‘以政为法’的治道是表现‘客观精神’，不表现‘独化’的天地精神，是已达到政治意义的境界”②，因而更具有治道的真正内涵。

牟先生把法家分为前期法家和后期法家，前期法家就是李悝、吴起、商鞅，他们都是些“精察的事功家”，“此种法家与儒家并不冲突，亦不对立”，后期法家以韩非、嬴政、李斯为代表，他们把法超出政治范围而扩大到整个社会的领域，使前期法家“以政为法”的治道，变成了后期法家物化的治道，在这种治道中，“整齐划一之法由术府中压下来而昏暗了一切，亦即物化了一切，人民只成了‘物民’，韩非之教是极端愚民、独裁、专制之教”③。

因此，整体来说，真正体现出了与治道相应的内容的，实际上主要是前期法家，而前期法家，作为事功家，作为表现治道之普遍性、

---

① 牟宗三:《政道与治道》，广西师范大学出版社 2006 年版，第 34 页。

② 牟宗三:《政道与治道》，广西师范大学出版社 2006 年版，第 35 页。

③ 牟宗三:《政道与治道》，广西师范大学出版社 2006 年版，第 36—37 页。

客观性、有效性的真正内涵的法家，又以商鞅为杰出代表。所以，从两千多年的历史看，商鞅治道实则达到了一个高峰。

在《政道与治道》一书中，牟先生客观指出，既然要以政为法，施行法时，“当然是认事不认人，认法不认人。这非有冷静的干慧、客观的理智不可。在信赏必罚时，毫不容情，毫无通融（不如此法无效）。这当然显得严峻刻薄，非心肠硬不可，其实政治运用的客观性、法的领域，其本质就是如此，也无所谓刻不刻、硬不硬。能有这种才质，而又能把握法的领域之来临，这当然要成事功。这就是战国时前期的法家李悝、吴起、商鞅其选也”，他还特别反驳司马迁的观点，说商鞅“天资刻薄人也”，“我亦说要做这种事，非心肠硬、理智冷不可”。[①] 在儒家评论商鞅的言说中，牟先生这般旗帜鲜明地为商鞅辩护，显示了真正的儒者与一般的儒者见识大不相同。

治道虽然是中国传统文化的产物，但与现代化治理也有相通之处。老子对政道、治道都有许多精辟的论述，而商鞅则是法家以法治国的杰出代表，他的实践体现了法家国家治理的精华，牟宗三在孙中山之后明确提出了政道与治道的概念，对商鞅的治道精神给予了很高的评价，也揭示了商鞅治道的现代内涵。

---

① 牟宗三：《政道与治道》，广西师范大学出版社 2006 年版，第 34—35 页。

第二章

商鞅治道之鉴：管子的治国思想

政治科学的发展趋势，是伦理政治让位于权力政治，道德政治让位于利益政治，是政权与治权一体让位于政权与治权的分离。管子就是重权力、重利益、重政与治分开的先驱，商鞅是在管子的治道基础上向前迈进的。

一、管子与齐桓公：政权与治权的分离

公元前 685 年，在莒国流亡的公子小白回国继位为齐桓公，他任用管子为相。

管子，字仲，名夷吾，传说是周穆王的后人。齐桓公与管子本是仇敌，齐国内乱时，公子小白与公子纠逃出齐国，分别到莒国和鲁国避难，齐襄公被杀后，两人都回国争夺王位，跟随公子纠的管子曾经用箭射伤公子小白，差点要了公子小白的命。齐桓公继位后，重用鲍叔牙，而鲍叔牙拒不为相，极力推荐管子掌管相印，认为管子是一位集宽惠、忠信、礼义等治国才能于一身的贤才。他向齐桓公劝说道："管子是治国良才，他能宽厚施恩于百姓，能治理国家不失根本，能以忠信取得百姓的信任，能制定礼仪制度使天下人效法，也能带兵打仗。"[①] 齐桓公不计前嫌，采纳了鲍叔牙的意见，迎受管仲，厚礼其为大夫执政。

---

① 原文参见《国语·齐语》："若必治国家者，则非臣之所能也。若必治国家者，则其管夷吾乎。臣之所不若夷吾者五：宽惠柔民，弗若也；治国家不失其柄，弗若也；忠信可结于百姓，弗若也；制礼义可法于四方，弗若也；执枹鼓立于军门，使百姓皆加勇焉，弗若也。"

齐桓公重用管子为相，是中国政治史上的一件大事，因为这开启了政权与治权分离的新模式。这种模式的核心，就是国家政权始终是君主的，与之相联的治权本质上也是君主的，但实际上君主并不亲自行使各种治权，而是将治权交给国相或首辅大臣行使，君主一般不再过问具体的政务国事，只是掌握最重要的决策权和最主要官员的任命权。这好比现代企业管理，企业的产权归企业所有者（董事会、董事长、股东）所有，但企业的日常管理，即企业的治权，却可以全权委托企业的 CEO 来执行。

公元前 685 年，齐桓公与齐相管子之间虽然没有正式的协议或法律约定，但二人达成了一种默契，就是齐桓公将治权直接委托于管子。此后的四十多年，除外交大事之外，齐桓公一般不参与齐国政治、经济、军事等国务的治理过程，基本上实现了政权与治权的分离。即使在一些事关齐国内政外交的重大事项上，齐桓公做决策时也大多听取管子的建议。齐桓公尊称管子为“仲父”，二人之间超越了一般意义上的君臣上下尊卑关系。这一对齐国的“老板和 CEO”之间的关系，成为之后两千多年君权时代的一种理想的治理模式。

管子作为齐国的“CEO”，虽然不能改变政权、政道，但却把国家的治理权运用得淋漓尽致。齐国在管子的治理下，内外修明，国力日强，成为春秋实力最强盛的国家之一。

二、管子的社会改革：四民分业

管子行使治权的实践，也是在春秋时期齐、晋、楚、秦等大国竞争的背景下展开的。管子确定了使齐国在大国竞争格局下保持竞争优势的战略方针。要做到这一点，首先就要对内改革，因此管子任齐相时，齐国进行了一场大规模的政治、经济和军事领域的改革。

管子改革的第一项重大措施是社会改革，即四民分业。在管子看来，富民在于让民各有其所，发挥各自的才力。他把民众分为四类：士、农、工、商。这四种不同行业的民众不应混杂在一起，而应有其分工，各有所居。士人读书应在清静之地，工匠宜在官府做工，商人在街市做买卖，农人在田野耕作。这可使他们依类而分，相互交流切磋，在不同的行业领域各有所专，代代相传，一代比一代强。为了让四种行业的民众分地而居，管子又提出对政治制度进行改革，应把全国分成二十一个乡，其中工匠和商人共六个乡，士人十五个乡，由齐国国君上卿分别领导，国家的政事也分为五个部分，三卿管群臣，三族主管工匠，三乡主管商人，三虞主管川泽，三衡主管山林。四民分业的思想也在一定程度上反映了当时商品经济的发展，社会出现农业与手工业分工之后的又一次分工，即商业与农业、手工业的分工。齐国民众有经商的传统，《管子》书中提出的四民分业，既是适应当时经济发展的需要，也是一种重要的改革措施。这里尤其要强调的一点是，管子突破小人与君子的界限，把过去被认为卑贱的农工小人与读书的士人君子并列。

三、管子的经济改革：租赋制度

管子改革的第二项重大举措是经济改革，即租赋制度改革。《管子·大匡》中提到，在管子改革期间，“桓公践位十九年，弛关市之征，五十而取一，赋禄以粟，案田而税。二岁而税一，上年什取三，中年什取二，下年什取一”，主要就是减少对市场的征税，只收 2% 的税，对农民的税也改成两年一征，同时按照收成不同分别征收，丰年取三，平年取二，欠收年只取一。另外，也提出了废除春秋早期的公田赋和劳役地租，改为征收实物地租，按亩征税。《管子·小匡》中又提出了对农民征税，不但要按收成征，还要区别土地的肥沃程度，这就是“相地而衰征，则民不移”。这是春秋时期的一项重大改革，其基本精神旨在减轻社会的赋税负担，解放生产力，促进经济发展。在这样的基础上，还必须“修旧法，择其善者而业用之，遂滋民，与无财，而敬百姓，则国安矣”（《国语·齐语》）。管子认为法度应修明适用，增加人口，救济百姓，敬重民众，这是安定国家的主要措施。

四、管子的政治改革：军政一体

第三项重大措施是政治改革，即建立军政一体、军民一体的体制，以适应当时战争不断的局势。管子反对公开进行军备扩张，认为这会引起邻近大国的不安，使小国也加强守备，导致难以达到争霸的目标，指出“君若正卒伍，修甲兵，则大国亦将正卒伍，修甲兵，则难以速得志矣。君有攻伐之器，小国诸侯有守御之备，则难以速得志矣。君若欲速得志于天下诸侯，则事可以隐令，可以寄政”（《国语·齐语》），最好的办法就是把军政隐于政制之中，进而提出了军政合一、军民合一、军经合一的体制。管子将全国乡野分为五属，设属正，爵为大夫，每属九万家。属下是县，每县九千家，设县帅。县以下设乡，每乡三千家，设乡帅。乡以下设卒，每卒三百家，设卒帅。卒以下设邑，每邑三十家，设邑有司。在城市中的组织程度更高，是合“五家为轨，轨为之长；十轨为里，里有司；四里为连，连为之长；十连为乡，乡有良人焉。以为军令：五家为轨，故五人为伍，轨长帅之；十轨为里，故五十人为小戎，里有司帅之；四里为连，故二百人为卒，连长帅之；十连为乡，故二千人为旅，乡良人帅之；五乡一帅，故万人为一军，五乡之帅帅之。三军，故有中军之鼓，有国子之鼓，有高子之鼓。……卒伍整于里，军旅整于郊。内教既成，令勿使迁徙。伍之人祭祀同福，死丧同恤，祸灾共之。人与人相畴，家与家相畴，世同居，少同游。故夜战声相闻，足以不乖；昼战目相见，足以相识。其欢欣足以相死。居同乐，行同和，死同哀。是故守则同固，战则同强”(《国语·齐语》)。一个国家若有这样的战士三万人，就可以无敌于天下，可以诛无道，卫周室，其他大国之君是无法抵御的。

五、管子的文化建设思想

管子对一个国家富、强、胜之间的关系进行了论述[①]，认为“治者所道富也，而治未必富也，必知富之事，然后能富。富者所道强也，而富未必强也，必知强之数，然后能强。强者所道胜也，而强未必胜也，必知胜之理，然后能胜。胜者所道制也，而胜未必制也，必知制之分，然

① 原文参见《管子·形势解》：“主之所以为功者，富强也。故国富兵强，则诸侯服其政，邻敌畏其威，虽不用宝币事诸侯，诸侯不敢犯也。主之所以为罪者，贫弱也。故国贫兵弱，战则不胜，守则不固，虽出名器重宝以事邻敌，不免于死亡之患。”

后能制，是故治国有器，富国有事，强国有数，胜国有理，制天下有分”（《管子·制分》）。“富”，是指富国的生产事业；“数”，是指强国的政策措施；“理”，是指获胜的大道理；“制”，是指控制天下的纲领。所以富国强兵的关键还在于一国要有正确的路线、方针、政策和纲领。

其次，管子认为，国家不仅要有硬实力，而且必须重视精神、价值观念的作用，明确提出了国家要有文化实力的观点。在《管子》一书中，国家富强不仅指兵力多少、财富多少，更重要的是一国国民的精神状况，因此它把精神文明看成支撑国家的栋梁。管子说，“国有四维，一维绝则倾，二维绝则危，三维绝则覆，四维绝则灭。……何谓四维？一曰礼，二曰义，三曰廉，四曰耻”，“四维不张，国乃灭亡”（《管子·牧民》）。《管子》一书关于国家必须要有精神价值支撑的论述，可以说是非常超前的，对于当代中国文化实力建设，以及解决中国经济发展进程中道德缺失的状况，也是一个很好的启示。

六、管子的法治建设思想

以法治国是富国强兵的保障。

怎样才能做到富国强兵呢？管子认为，法治是治理国家的纲领，应当“合群叟，比校民之有道者，设象以为民纪，式权以相应，比缀以度……劝之以赏赐，纠之以刑罚，班序颠毛，以为民纪统”，还要“参其国而伍其鄙，定民之居，成民之事，陵为之终，而慎用其六柄焉”（《国语·齐语》）。他指出，应由德高望重的老者和民众中有德行者来制定法律，用这样的法作为行为准则，合理运用权力，赏罚分明，使民众各有其所，各成其业，老有所归，在涉及民众的生杀贫富贵贱时小心地运用权力。

在管子看来，所谓政治，首先应当是政治家为民众树立行为规则。“政者，正也。正也者，所以正定万物之命也。是故圣人精德立中以生正，明正以治国。故正者，所以止过而逮不及也。过与不及也，皆非正也。非正，则伤国一也。……虽圣人能生法，不能废法而治国”（《管子·法法》），“以法制行之，如天地之无私也”（《管子·任法》）。这种“正”又只能用法律来明确规定。“正”，就是法治。

管子在中国思想史上最先提出社会建设要两手抓。一手是道德建设，一手是法律建设，必须两方面兼顾。他认为，“所谓仁义礼乐者，皆出于法”。这与后来儒家重德轻法、法家重法轻德有很大的区别，他主张把两者统一起来，并以法为本，道德伦理也应符合法的规范，不能把道德放在法律之上，法高于德。二者不是矛盾对立关系，而是相辅相成的。

《管子》一书是中国经典著作中最早提出以法治国、法律面前人人平等思想的书籍。管子认为，法律是对所有人的，不论是天子还是最下层的百姓，都应该遵守法律规定，这就是所谓“君臣上下贵贱皆从法，此谓为大治，威不两错，政不二门，以法治国，则举错（措）而已”（《管子·明法》）。这里的“君臣上下贵贱皆从法”，就是中国思想史上“法律面前人人平等”的最早表述。这与通常人们认为的中国只有法制（即通过法律制度来统治老百姓，而统治者可以不守法）的观念不一样。在《管子》一书中出现的法，既指法制，也指以法治国的精神，包含了后来欧洲提出的法律面前人人平等的内容。这一思想表明，管子的法治思想也包含了对统治者和君权的限制。

《管子》一书还对执法必须实行普遍和绝对的效用做出明确的表

述，认为“有功不必赏，有罪不必诛，令焉不必行，禁焉不必止，在上位无以使下，而求民之必用，不可得也”（《管子·重令》）。如果已经制定的法律得不到很好的执行，一个国家就无法治理，因此，必须让法律“如天地之坚，如列星之固，如日月之明，如四时之信”，这样才能“故令往而民从之”（《管子·任法》）。管子主张必须严于执法，把严明的法令、严厉的刑法和丰厚的赏赐作为国家法理的“三器”，而且更重要的是，统治者必须首先带头执行法律，“上不行，则民不从”，“是以有道之君，行法修制，先民服也”（《管子·法法》）。当然，执行法律必须与其他手段（如教化、行政管理、道德教育等）综合使用。

管子主张“生法者，君也”（《管子·任法》），但君主立法并不意味着君主可以随心所欲。强调道家主张的法由道生，就是法虽然是君主立的，但君主所立之法应合乎和体现“道”的原则，“事督乎法，法出乎权，权出乎道”（《管子·心术》），“宪律制度必法道”（《管子·法法》）。

七、以民为本、富民富国

在《管子》一书中，人本、民本思想也是一个重要组成部分，提出了“以人为本，本治则国固，本乱则国危”（《管子·霸言》）。民本思想是管子治权思想的重要组成部分，包括“齐国百姓，公之本也”（《管子·霸形》），“夫霸王之所始也，以人为本”（《管子·霸言》），“欲为天下者，必重用其国，欲为其国者，必重用其民”（《管子·权修》）。管子认为，民众是一个国家的基本主体，有了这个主体，一个国家才能真正立得起来。一个国家之所以是一个国家，根本原因就在于有民众这个基本的主体，即所谓“民生体，而国立，国之所以为国者，民体以为国”(《管子·君臣下》)。因此，治理一个国家的重要任务，就是解决好民众与统治者的关系，统治者任何时候都要把民众放在国家政治的重要位置上。

以民为本在政治上的体现就是统治者要“与民为一体”，也就是治理国家一定要以天下百姓之心为依据，“先王之在天下也，民比之神明之德。……夫民别而听之则愚，合而听之则圣。虽有汤武之德，复合于市之人言。是以明君顺人心，安情性，而发于众心之所聚。是以令出而不稽，刑设而不用。先王善与民为一体。与民为一体，则是以国守国，以民守民也”(《管子·君臣上》)。这段话是说，贤明的统治者是善于听取民众意见的，关于民众的意见，如果只听取个别人的，就容易犯错误，全面地、综合地听取，就可以使统治者更好地制定政策，即使是商汤王和周武王这样圣明的君王，也需要多方收集民众的意见。所以，英明的统治者能够顺从人心，适应人的性情，行事从民众关心的地方着手。这样，命令就可以顺利地得到执行，刑罚也可以不用或者少用，这就是王善于与民众一体的表现。与民一体，就是以国家保卫国家，以人民保卫人民。

以民为本，就是要依据民众的喜怒哀乐来进行治理。对民众喜欢的，帮助民众实现之；对民众憎恶的，帮助民众摒弃之。《管子》指出，“夫凡人之情，见利莫能勿就，见害莫能勿避。其商人通贾，倍道兼行，夜以继日，千里而不远者，利在前也。渔人之入海，海深万仞，就彼逆流，乘危百里，宿夜不出者，利在水也。故利之所在，虽千仞之山，无所不上，深源之下，无所不入焉”。所谓以民为本，就是“居民于其所乐，事之于其所利，赏之于其所善，罚之于其所恶，信之于其所余财，功之于其所无诛”（《管子·禁藏》）。

对于统治者来说，以民为本的关键在于观察民心并顺其民意。《管子》指出，“政之所兴，在顺民心；政之所废，在逆民心。民恶忧劳，我佚乐之；民恶贫贱，我富贵之；民恶危坠，我存安之；民恶灭绝，我生育之”。统治者的任务就在于观察老百姓喜欢什么，讨厌什么，最关心什么，最担忧什么，要为他们排忧解难，满足他们基本的生活需求，这样，百姓也会反过来给予统治者想得到的东西。人民得到了安乐，就会为国家解除忧难，人民得到了富贵，就会承受国家的贫贱，即“知予之为取者，政之宝也”（《管子·牧民》）。

以民为本，首先要使民富。“人不可不务也，此天下之极也”（《管子·五辅》），“争天下者，必先争人”，只有“以人为本”，才能做到“本治则国固”，否则就会出现“本乱则国危”的局面（《管子·霸言》）。治民具体来说就是使民富，使民众的基本生活需求得到满足，“凡治国之道，必先富民，民富则易治也，民贫则难治也”（《管子·牧民》）。相反，管子认为，治国不能建立在重刑诛杀，更不能建立在重赋竭民的基础上，这样做必然导致天下大乱，因为“刑罚繁而意不恐，则令不行矣；杀戮众而心不服，则上位危矣”（《管子·牧民》）。

富民是以民为本的表现。如何富民？基本方法就是要“仓廪实”和“衣食足”，要通过经济发展达到民众小康，要通过物质财富的增加来实现。如何增加财富？《管子》又提出全面发展各行各业，增加各方面的生产，同时也使民众各尽其才，各尽其力。首先是发展农业，农业是经济的基础，只有农业实现了“多粟”，才能满足民众吃饭的需要。同时，提倡养蚕、种桑、繁殖六畜，认为“山泽救于火，草木殖成”，“沟渎遂于隘，障水安其藏”，“桑麻殖于野，五谷宜其地”，“六畜育于家，瓜瓠荤菜百果备具”，“工事无刻镂，女事无文章”，所有这一切，即广泛发展蔬菜粮食、林牧渔、手工各业，都是可以致民富从而致“国之富”的事情（《管子·立政》）。也只有民富，才能实现“下富则上富”、“上下俱富”的目标（《荀子·富国》）。

以民为本的思想还进一步探讨了解决贫富过于悬殊的问题，提出了不能使民众过于贫穷而富人过于富裕，认为“贫富无度则失”（《管子·五辅》），“甚富不可使，甚贫不知耻”（《管子·侈靡》），“民贫则难治也”（《管子·治国》），认为“甚贫”与“甚富”的两极分化是一个严重的社会问题，不治理则会引发社会的矛盾冲突。为了不使民众过贫，《管子》提出了“足下”原则。如果说富民是以民为本经济的最高表现，那么“足下”原则就是以民为本在经济上的最低要求，“足下”就是要保障满足民众最基本的生活要求。因此提出要“薄赋敛，轻征赋”，在征收国家税赋时，“其收之也，不夺民财”，不要剥夺民众最基本的生活财富，而在灾年时，国家则应将“其施之也，不失有德，富上而足下，此圣王之至事也”（《管子·小问》）。

从以上关于法治和以民为本的思想来看，《管子》的思想比战国时期的儒家和法家思想更为合理，也更为可行。马建红在《〈管子〉民为国本的法治思想》一文中说道：“比之儒家的以人治为特色的民本则更具实效，比之以商鞅为代表的秦法家以治民为目的的法治则更为人道，更易受到百姓的支持与拥护。”[①]《管子》与儒家的民本思想最大的区别，就是它不仅提出了以民为本的原则，而且提出了以民为本的具体措施，包括兴修水利、圈养六畜、发展手工业、林业、渔业，还提出了“入国四旬，五行九惠之教”，“老老、慈幼、恤孤、养疾、合独、

① 马建红：《〈管子〉民为国本的法治思想》，《管子学刊》1999年第2期。作者指出，“假如以齐法家的思想作为我们的正统思想的话，则民族和百姓就会少受许多苦，而我们的法治建设也不会背着如此沉重的人治包袱，不会如此举步维艰”。

问疾、通穷、振困、接绝”（《管子·入国》），较早提出实行社会保障和福利制度，对老人、幼儿、遗孤、残疾者、鳏寡、病人、贫困者、灾民、烈士家属等九种弱势群体给予国家的关照，每四十天就要五次检查九惠措施实行得如何。

《管子》和法家都主张富国、强国，都主张使民众为国效力，但《管子》与法家主张的强国、富国思想最大的不同在于《管子》富国、强国的主张包含了强烈的富民思想和对民众的人文关怀。

八、管子的华夏体系治理

管子在齐国任贤用能，整军治国，使齐国国力大大提高，很快成为春秋时期华夏体系中的第一个霸权国，齐国也承担了治理华夏体系的大国责任。管子华夏体系治理的学说和实践可以归纳为三个方面：第一，尊重周天子的华夏体系国家联合体的文化中心地位，扶天子以令诸侯；第二，主持召开盟会，制定华夏体系国家的行为规则；第三，兴灭国、续绝世，保卫华夏国家，抵御周边蛮夷国家对华夏体系的侵略。

在齐国与鲁国的外交纠纷中，两国发生了战争，鲁将师败。鲁庄公请求献地求和，在齐桓公与鲁庄公会柯而盟时，齐桓公被鲁将曹沫以匕首劫持，逼迫他将鲁献地还归于鲁，被曹沫释放后，齐桓公又想反悔，但管仲力劝齐桓公守信，最终齐还是将鲁地返还于鲁。这一举动大大增加了齐国在诸侯国中的影响力，“皆信齐而欲附焉”（《史记·齐太公世家》）。

公元前681年至公元前679年，齐、陈、蔡、卫、邾、曹诸国先后在齐国的北杏以及卫国的鄄邑两次召开盟会。在鄄邑盟会上，诸侯国开始承认齐国的领导地位，齐国确立了自己的霸主地位。周天子对齐国的兴起和称霸只能采取默认的态度。公元前680年，当齐国请求周天子派军队参加讨伐宋国的行动时，周天子只好派单伯率兵参加，这实际上是认可了齐国的霸主国地位。公元前667年，周惠王又赐予齐桓公诸侯之长的封号（赐齐侯命），齐国正式成为霸权国。

从公元前680年齐国称霸到公元前643年齐桓公去世，齐国主导了华夏体系近40年，这是齐国独霸时期。在这近40年中，齐国主导下的华夏体系一共发生三件大事：第一，率领华夏盟军支持燕国击退山戎的侵犯；第二，率领华夏国家保卫卫国；第三，率领华夏联军讨伐当时还为南方的蔡国和楚国。

公元前657年阳谷盟会时，齐国确立了四条原则：无障谷（修坝拦水），无贮粟，无易树子（不准废嫡子），无以妾为妻。公元前651年，齐国会诸侯于葵丘，达成了著名的葵丘会盟，形成了华夏体系的基本秩序，齐国的霸权达于顶峰。

《史记》记载："是时周室微，唯齐、楚、秦、晋为强。晋初与会，献公死，国内乱。秦穆公辟远，不与中国会盟。楚成王初收荆蛮有之，夷狄自置。唯独齐为中国会盟，而齐桓公能宣其德，故诸侯宾会。……兵车之会三，乘车之会六，九合诸侯，一匡天下。"(《史记·齐太公世家》)

管子在齐任相近40年，对内"修齐国政，连五家之兵，设轻重鱼盐之利，以赡贫穷，禄贤能，齐人皆说"(《史记·齐太公世家》)。对外，齐桓公霸权近40年间，多次联合中原华夏诸国南征北讨，有效地抵御了北方、西方戎狄的侵扰，有力地阻止了楚国势力的北进，维持了中原三十余年的稳定局面，为华夏国家和华夏文明的发展提供了有利的国际和平环境，具有很大的历史功绩。

后人对管子有很高的评价，梁启超认为他是“中国之最大政治家”，后人也认为管子是“两千多年前华夏文明的捍卫者，是中华大一统思想的先声”，是“建法立制、富国强兵”的法家思想的先驱，开创了我国古代以法治国的传统。

管子思想的精华有一部分也被商鞅借鉴。

第三章

商鞅治道的历史环境

公元前361年，秦孝公发布求贤令。魏国的卫鞅看到后，就拿着这个求贤令来到秦国，以求施展自己的才华，由此展开了春秋战国时期最为宏阔的政治经济改革。

一、秦孝公的求贤令

公元前361年，秦孝公继位。他痛感秦国局势之危机重重，人才缺乏，于是广施恩德，救济孤寡，招募战士，明确了论功行赏的法令，颁发了继位后的第一道诏书，这就是有名的秦孝公《求贤令》：

“昔我缪公自岐雍之间，修德行武，东平晋乱，以河为界，西霸戎翟，广地千里，天子致伯，诸侯毕贺，为后世开业，甚光美。会往者厉、躁、简公、出子之不宁，国家内忧，未遑外事，三晋攻夺我先君河西地，诸侯卑秦，丑莫大焉。献公即位，镇抚边境，徙治栎阳，且欲东伐，复缪公之故地，修缪公之政令。寡人思念先君之意，常痛于心。宾客群臣有能出奇计强秦者，吾且尊官，与之分土。”（《史记·秦本纪》）

在这道求贤令中，秦孝公向国人和天下阐明了秦国当时面临的内外形势。

第一，秦国历史辉煌不再。

从前，秦国缪公（即秦穆公，后文同）在岐山、雍邑之间，实行德政、振兴武力，在东边平定了晋国的内乱，疆土达到黄河边上；在西边称霸于戎狄，拓展疆土达千里。天子赐予霸主称号，诸侯各国都来祝贺。给后世开创了基业，盛大辉煌。

第二，秦国内忧外患严重，在华夏体系中没有地位。

秦国在厉公、躁公、简公、出子的时候，接连几世不安宁，国家内有忧患，没有空暇顾及国外的事，结果晋国攻夺了我们先王河西的土地，诸侯也都看不起秦国，没有比这更大的耻辱了。《史记·秦本纪》也说，在秦国之外，黄河和殽山以东有六个强国，虽然秦孝公与齐威王、楚宣王、魏惠王、燕悼侯、韩哀侯、赵成侯并立，但秦国地处偏僻的雍州，不参加中原各国诸侯的盟会，诸侯们像对待戎狄一样对待秦国。

第三，实现秦国复兴，重振缪公时的大业。

秦献公继位，开始重振秦国，安定边境，迁都栎阳，并且想要东征，收复缪公时的原有疆土，重修缪公时的政令。小有成就，但壮志未酬身先死。我缅怀先君的遗志，心中常常感到悲痛。父辈未竟事业，我辈必须继续实现。

因此向天下发出求贤令。

宾客和群臣中有谁能献出高明的计策，使秦国强盛起来，秦王将让他做高官，把一半国土分封给他。

二、卫鞅其人

当时的商鞅还姓卫，他是卫国国君姬妾生的公子，名鞅，公孙氏，他的祖先本来姓姬。因家道中落，卫鞅很早就流入民间，后来在魏国定居。在魏国期间，卫鞅接触到了当时影响很大的李悝的思想，又曾师从尸子，《汉书·艺文志》记载，尸子“名佼，鲁人，秦相商君之师”。尸子属于杂家，其思想融合儒家、道家、墨家、法家的内容。但卫鞅年轻时就喜欢刑名法术之学，其学习的主要内容还是以法家为主。在魏国时，卫鞅侍奉魏国国相公叔痤，做了他的门客，为中庶子。公叔痤知道他贤能，还没来得及向魏王推荐。正赶上公叔痤得了病，魏惠王亲自去看望他，说：“你倘有不测，国家将怎么办呢？”公叔痤回答说：“我的中庶子卫鞅，虽然年轻，却有奇才，希望大王能把国政全部交给他，由他去治理。”魏惠王听后默默无言。当魏惠王将要离开时，公叔痤屏退左右随侍人员，说：“大王假如不任用卫鞅，就一定要杀掉他，不要让他走出国境。”魏王应允后就离去了。公叔痤召来卫鞅，道歉说：“刚才大王询问能够出任国相的人，我推荐了你。看大王的神情不会同意我的建议。我当先忠于君，后考虑自己的立场，因而劝大王假如不任用卫鞅，就该杀掉你。大王答应了我的请求。你赶快离开吧，不快走马上就要被擒。”卫鞅说：“大王既然不能听您的话任用我，又怎么能听您的话来杀我呢？”终于没有离开魏国。惠王离开后，对随侍人员说：“公叔痤的病很严重，真叫人伤心啊，他想要我把国政全部交给卫鞅掌管，难道不是糊涂了吗？”

公叔痤死后不久，卫鞅听说秦孝公下令在全国寻访有才能的人，要重整秦穆公时代的霸业，向东收复失地，他就怀揣着李悝的三卷《法经》，离开了那个让他失望的国家，踏上了入秦的道路。

三、改革大时代

战国时期，政治经济形势大变。春秋初还有 160 国，战国初只剩下 8 国。清人顾炎武谈到春秋战国时期的变化时说，“如春秋时犹尊礼重信，而七国则绝不言礼与信矣。春秋时犹宗周王，而七国则不言王矣。春秋时犹严祭祀，重聘享，而七国则绝无其事矣。春秋时犹论宗姓氏族，而七国则无一言及之矣。春秋时犹宴会赋诗，而七国则不闻矣。春秋时，犹有赴告策书，而七国则无有矣。邦无定交，士无定主，此皆变于一百三十三年之间。史之阙文，而后人可以意推者也。不待始皇之并天下，而文、武之道尽矣”①。

这种变化的主要特点有：周天子的统治力已经完全丧失，从春秋初期华夏体系的政治经济文化中心变为一个普通国家，完全失去了昔日的权威和影响力；华夏体系各国有世袭贵族，受到上面君主权力的压制和下面大夫权力的侵蚀，以及士大夫阶层崛起而日益衰退；为了适应急剧变化的环境，魏、楚、齐、赵等国都进行了不同程度的变法改革。变法改革成为这一时期的历史大潮。这一环境对后来商鞅入秦治理提供了大方向，个中事件也为商鞅变法提供了借鉴。

赵盾修法。公元前 621 年，晋襄公在夷地阅兵，撤销了上下两军。晋国大夫阳处父从温地回来，改在董地阅兵，并更换了中军主将。阳子原是赵衰的下属，所以偏向赵氏，而且认为赵盾有才能。他说，“使能，国之利也”，主张任用有才能的人，并把它作为国家利益，所以使赵盾居于上位，成为中军主将，“宣子于是乎始为国政，制事典，正法罪。辟狱刑，董逋逃，由质要，治旧洿，本秩礼，续常职，出滞淹。既成，以授大傅阳子与大师贾佗，使行诸晋国，以为常法”。赵宣子从这时开始掌握国家政权，制定典章制度，修定法律，彰明刑狱条例，追究逃亡，使用券契，清除政治上的积弊，恢复被破坏了的等级，重

① 陈垣：《日知录校注》，安徽大学出版社 2007 年版，第 715 页。

建已经废弃了的官职，举拔被埋没的人才。政令法规完成以后，交给太傅阳子和太师贾佗，要他们在晋国推行，作为基本制度。这也是春秋时期最早的制定法典并按法典行事的历史记载。

叔向用刑杀邢侯。公元前528年，晋国的邢侯和雍子争夺鄐地的土田，调解很久都没有结果。原来的法官士景伯逃去了楚国，叔鱼代理他的法官职务。韩宣子命令他审理旧案。罪过在雍子一方，但雍子把他的女儿嫁给了叔鱼，叔鱼便判定邢侯有罪。邢侯发怒，在朝廷上杀了叔鱼和雍子。韩宣子询问叔向如何定他们的罪，叔向说："三个人罪行相同，活着的杀了然后陈尸，死了的曝尸荒野就可以了。"雍子知道自己的罪过，却用贿赂的手段换取胜诉；叔鱼呢，受贿赂而徇私枉法；邢侯则擅自杀人。他们的罪行是一样的。自己丑恶却掠取美名即为昏乱，贪婪而败坏职守即为渎职，杀人没有畏惧即为残酷。"《夏书》曰：'昏、墨、贼，杀。'皋陶之刑也。请从之。"叔向建议用皋陶的刑法处理此案，后来晋国杀了邢侯。孔子向来反对法治，但对这次事件评价很高，认为叔向继承了古代遗留的正直作风。①

赵简子开军功平等先河。赵简子，名鞅，谥号简，史称赵简子，赵武之孙，在晋定公时执政十七年之久，是春秋时期杰出的政治家、军事家、外交家、改革家，他也是后来战国时代赵国基业的开创者。公元前493年，晋国的内部斗争白热化，齐国人运送粮食给范氏，郑国的子姚、子般负责押送，范氏派家将士吉射迎接他们。赵简子决定

① 原文参见《春秋左传·昭公十四年》："仲尼曰：'叔向，古之遗直也。治国制刑，不隐于亲，三数叔鱼之罪，不为末减。曰义也夫，可谓直矣。平丘之会，数其贿也，以宽卫国，晋不为暴。归鲁季孙，称其诈也，以宽鲁国，晋不为虐。邢侯之狱，言其贪也，以正刑书，晋不为颇。三言而除三恶，加三利，杀亲益荣，犹义也夫！'"

在半路上拦截运粮车队，双方发生了激烈战斗。在战斗前，赵简子进行了战斗动员，提出了后来为李悝、商鞅等法家所承继的军功思想，说战胜敌人的，上大夫可得到县，下大夫可得到郡，士可得到十万亩土田，庶人工商可做官，奴隶可获得自由。[①]赵简子的这段话不仅启发了后来法家奖励军功的思想，而且在华夏体系中有更重要的政治意义。他带头打破了贵族世袭的落后制度，为平民百姓乃至奴隶打开了通向上层的道路。进入战国时代，华夏诸国的政治平民化成为一股不可抗拒的历史潮流，庶民、布衣、书生乃至奴隶，只要有本事立功，都可以贵为王侯，而贵族们如果没有功劳，就会降为庶人。

吴起变法。吴起是继李悝之后出现的一位法家学派代表人物。他不仅是法家学者，也是军事家、政治家，在魏国的崛起过程中发挥了重要的作用，率领魏军屡次战胜秦军，为魏国的崛起立下了汗马功劳，而且在政治上，在西河郡守任上时，将法家的思想付诸实践，进行了局部的变法。可惜的是，虽然吴起为魏国立下了汗马功劳，但魏武侯并不信任他。吴起出走，离开魏国逃奔到了楚国。公元前 384 年，楚悼王任用吴起为令尹在楚国进行变法，楚国面貌为之一新。吴起用法家治军之法训练出来的楚国新军，竟然能在成军短短一年中就打败了强大的魏军，一时名震诸国。但吴起时运不济，重用他的楚悼王暴病身亡后，吴起也被复辟的楚国旧贵族射杀。

申不害变法。申不害，郑国人，郑国被韩国灭后，在韩国为官，后被韩昭侯器重，委以大任。韩昭侯锐志图强，给了申不害实践法家

① 原文参见《春秋左传·哀公二年》："范氏、中行氏反易天明，斩艾百姓，欲擅晋国而灭其君。寡君恃郑而保焉。今郑为不道，弃君助臣。二三子顺天明，从君命，经德义，除诟耻，在此行也。克敌者，上大夫受县，下大夫受郡，士田十万，庶人工商遂入臣，隶圉免。志父无罪，君实图之。若其有罪，绞缢以戮，桐棺三寸，不设属辟，素车朴马，无入于兆，下卿之罚也。"

思想的机会。公元前354年，申不害在韩国变法。他在辅政的15年中，建议和劝说韩昭侯实行法家论功行赏和有过受罚的制度。在申不害法家思想的影响下，韩国的治理取得了成效，综合国力有了较大提高，以至当时没有哪个诸侯国敢侵犯韩国。申不害的法家思想在很短的时间内就能使这个弱小的国家一度称雄，的确是一个了不起的成就，也足见法家思想治国的功效。申不害认为，君主用“术”来控制大臣可以有效地巩固君主集权，稳定国家政局。但用“术”虽然在短时间内可以取得一些成就，从长远看是不利于国家统治的。以“术”治国无异于饮鸩止渴，虽可解燃眉之急，但最终一定会深受其害。与其说“术”是对法家思想的发展，不如说是对法家思想的背离和倒退。

齐威王变法。公元前348年，齐威王在齐国推行变法。他的变法最突出的特点就是虚心纳谏，尤其是当邹忌鼓瑟求见，劝威王用贤臣、除奸佞、恤民养战之后，齐威王就决心努力经营齐国，他以邹忌为相国，整顿朝政，改革政治。齐威王所做的最大的努力就是用贤任才。在他治国时，齐国出现了一批能干的官吏，并且他在考察官吏时表现出较高的政治智慧。齐威王下令让国人批评他，凡批评合理的，一律有赏。不论朝廷大臣、地方官吏或老百姓，能当面提出君主过失的，得上赏；书面指出君主过失的，得中赏；在广众中议论君王过失的，得下赏。命令刚刚下达时，人们都来进谏，宫廷里像集市一样人来人往；几个月以后，间或有人进言；一年以后，即使有人想进言，也没有什么可进谏的了。由于广开言路，不到一年，弊除政清，齐国大治。

一次又一次的变法改革，形成了春秋战国持续数百年的变革大潮，成为春秋战国时期影响最大的政治事件，也深深地影响了商鞅的思想。

在这些变法浪潮中，以李悝在魏国的变法对商鞅影响最大。

李悝变法。公元前422年，李悝在魏国变法，涉及政治、经济、法律三方面。

第一，政治上，李悝主张废止世袭贵族特权，提出“食有劳而禄有功，使有能而赏必行，罚必当”，主张选贤任能，赏罚严明。由于废除世袭贵族制度，长期在魏国占据重要地位的特权人物被赶下政治舞台，一大批有作为的出身低贱的普通百姓子弟得以被提拔到魏国的政治、军事和管理阶层中来，形成了中国最早的官僚制度和官吏队伍。

第二，经济上，李悝采取两项重大政策。首先是统一分配耕地给农民，鼓励农民提高生产，为农业的发展提供更好的条件和环境。其次是实行平籴法，就是《管子》一书所提出的准平法，或以重藏轻法。

第三，推行以法治国，制定一系列法律文件，形成比较完整的法律体系。李悝是儒生，也是中国法治思想的始祖之一，是继管子之后的法治思想的卓越的实践者，他的法治思想经吴起从魏传到楚，经商鞅从魏传到秦，秦灭后又传承到汉，他是中国历史上法治思想的主要推动者。他从华夏体系的思想中汲取了法家的思想，并把这些成果运用到魏国的治理中。在改革中，李悝派人广泛收集战国时已经存在的法律典章，汇集各国法典，结合魏国的实际情况，形成《法经》，并通过魏文侯予以颁布，使其成为魏国的法律。这也是我国第一部系统的法典。

李悝所编的《法经》包括《盗法》《贼法》《网囚法》《捕法》《杂律》《具律》。《晋书·刑法志》称李悝著《法经》，“以为王者之政莫急于盗、贼，故其律始于《盗》《贼》；盗、贼须劾捕，故著《网》《捕》

二篇，其轻狡、越城、博戏、借假、不廉、淫侈、逾制，以为《杂律》一篇”。盗是指侵犯财产的犯罪活动，大盗则成为守卒，重者要处死。治盗为法治之首，与战国初期的具体情况分不开，当时的战争使得各国发展生产和经济的努力遭到了很大破坏，民不聊生，饿殍遍野，粮食成为当时最匮乏的战略物资，以至楚国国君楚声王竟为“盗”所杀。窥宫者和拾遗者要受膑、刖之刑，表明即使仅有侵占他人财物的动机，也构成犯罪行为。贼是指对人身的侵犯，贼律是对有关杀人、伤人罪的处治条文；其中规定，杀一人者死，并籍没其家和妻家：杀二人者，还要籍没其母家。《网法》《捕法》两篇是有关劾捕盗贼的律文。杂律内容包罗尤广，包括以下几类：（1）淫禁。禁止夫有二妻或妻有外夫。（2）狡禁。有关盗窃符玺及议论国家法令的罪行。（3）城禁。禁止民众越城的规定。（4）嬉禁。关于赌博的禁令。（5）徒禁。禁止民众群聚的禁令。（6）金禁。有关官吏贪污受贿的禁令，如规定丞相受贿，其左右要伏诛，犀首以下受贿者要处死。《网法》，即《囚法》，是为了囚捕盗贼而设的；《捕法》是有关“捕亡”的，即追捕逃亡的法律；《具律》是《法经》的总则和序例。国君、贵族和官员在实行政事时首先要考虑的就是国家的法律。由于魏文侯带头遵守，李悝主持制定的这套法律得到了很好的实施[①]。

李悝在魏文侯时期任相主持全国大政 10 年，他的著作有 32 篇，其变法措施当不止以上三项，可惜书已亡佚，无由得知其详。他在魏国的改革应当是全面的，魏国在战国前期成为最强的国家之一，这与他在魏文侯支持下实施的变法改革是分不开的。后来商鞅在秦国的变法，以及汉代的法律，都受到他的极大影响，为历代法典所宗。正如

① 史仲文、胡晓林主编：《春秋战国政治史》,《中国全史》第 11 卷，人民出版社 1994 年版，第 144—148 页。

《晋书·刑法志》所说，“秦汉旧律，其文起自魏文侯师李悝”。

商鞅正是在当时改革变法的时代潮流的影响下，到秦国开始变法改革的。他借鉴了历史上各国的改革经验教训，把这些经验教训与秦国的国情进行结合，走出了一条不同于前人的改革变法的道路。

第四章

商鞅治道的整体方略

商鞅入秦时的秦国，是当时战国七大国中政治、经济、军事、文化落后的二流国家，在华夏体系中的影响力较小。商鞅针对这种情况，借鉴强国的治国经验，又结合秦国的实际情况，制定了治理秦国的整体方略和路线。

一、落后的秦国与秦献公的初步改革

秦的祖先生活在西戎，远离华夏的中心，其先祖“非子居犬丘，好马及畜”(《史记·秦本纪》)。秦在春秋时代早期是一个弱国、小国，不被中原国家重视，秦穆公时秦国是徘徊在华夏体系边缘的国家，虽然也有少数时期曾有领先，但总体上比晋国、楚国、齐国落后不少。公元前678年，秦武公死时，从死者六十六人。公元前621年，“缪公卒，葬雍。从死者百七十七人，秦之良臣子舆氏三人名曰奄息、仲行、针虎，亦在从死之中。秦人哀之，为作歌黄鸟之诗。君子曰：‘秦缪公广地益国，东服强晋，西霸戎夷，然不为诸侯盟主，亦宜哉。死而弃民，收其良臣而从死。且先王崩，尚犹遗德垂法，况夺之善人良臣百姓所哀者乎？是以知秦不能复东征也。’”(《史记·秦本纪》)秦缪公虽然也是秦的一个有为之君，但从他去世时强迫大量的人陪葬来看，也可以看出秦国多么落后，陪葬的人多达177人，其中不仅有普通的臣民，还有秦国良臣子舆氏名叫奄息、仲行、针虎的三个人。

秦穆公之后的秦国，在两百多年的时间里，对华夏体系的其他国家没有产生重大的影响，是孤立于西隅的一个二流国家，既不参与中原六国的活动，也不受中原六国重视，并以戎狄国家自卑。

秦国在公元前 453 年至公元前 385 年处于自保阶段。魏文侯时期，秦国遭到三晋联军的打压，失去河西大片国土。尤其是公元前 389 年，秦惠公的 50 万秦军在阴晋之战中几乎全军覆灭，秦国险遭灭顶之灾。所以秦孝公在其《求贤令》中说，“会往者厉、躁、简公、出子之不宁，国家内忧，未遑外事，三晋攻夺我先君河西地，诸侯卑秦，丑莫大焉”（《史记·秦本纪》）。

秦献公是秦灵公之子，嬴姓，名师隰，《吕氏春秋》作“公子连”，公元前 385 年至公元前 362 年在位。当时秦国的大权实际上被几家大的家族掌控，因此被立为太子的公子连被废，君位被几个庶长支持的亲叔叔（秦简公）所占，他不得不逃到当时战国初期的霸权国——魏国，并在魏国生活了近 30 年，在此期间，嬴师隰学到了魏国不少先进的东西。魏国因重用李悝、吴起、西门豹等人进行变法改革而强大的过程给他留下了深刻印象，也成为他日后在秦国效仿的榜样。尤其是他在魏期间，魏秦经历了激烈的战争，秦国在河西的土地被魏军强占，秦国面临亡国的危机。

在他 30 多岁的时候，机会来了。他的叔叔秦简公死后，把君位传给了两岁的孙子秦出子，朝政实际上被出子的母亲掌握。她过于重用外戚，导致了秦国公室成员的权力斗争。当时的霸权国魏国为了巩固自己的霸权，要与新崛起的赵国、齐国、楚国周旋，产生了试图拉拢秦国为魏服务的需求，因此也支持长期流亡在魏的秦公子连回国掌权。公子连及时地把握和利用了秦国发生的内乱和魏国争夺霸权的战略方向变化，取得魏国给予的资金支持后，秘密回到秦国，联合反对君后和外戚掌权的秦公室成员。公元前 385 年，公子连在秦庶长菌等人的支持下，回到秦国之都雍城，夺回了君位，是为秦献公。

秦献公继位后，采取了一系列推动秦国进步和发展的措施。

第一项措施是，为了扶持新的支持力量，秦献公对于传统的宗族式经济进行改革。在公元前 408 年的初租禾制度基础上，从法律层面承认了土地占有者对所占土地拥有所有权，使大批占有私垦田地的地主和自耕农成为土地的合法主人，得到了地主和自耕农的支持，这也有利于压制传统的贵族保守集团的势力；公元前 378 年，秦献公又开始推动市场管理改革，对工商业征收新税，实际上推动了秦国商品市场的发育。这一措施也为秦国的财政收入开辟了新的税源。

第二项措施是，秦献公上任之初，在公元前 384 年实行了以陶代人殉葬及鼓励多生的政策，废除了秦国自秦武公以来实行了三百多年的以人殉葬制度，避免青壮劳动力被杀害，为秦国保存大量的劳动力，这有利于更好地适应秦国与魏作战的大量兵源需要，也有利于秦国劳动力的保存和发展。

第三项措施是，从新生的地主和自耕农中选拔人才。秦献公允许地主和自耕农从军，允许他们立功获爵，并且从他们中间选拔优秀人才担任国家官员。秦国的地主和自耕农在秦献公时有很大的发展，是秦国变法改革中的主要受益阶层和集团，并且成为后来秦国不断发展和强大的主要政治经济力量。

第四项措施是，秦献公于公元前 379 年仿效楚国、魏国等早已实行县制的国家，开始把县制引进秦国，把蒲、蓝田、善、明氏等边境地区改建成县，由自己直接掌握，派官吏代表自己进行管理，这成为秦国一项重大的政治改革措施的开始，也大大加强了秦国国君对秦国的控制，同时削弱了宗族的力量。公元前 375 年，秦献公采取的另一项加强君主集权的措施是对秦国的基本管理单位进行重新编制，把五户人家编为一伍，组成一个经济、军事、法律三合一的结构，以伍为单位进行农业生产、军事训练和军事作战，法律上实行伍户连坐，这一措施大大加强了对秦国社会的控制和管理。

在经过初步的改革之后，秦国的实力有所增强，秦献公在公元前364年和公元前362年两次对魏作战，并取得了胜利：石门（今山西运城西南）战役斩首六万，少梁（今陕西韩城西南）战役大败魏军，生俘魏相公叔痤。这也是秦国自战国以来少有的一次大胜利，对秦国走出衰弱起到了巨大的鼓舞作用。当时的天子周显王也因魏国战败、周王室压力减少而向秦表示祝贺，并封秦王为“伯”（但这显然是周天子故意抬举秦之故，实际上秦还没有霸主的实力）。

但秦献公的有限成就并没有从根本上改变秦国是战国七雄中较弱的一个国家的事实。秦国地广人稀，虽然有地理优势，但在政治、经济、文化上是战国七大国中最落后的。所以当秦献公辞世，其子渠梁继位为秦孝公时，秦孝公感觉到了秦国迫在眉睫的危机。他深刻感受到，必须立即对秦国进行全面彻底的变革，秦国才有希望。但是，秦国如何改革？向什么方向发展？走什么道路？秦孝公自己感觉看不清。

所以，秦孝公继位后的第一道诏令就是《求贤令》。秦国虽然落后，但也有自己的特点和优势：秦国长期与戎狄相处，民勇善战；秦国虽然也是华夏文化圈中的国家，但在土地制度、婚姻制度、官吏制度方面，受周朝制度的影响相对较小，有重用外部人才的传统，这些为商鞅后来实行的与中原国家不同的变法改革提供了新的可能性。

商鞅扬长避短，根据秦国的国情设计了一套改革方案，得到了秦孝公的支持，为此后充分展现自己的才干铺平了道路。

二、商鞅论帝道、王道与霸道

商鞅入秦第一件事就是面见秦孝公，以得到施展自己治国理政才干的机会。商鞅用尽各种办法，找到了秦孝公的宠臣——一位姓景的太监求见孝公，景姓太监同意带商鞅去面陈治理秦国的计策。

战国时期已经产生了道儒墨法等不同的政治思想学派。商鞅作为杂家尸子的弟子，对各家思想都有所涉猎，游刃有余。虽然商鞅心里已经谋划了一套治理秦国的方略，但他并不急于直接向秦孝公说明，而是采取了迂回的办法，向秦孝公讲述了不同的治国方略，让秦孝公自己先做选择。

商鞅先说之以“帝道”。什么是“帝道”？就是儒道两家共同推崇的尧舜治国的办法，其特点有点无为而治的境界，“以政以德，然后无为”，是儒家的无为[①]；无为无不治，顺势而为，是道家的无为。正如后来庄子学派所说的，“天道运而无所积，故万物成；帝道运而无所积，故天下归”（《庄子·天道》）。所谓尧舜的治国帝道，在《论语·尧曰》篇也有具体的论述，就是“谨权量，审法度，修废官，四方之政行焉。兴灭国，继绝世，举逸民，天下之民归心焉”。但是孝公一边听一边打瞌睡，对尧舜之帝道没有兴趣。

商鞅第二次见孝公，另陈商汤文武的王道。所谓王道，就是儒家推崇的以仁义道德治理国家的治国方法，如孟子所言，“以德行仁者王”。但儒家最大的弊端是能仁人而不能使人仁。如果一个不仁之国要强加不仁于秦国，秦国应该怎么办呢？儒家的王道理论回答不了这样

① 牟宗三：《政道与治道》，广西师范大学出版社 2006 年版，第 25 页。

的问题。秦孝公对这一套仁义道德的说法也不感兴趣。

第三次见秦孝公时，商鞅说之以春秋五霸之霸道。所谓霸道，就是以齐桓公、晋文公为首的春秋五霸治理国家的办法，即所谓“以力假仁者霸”，五霸的治国之道是依靠国家的力量去征服天下。秦孝公对此有所心动。

商鞅在第四次面见秦孝公时，将自己精心谋划的以法治国的方略，向秦孝公全盘托出，这一次秦孝公被商鞅的治国思想和计划彻底说服，认为这一套办法比前几次谈的帝王霸道都要适合秦国，与商鞅谈了几天都不觉疲倦。《史记·商君列传》记载，商鞅后来告诉景监说：“吾说君以帝王之道比三代，而君曰：‘久远，吾不能待。且贤君者，各及其身显名天下，安能邑邑待数十百年以成帝王乎？’故吾以强国之术说君，君大悦之耳。然亦难以比德于殷周矣。”意思是说，他一开始劝秦君采用帝王治国的办法，建立夏、商、周那样的盛世，可是秦孝公认为时间太长，不可能采用，所以用富国强兵的办法劝说，秦孝公高兴地接受了。

后来有人批评说，商鞅其实没有什么定见，向秦孝公推荐了各种方案，是一种典型的投机行为。实际上商鞅是真正的法家，只不过为了让秦孝公能接受，采取了不一般的方法而已。

三、商鞅治秦七论

从《商君书》《商君列传》《史记·秦本纪》《战国策·秦策》等历史文献中，可以整理出商鞅面陈秦孝公的治理秦国的基本逻辑、基本思路和整体方略。

商鞅治理秦国的基本逻辑和整体方略如下。

（一）人性论——商鞅治秦的出发点

商鞅治理思想的出发点是法家的人性论。法家的人性论归结到两点，一是所有人都是好利的，二是人与人争利要靠权力。

关于人性好利的观点，商鞅认为，每个人都在为自己的利益而活动，人与人的利益关系形成了人与人的竞争，己之所欲，人亦所欲。己欲与人欲形成零和关系；己好利，人亦好利，己利与人利形成竞争关系，人性都是好利的，人性都是恶的，人性都是自私的，因此己与人之间形成利益的竞争关系。他指出，“民之性，饥而求食，劳而求佚，苦则索乐，辱则求荣，此民之情也”，“民之生，度而取长，称而取重，权而索利”，认为人们的一切社会活动都是为了取得利益，“名利之所凑，则民道之”（《商君书·算地》）。人只有死去，才会停止对利益的追逐，人是这样，国家也是如此，人求利益，国家则求权力，商鞅是最早认识到力或权力对国家影响的政治家。将人性论推而广之，到了国家层面就形成了国家之间的利益竞争关系。

古代政治与近代政治的一个标志性区别，就在于近代政治把国家事务从道德领域转换到利益和权力领域，而商鞅是中国最早为政治学奠定利益和权力基础的政治思想家之一。

（二）实力论——商鞅治秦的根本途径

人与人的利益冲突造成了人与人的竞争，要竞争利益，就要有足够的能力、实力、力量。人与人竞争靠个人实力，国家之间竞争靠国家的实力。国家实力的根本组成就是军队实力、经济实力、人才实力。

秦国竞争的具体目标是当时的头号强国——魏国，这就更需要秦国具有强大的国家竞争能力。他认为一个国家如果拥有强大的兵力，就会立于不败之地；反之，一个国家不强大，没有权力，进不能攻，退不能守，即使像尧那样贤明的领袖，也不能不屈服于强国。所以，“自此观之，国之所以重，主之所以尊者，力也”（《商君书·慎法》）。一个国家的地位只有凭实力才能得到，国家的强大就在于统治者善于治理百姓，从百姓中汲取力量，正所谓：“圣君之治人也，必得其心，故能用力。”（《商君书·靳令》）

（三）耕战论——商鞅治秦的整体方略

国家竞争的根本内容就是要有强大的国家实力，强大的国家实力的两个支柱，一是要有强大的经济，意味着提高粮食产量，二是要有强大的军队，意味着要组建一支能攻善战的新军。而粮食生产、组建军队这两者都离不开秦国的农民。因此，治理秦国的农村、农业、农民，就成了治理秦国的首要任务，商鞅把这两者结合为一体，提出了耕战论。

（四）事功论——商鞅治秦的人才来源

建立强大的经济和强大的军队，需要一套新的干部管理制度，摧毁落后和保守的秦国宗室制度、世袭制度。只有不拘一格起用人才，才能建立一支高效的管理队伍。为此，商鞅把人性好利作为选拔人才的理论基础，推出和完善了事功制度，只有在政治、经济、军事领域真正表现出才能的人，即有政功、粮功、军功的人，才有资格被选拔到国家政权、经济和军事的领导岗位上。不问出身，只问能力和事功，开辟农民、平民、士兵升迁为官的渠道。同时，对担任各种公共权力职务的官吏，也必须依法进行管理。

事功论的另一内容，就是国家治理必须要务实，不尚空谈，要集中精力解决国家治理中最迫切、最重要、最突出的问题，而不能把有限的资源花费在空泛的议论和争论上。

（五）集权论——商鞅治秦的国家建设方向

剥夺传统贵族的封地和世袭权力，使广大农民从贵族统治下解脱出来。改变宗室大族左右秦国政治经济的局面，把地方和社会的权力集中于以君主为象征的国家政权机构之中。政令出于一孔，赏罚只能出于国君，军权、法权、税权、人事任免权、度量衡制定权、货币权统统归于国君。

（六）改革论——商鞅治秦的历史依据

变革的理论依据是法家的因循理论，法家认为事物总是在向前变化发展的，不可能一成不变。每一时代都有每一时代的治理规则，一个国家的治理不可能固守前人在不同的历史时期所形成的规则和办法，必须随时根据变化了的情况建立、形成、发展和改革适合的制度。即使是通过改革建立起来的新制度，也需要根据不断变化的形势及时进行调整，没有一劳永逸、一成不变的完美制度。

（七）法治论——商鞅治秦的基本原则与方法

人治还是法治，这是两种虽有联系但互不相同的治理方法。人治的基本特征就是治理的主观性、随意性、特殊性和统治性。虽然它在有些问题上能表现出特殊的功用，但总体上是一种落后的、过时的、保守的治理办法。商鞅时代以礼制为标志的制度，虽然也包括一些法律、法规和制度，但基本上是人治，并以等级尊卑贵贱为其标志。人治更多地体现统治阶级、统治集团、统治群体的特殊利益，权力的公共治理特性比较薄弱。

而文明社会与原始社会的最大不同，就在于法的诞生。近代社会与古代社会的标志性区别，在于法治与人治。法治的两个基本要素，一是良法的制定，二是法律面前人人平等。法治相对于人治而言，能更多地体现国家治理的公共性、客观性、普遍性、平等性和公正性。尤其是在一切权力归于国家权力机构之后，更需要以法制约和规范国家权力机构的行为，只有高度的法治才能约束强大的国家权力。

四、商鞅治秦的九字方针

商鞅的治理模式，归结于一个核心概念，就是法治。其基本思想和结论是以力争利、以法强力。

商鞅之法固然是法律之法、法学之法，但更是政法之法、制度之法，是一个综合概念，实际上是以法律制度为核心的政治、经济、军事制度的法律化，是一个国家基本的政治、经济、军事制度，也有制度创新、政治变革之意。商鞅根据当时秦国的情况，在农耕、军功、法治、集权四大方面采取了主要措施。具体来说包括：

（一）以重农主义为取向的农耕政策；

（二）以国家主义为取向的集权政策；

（三）以削弱贵族的平民主义为取向的军功政策；

（四）以法治主义为取向的以法治国政策。

秦孝公是秦国治理变革的总后台，商鞅是秦国治理变革的总指挥和总设计师。

入秦之后，经过与秦孝公的长期沟通和谋划，商鞅制定出一套比较具体的治理方略和方针路线图，概括来说就是：强—粮—农—地—贵—权—法—功—战。

（一）强。秦国当时面临的是生死问题，不强则灭。秦国的对手是当时最强大的魏国。秦国要从魏国手中收回河西之地，必须强；秦国要恢复秦穆公时期的荣光，必须强；秦国要实现一统天下的霸业，必须强。

（二）粮。如何才能强？要强首先得有粮。粮食就是当时最重要的战略资源。在冷兵器时代，武器装备差别并不大，比拼的是力量。有饭吃才有力气，才能打仗。秦国时期的粮即生活物资，同时也是力量之源。有了粮食，就能生存；有了粮食，就能建设强大的军队。因此必须务一,一就是粮。

（三）农。如何才能有粮？只能靠农民。所以必须把农村、农民、农业当作秦国最重要的事情。农民是产粮的主力，也是军队的来源。农民一心务农，秦国就有希望。

（四）地。如何才能让农民一心务农？必须解决土地问题。一是改革井田制，把土地资源从贵族手中解放出来，二是开垦大量的荒地。

（五）贵。如何才能让贵族交出土地，让农民务农？必须改变旧时的土地制度，废除贵族的世袭爵位以及拥有土地和农奴的特权，并且让农民有权开垦荒地，通过粮功、织功、军功获得自由晋升的机会，因此必须变法。

（六）权。如何才能推动变法？必须由君主拥有大权，君主必须支持改革。为了让君主拥有大权，就必须实行县制、乡制、什伍制，由君主拥有对地方和基层的支配权、控制权，同时通过军功制，把人事任命权牢牢掌握在中央政权手中。

（七）法。如何让国家拥有强大的权力？必须通过法律建立新的国家制度，国家的一切大事有法律约束，国家的治理不能靠君主和能臣一时的贤明智慧，而必须缘法而治，一切秉持法治精神办理。

（八）功。如何让法治真正发挥作用并为人们所接受？必须把法与人们的利益结合，其核心就是以功行赏，有功必赏，论功提拔晋升，无功不受禄，用制度来调动农（兵）、官、商的积极性。

（九）战。能战是国强的基本。为了让军队能战，必须培养国民为国而战、为荣誉而战、为利益而战的精神和勇气。

商鞅后来对秦国的改革与治理，基本就是按照上述九字方针来实施的。这些改革方略体现在《商君书》的各章中。比如："是以明君修政作壹，去无用，止浮学事淫之民，壹之农，然后国家可富，而民力可抟也"（《商君书·农战》）；"权者，君之所独制也，人主失守则危。君臣释法任私必乱。故立法明分而不以私害法则治，权制独断于君则威，民信其赏则事功成"《商君书·修权》）；"刑生力，力生强，强生威，威生德，德生于刑"（《商君书·说民》）；"法任而国治矣"（《商君书·慎法》）；"国之所以治者三：一曰法，二曰信，三曰权"（《商君书·修权》）。

商鞅重法，但其实也讲术和势。商鞅的这九字方针，其实也反映了一种术和势。他在《商君书·禁使》中指出，"凡知道者，势、数也。故先王不恃其强，而恃其势；不恃其信，而恃其数"。这里的"势"和"数"，就是这个意思。

关于"势"和"数"，商鞅还论述道："主操名利之柄而能致功名者，数也。圣人审权以操柄，审数以使民。数者，臣主之术，而国之要也。故万乘失数而不危、臣主失术而不乱者，未之有也。今世主欲辟地治民而不审数，臣欲尽其事而不立术，故国有不服之民，主有不令之臣。”（《商君书·算地》）这里的“数”，有时指方法，有时指“术”，有时指法。“名利之本柄”就是权势，实际上法、术、势都有了。只不过商鞅的术和势都要服从于法，不能以术、势害法。

商鞅入秦，让秦孝公接受了根据秦国国情设定的一整套改革路线和方针政策，为后来秦国的改革变法提供了清楚的路线图，这是后来秦国改革为何能够成功的重要原因。

第五章

商鞅治道四真

商鞅知道，他在秦国的变法将是一场激烈的革命，面临着各种巨大的困难，所以必须抱定壮士断腕，甚至牺牲生命的坚定决心，决不动摇，决不退缩，决不妥协，否则变法改革必将失败。

所以，他的治理之道遵循“四真”：求真理、讲真话、办真事、动真格。

一、求真理：敬圣贤，更敬真理

商鞅饱读圣贤之书，对圣贤抱有敬畏之心。所以，《商君书》中多次正面讲述古代圣贤的故事，但是治理一个国家不能死抱着圣贤的书不放，必须根据实际情况，找出问题的解决之道，即使这种解决之道可能与过去圣贤的思想发生冲突。他继承的是圣贤的方法，而不拘泥于圣贤的某些思想和结论。

商鞅在力陈改革方案时指出，过去圣人之所以成功，就在于“圣人苟可以强国，不法其故；苟可以利民，不循其礼”（《商君书·更法》），因为过去“三代不同礼而王，五霸不同法而霸”，“故汤武不循古而王”（《史记·商君列传》）。当秦国大夫杜挚向秦孝公劝说“利不百，不变法”时，商鞅仍然用圣贤的方法继续进行反驳：“伏羲、神农教而不诛，黄帝、尧、舜诛而不怒，及至文、武，各当时而立法，因事而制礼。礼、法以时而定，制、令各顺其宜，兵甲器备各便其用。臣故曰：治世不一道，便国不必法古。汤、武之王也，不循古而兴”（《商君书·更法》）。商鞅认为，必须学习圣人“察要”，即抓住问题本质的方法，而不是字字句句拘泥于圣人的学说，“故圣人明君者，非能尽其万物也，知万物之要也。故其治国也，察要而已矣”（《商君书·农战》）。

《商君书·画策》指出，无论是昊英、神农，还是黄帝，古代圣人处理事情的根本，就在于观“时变”，“以适于时也”。过去昊英氏统治时，让民众砍树、捕杀野兽，那是因为当时民众少而树木、野兽多。黄帝治理天下时不让人们捕杀幼小的野兽，不让人们吃鸟蛋，官吏没有供自己使唤的奴仆，死了不能用棺材埋葬。昊英、黄帝做的事不一样，却都称王于天下，这是因为时代不同了。神农治理天下时，男人耕种而使人有饭吃，女人织布而使人有衣裳穿；不使用刑法和政令而天下安定，不用军队就能称王天下。神农死了，人们开始以强凌弱，靠人多势众欺压人数少的氏族，因此黄帝制定了关于君臣和上下级之间的道德准则、父子兄弟之间的礼仪、夫妻之间的婚配原则，对内使用刑罚，对外用军队征伐，这是因为时代变了。由此看来，黄帝并不比神农高明，可是他的名声却很高，这是因为他顺应了时代变化。

《商君书》多处行文都以圣贤言其意，虽然有些地方有利用圣贤之嫌，但总的来说，对圣贤是敬重的，如“身有尧、舜之行，而功不及汤、武之略者，此执柄之罪也”，“挟重资，归偏家，尧、舜之所难也。故汤、武禁之，则功立而名成。圣人非能以世之所易胜其所难也，必以其所难胜其所易。……故神农教耕而王天下，师其知也；汤、武致强而征诸侯，服其力也。今世巧而民淫，方傚汤、武之时，而行神农之事，以随世禁”（《商君书·算地》）。

但是，商鞅在变法改革时又大胆提出了过去圣贤没有提过和使用过的方法，这就是奖农战，用军功，废贵族世袭，以法治代替人治、礼治。因为只有用这些新的制度，才能推动秦国的进步和发展。所以，商鞅敬圣贤，但更敬真理。《商君书·画策》指出，“故以战去战，虽战可也；以杀去杀，虽杀可也；以刑去刑，虽重刑可也”。

二、讲真话，禁空谈

人们在《史记·商君列传》和《商君书》中，看到了一个只讲真话，不说大话、空话、套话、假话的率真的政治家，他不惧人言，敢于讲出当时人们不敢想、想不到和不敢讲的真话。

在讨论秦国改革变法的历史性时刻时，商鞅坦率地劝说秦孝公要敢于抛弃“世俗之言”，不能“安于故俗”，不要做受制于世俗的“愚者”和循规蹈矩的“不肖者”，要做非常之事，做“独知之虑”者，做“不和于俗”的智者，做“不谋于众”的至德者，敢于讲出“见敖于民”，“民不可与虑始”等震惊世人的真话，做真正有担当的政治家。他认为只要出于利国利民的本心，就应当做不一般的事，而不必事事计较是否有反对意见，是否大家都能接受。因为任何事、任何改革，总是有所得、有所失，不可能没有利益得失，有利益得失就永远都会有反对意见。如果大家都讲好听的话，都说能被大家接受的话，便永远不可能真正推行改革。

因此，商鞅在《商君书》中的确讲了许多容易被批判的话，这些话讲得很难听，让人难以接受。这类话如果是其他政客换一种方式讲出来，大家不见得不能接受。比如，“辩慧，乱之赞也；礼乐，淫佚之征也；慈仁，过之母也；任举，奸之鼠也。乱有赞则行，淫佚有征则用，过有母则生，奸有鼠则不止。八者有群，民胜其政。国无八者，政胜其民”（《商君书·说民》）。

商鞅不太喜欢空谈的风气，所以用非常直率的口气讲出来，甚至有些极端，比如商鞅说，“国用诗书礼乐孝弟善修治者，敌至必削国；不至必贫”（《商君书·去强》），“国有十者，上无使守战。国以十者治，敌至必削，不至必贫”，“而有《诗》、《书》辩慧者一人焉，千人者皆怠于农战矣”（《商君书·农战》）。他认为《诗》、《书》、礼、乐、善、修、仁、廉、辩、慧，这十个方面在秦国一点用没有，如果用这些治国，国家肯定战不能守，必亡、必贫、必乱。

讲真话的同时，也要禁绝空谈。商鞅特别提出禁“五民”，有五种人不能用。他说：“故五民加于国用，则田荒而兵弱。谈说之士资在于口，处士资在于意，勇士资在于气，技艺之士资在于手，商贾之士资在于身。故天下一宅，而圜身资民。资重于身，而偏托势于外。挟重资，归偏家，尧、舜之所难也。”（《商君书·算地》）治理国家假如放弃权力而任用喜欢空谈的人，那么虽然自身品德好，可功绩却少。因为任用空谈游说之士，民众就会四处游荡、轻视君主；任用那些隐逸之士，民众就会疏远、诽谤君主；任用勇士，民众就会争强好胜、不重视君主的禁令；任用手工业者，民众就会轻浮好动而喜欢迁移；任用有钱的商人，民众就会依靠他们而议论君主。如果这五种人被国家任用，那么田地就会荒芜，而军队的战斗力会削弱。喜欢空谈的人的资本在于巧言善辩，隐士的资本在于他的高洁心志，勇士的资本在于勇气，手工业者的资本在于一双巧手，商人的资本在于自身。

商鞅又有所谓“六虱”“十二者”的说法，他说“六虱：曰礼乐，曰诗书，曰修善，曰孝弟，曰诚信，曰贞廉，曰仁义，曰非兵，曰羞战。国有十二者，上无使农战，必贫至削”（《商君书·靳令》）。不管是五民也好，六虱也好，十者也好，十二者也好，都是商鞅及其后学之徒变着法儿地批判儒家。其实他理应只反对空谈不务实，所谓“利出一空者，其国无敌；利出二空者，其国半利；利出十空者，其国不守”（《商君书·靳令》），完全可以不用毁《诗》、《书》的极端方式来表达，也完全不必把儒家全部视为空谈家，因为《诗》、《书》也有很实用的内容，儒家也绝非空谈派。

《商君书》用极端的方法制造了一个假象，让所有人都觉得法家与儒家就是水与火绝对不能相容，其实未必是这样。虽然《商君书》对于儒家的态度较为极端，但仔细品读《商君书》的内容，人们会有不一样的发现，商鞅与儒家并非没有交集。

比如，儒家和商鞅都重视圣贤，儒家强调仁义礼智信等品德，商鞅对此是不反对的，所以才有徙木立信之举。商鞅也希望天下能有至德出现，只不过与儒家方法不同，儒家讲教化，商鞅讲“德生于刑”（《商君书·说民》），讲法立而天下有至德。他又说，“圣人有必信之性，又有使天下不得不信之法。所谓义者，为人臣忠，为人子孝，少长有礼，男女有别。非其义也，饿不苟食，死不苟生。此乃有法之常也”（《商君书·画策》）。圣人有让天下人信任的品德，又有让天下人不能不信任的办法。这里所说的道义，是说作为臣子一定要忠心，做儿子一定要有孝心，长幼之间要有礼节，男女之间要有分别。如果不合乎道义，就是宁可饿死也不能苟且吃饭，宁可去死也不能苟且偷生。这些不过是法治国家的平常之事。

孔子曾主张“父为子隐”，被人们视为反对法治的一个例子，但大多数人想不到的是，在根据商鞅之法形成的秦律中，居然有关于“父为子隐”内容的明确的法律规定。

商鞅时代形成的秦国的官吏制度，不仅要求官员守法，而且也要求官员守德。湖北省云梦县睡虎地秦墓出土的竹简中有《为吏之道》，从个人的品德、素质到做官的行为，都对官员提出了全面的要求，开头就是“凡为吏之道，必精洁正直，慎谨坚固，审悉毋私”。“正直”、“毋私”是做官的品德，“慎谨坚固”是做人的素质。这一篇最后提出了为吏“五善”：一是“忠信敬上”，二是“清廉毋谤”，三是“举事审当”，四是“喜为善行”，五是“恭敬多让”。如能做到这“五善”，就“必有大赏”。这其中“忠信敬上”、“清廉毋谤”、“恭敬多让”，其实与儒家倡导的为官之道也没有实质上的不同。

所以，商鞅所要反对的，其实就是高谈得人心、得天下等空泛的话，而认为应该讲如何得人心，如何才能使人有德性，如何解决秦国的实际问题，如何才能使秦国强大起来，如何才能让秦军能战且胜。在商鞅看来，治法就能使人有德，治法就能使秦国强大。

三、真办事：入境必知十三数

要治理国家，就必须掌握国家各方面的具体情况，尤其是关系国计民生的重要数据。商鞅秉承法家求真务实的精神，在《商君书》中对治理国家进行了具体的规划。

他要求登记民众的人数，“举民众口数，生者著，死者削。民不逃粟，野无荒草，则国富，国富者强”（《商君书·去强》）。活着的登记造册，已故死了的人要从户口册上消除掉。如果这样，民众就不能逃避税租，田野上就没有荒草，那么国家就能富足，国家富了，也就强大了。

尤其要全面掌握国家的基本国情。《商君书·去强》指出，强国要知道十三个数目：境内粮仓数、金库数，壮年男子和壮年女子的数目，老人和小孩的数目，官吏和士人的数目，靠游说吃饭的人数，农民的数目，马、牛、柴草的数目。想要使国家强大，却不知道国家的这十三个数目，即使土地肥沃，人民众多，国家也难免越来越弱，直到被别国分割。

实行垦田法，就必须知道国家土地的情况，因此要“算地”。《商君书·算地》说，“凡世主之患：用兵者不量力，治草莱者不度地”，批评不明智的国君犯的弊病是：用兵作战时不衡量自己的兵力和能力，开垦荒地时不计算好土地。由于不了解土地情况，所以有的地方狭小而人口众多，人口的数量超过了国家所拥有的土地面积的承受极限；有的土地宽广而人口少，土地面积超过人口数量。人口数量超过国家拥有的土地承受能力，就一定要开辟疆土；土地面积超过人口需要，就要想办法招入人口开荒。要开辟疆土，就要成倍地扩大军队的数量。可是人口数量超过了国家占有的土地承受极限，那么国家取得的功绩就少而且兵力不足；土地面积超过人口数量，那么国家的山林、湖泽、财力、物力就不能得到充分利用。放弃自然资源，任民众放荡、游手好闲，这是君主在事业上的过失，可是现在从君主到臣民都这么做，因此，人口虽多而军队的实力却很弱，土地虽广而国家的实力却不强。

《商君书·算地》还指出，过去君主统治国家使用土地的比例是山、森林占国土面积的十分之一，水少而草木繁茂的湖泊沼泽占国土面积的十分之一，山谷、河流占国土面积的十分之一，城市、道路占国土面积的十分之一……，这是前代帝王的正确规定。所以治理国家时给民众分配耕地，要使人数少于耕地数。每个农民分得五百亩，国家得到的税收不足以养活一个士兵，这是因为土地不足以完成这样的任务。土地方圆百里，派出兵士一万人，人数少于土地面积。最好的办法是让国家可耕种的土地足以养活那里的民众，山地、森林、湖泊、沼泽、山谷足够供应民众各种生活资料，湖泊、沼泽的堤坝足够积蓄水源。只有做到了充分了解国家的各种资源的具体情况，才能“兵出，粮给而财有余；兵休，民作而畜长足”，这才是“任地待役之律”，才是根据土地资源情况来准备军事战争的基本规则。

四、动真格：刑太子，以身殉法

商鞅在秦孝公支持下进行的变法改革，实际上是一场从人治到法治的革命，从贵族世袭到功勋任爵的革命，是一场动人奶酪的政治革命，也是一场经济革命、思想革命、社会革命，必然要触动一部分人的利益，必然会与长期形成的旧风俗、旧习惯发生激烈冲突，必然会引起一部分人的拼死反对和阻挠。因此，没有壮士断腕和烈士殉法的精神，不可能进行和完成这一场规模宏大的改革。

商鞅认识到，要实现这一场革命，关键在于法律的执行。如果有法不依，执法不严，就必然使法治架空，法律法令也就形同虚设。用商鞅的话来说，就是有法不行等于无法。

“国皆有法，而无使法必行之法。”（《商君书·画策》）要使法必行，其实没有什么捷径和秘密，唯一的办法就是认真严格执法。

而要严格执法，就必须寡恩刻薄，要沉得下脸不徇私情。如果人人都对违法行为睁一只眼、闭一只眼，或者选择性执法，法治和变革就必然会失败。

商鞅就是这场秦国变法的首席执法官，历史不给他半点后退畏缩的机会。历史选择他来做这个寡恩刻薄的执法官，商鞅做到了。

“令既具，未布，恐民之不信，已乃立三丈之木于国都市南门，募民有能徙置北门者予十金。民怪之，莫敢徙。复曰：‘能徙者予五十金’。有一人徙之，辄予五十金，以明不欺”（《史记·商君列传》）。南门徙木只是一个开始。要改革就必须立信，要立信就必然动真格。所以当那个徙木的小伙子从商鞅手上接过那块沉甸甸的金子时，历史就注定了商鞅的悲剧角色。徙木立信是变法改革中的喜剧，而接下来拉开的却是血雨腥风的悲剧。

“令行于民期年，秦民之国都言初令之不便者以千数”《史记·商君列传》)。当触动人们的利益奶酪时，就出现了大量的反对者。历史上没有一场真正的革命是不流血的。当时被剥夺了世袭特权的一部分贵族煽动一部分百姓对新法进行反对时，商鞅毫不留情地进行了镇压，在渭水边上杀了七百多人，将一批贵族赶出都城栎阳（今陕西临潼县北），流放到了秦国边远地区。如果从革命的角度来说，没有哪一场大的革命和政治变动不伴随大规模的流血牺牲。而用这个眼光看商鞅变法，可以说它是相对和平、流血相对较少的革命。

商鞅严格执法，没有偏袒。按照法令，百姓只能严格守法，而不得议论政府的法令，如果议论就是违法。应当说商鞅的这一法令本身就有问题，显然是劣法，不准人们对朝政进行议论。但在当时，既然颁发了，就要执行。对于反对改革的人要进行镇压，而对那些过去反对改革，现在理解支持改革的人，按理说商鞅应当采取接纳和争取的立场，以使改革获得更多的人支持。但在商鞅看来，这也是违法行为，即对国家事务进行“私议”，也是“皆乱化之民”，“尽迁之于边城”。不管是支持者还是反对者，只要违法，都同样处理，而不进行选择性执法，这体现了严格执法的精神。

要贯彻法律面前人人平等的精神，也需要巨大的勇气，尤其是当面对秦孝公儿子违法的时候，如何处置就成了考验秦国法律是真法还是人情法，是法治法还是权力法的试金石。

商鞅的真精神又让他做了一回“刻薄少恩”之人。当时，秦孝公的太子嬴驷在贵族怂恿下犯了法。众人以为，秦孝公于商鞅有恩，商鞅应当对秦孝公的儿子网开一面，私下通融，或者给予象征性的惩罚。但商鞅偏偏较真，以法家的真精神严格执法，因为他知道，法执行得好不好，关键在于国家的上层人物如何对待法，“法之不行，自上犯之”，如果制定法律而不守法，那就会对法律的施行产生极大的负面作用。商鞅于是“将法太子”，但考虑到太子年幼，不可施刑，于是“刑其傅公子虔，黥其师公孙贾”。商鞅因此被后人骂为“天资刻薄少恩”之人，但也正是由于这种执法精神，为秦国推行法治开辟了一条坦荡的大路，“明日，秦人皆趋令”(《史记·商君列传》)。可以说，刑太子一举是商鞅在推行新法过程中的关键点。从此，秦国反对变法的人大减，新法得以顺利施行。

变法改革，可贵的是从实际出发，了解实际情况，把改革的计划与实际情况结合，要求改革者求真理、讲真话、办实事、动真格，要求改革者以无私的精神和大无畏的勇气，面对改革所触及的种种困难和险阻，想办法予以解决。商鞅的变法改革之所以能成功，也在于这种四真精神，这是十分难能可贵的。

第六章

商鞅法治原则的历史脉络

文明社会与野蛮社会的最大区别，在于有没有良好的行为规范。虽然人类社会很早就产生了法，但法治和依法办事是近现代社会才逐渐普及的理念。

关于如何治理一个国家，不同的人会有不同的思路。中国历史上产生了两种办法：一种是人治，一种是法治。人治中也会有法，法治中也会有人的因素，但人治与法治是两种区别很大的治理体系。

先秦国家的治理，主要是礼制、典章制度的治理，其中有一些法律的内容，但总体上是一种人治。

在这一过程中，出现了以管子为代表的法家的思想，并先后在齐国、晋国、郑国等付诸实践。商鞅继承和发展了法家的思想，用于秦国的治理，把以法治国推向了一个新高潮。

以法治国是商鞅治秦的总原则、总纲领、总政策。治农、治军、治官、治社会，均在以法治国的原则下展开。以法治国就是所有人依法办事。国家要实行法治，就必须建立集立法、司法权力于一体的权威，它能依据国情制定法律并使国法统一且有权威性。

但这个权威并非将一切权力抓在手中，而是保障法治的实行。实践表明，以法治国的国家在大国竞争的环境中具有更强大的竞争力。

一、舜禹作刑和皋陶德法并治

在商鞅之前，已经产生过许多治国思想和实践，为商鞅法治思想的形成和实践提供了宝贵的经验。

在华夏历史上，最早出现法是在舜治时期。舜代行尧位，在被考察期间设置了五种刑罚，即“象以典刑，流宥五刑，鞭作官刑，扑作教刑，金作赎刑”（《史记·五帝本纪》）。同时，他又不断到各地考察治理情况，考核政绩，对治理得好的官员给予奖励。这是最早的行奖惩之法，对官吏也严加考察。到了舜正式继位后，又任用禹、皋陶、契、后稷、伯夷、夔、龙、垂、益、彭祖这10人，并且给他们分派了不同职务。皋陶被任命为大司马，舜对他说：“蛮夷扰乱华夏，抢劫杀人，使得国家内忧外患，你来做司法之长，使用五种刑罚要适当，裁决五种罪人要分别在不同的地方执刑，唯有公正廉明，才能让人信服。”

皋陶上任后，在推行法治方面起了很大的作用。一次，当帝舜和禹、伯夷、皋陶讨论国事时，帝舜就对皋陶说，“蛮夷猾夏，寇贼奸轨，汝作士，五刑有服，五服三就；五流有度，五度三居；维明能信”（《史记·五帝本纪》），认为他虽然为司法之长，但必须按照道德行事，才能使大臣和谐相处。皋陶向舜说了一套以德治国的道理，提出了“行有九德”，就是“始事事，宽而栗，柔而立，愿而共，治而敬，扰而毅，直而温，简而廉，刚而实，强而义，章其有常”，在此基础上才能施法。他还说“天讨有罪，五刑五用”，就是说应当德法并用，不能滥施刑罚。在大禹治水成功、天下大治之时，皋陶又把禹的功德以法来推行，下令民众效法，对不照办的处以刑罚。禹继位后也重用皋陶，并想给他更大的权力，但还没有来得及用他，皋陶就病逝了。《史记·夏本纪》记载“且授政焉，而皋陶卒”。

班固在《汉书·刑法志》中指出夏朝针对违反政令的人制定了“禹刑”，商朝针对违反政令的人制定“汤刑”，周朝针对违反政令的人制定了“九刑”。其中，对先秦国家影响最大的是周朝的礼法。

二、周朝的礼法

到西周时，周公总结了夏商两朝兴亡的历史教训，提出了“明德慎罚”的思想，认为国家的治理应当依据成法、成典用刑，纠正商纣王滥刑之过。他提出用刑要注意犯罪者的态度，对悔过者应当减轻刑罚；用刑应当出于善意，而不是借机肆虐；判决时要慎重，避免匆忙判决产生错误；对于违法的法官要严惩。总的来说，周公的思想是：刑罚不可少，但必须受德的制约，不能滥用。①

吕思勉先生曾指出，“中国的法律在世界上居四大法系之一”。后人总说尚德不用刑，以为刑是衰世之物，这与法律的起源大相违背。其实礼也是法，当时的法掌握在乡官手中，和后世地方行政长官兼管司法是一样的。中国最早的刑罚就是五刑，有人说五刑起源于苗是不对的，实际上是“唐虞象刑而民不敢犯，苗民用刑而民兴相渐”，不是中原取法于苗。②

礼制也是规章制度、礼节仪式、行为规范，当时的礼包括朝礼、聘礼、会盟礼、军礼、宴饮礼、贡礼、冠礼、婚礼、丧礼、祭礼等，从这个意义上说，礼也是一种法。

礼制中明确包含了“刑”等法律制度，也是一种法制。礼法之法的特点简要地说有三点：一是礼制、礼法面前人人不平等，有明确的尊卑等级，有些刑不能用于贵族，有些礼庶民百姓不能用；二是礼法没有成文法，触犯了礼制应当如何处刑，由君主贵族官吏临时擅断；三是将道德规范与法律混为一体。

---

① 刘泽华主编：《中国古代政治思想史》，南开大学出版社 1992 年版，第 10—11 页。

② 吕思勉：《中国大历史》（上），湖南文艺出版社 2011 年版，第 127 页。

到了春秋时期，礼制、礼法式微，于是产生了法家的法治思想。

三、法家的诞生和实践：法家三派

春秋时期激烈的国家间冲突和国内的政治冲突，进一步催生了法的思想与观念，并使得一些统治者在政治实践中重视法的作用。法家成为一个大的学派。法家主张“不别亲疏，不殊贵贱，一断于法”(《史记·太史公自序》)，反对人治。

齐国的管仲最早提出法治思想，是法家的先驱。虽然没有文献证明齐国何时开始有明文法，但后来反映法家思想的《管子》一书中有许多有关法治的表述，比如“夫法者，所以兴功惧暴也；律者，所以定分止争也；令者，所以令人知事也。法律政令者，吏民规矩绳墨也”(《管子·七臣七主》)，“以法治国”(《管子·明法》)，“君臣上下贵贱皆从法”(《管子·任法》)。

春秋末期郑国第一次公布了成文法。公元前 536 年，郑国子产铸刑书于鼎，以为国之常法。公元前 513 年，晋国第二次颁布了成文法“铸刑鼎”。“铸刑鼎”与儒家的观念不同，遭到孔子反对。他认为把法律铸在鼎上，“民在鼎矣，何以尊贵”，“贵贱无序，何以为国”(《春秋左传·昭公二十九年》)。

公元前 422 年，魏文侯任用李悝变法。李悝是魏国人，是儒家子夏的学生，曾任魏文侯的北地太守和魏相，在魏文侯支持下进行变法，完成了中国历史上第一部法典，也是法家学派的第一部著作——《法经》。李悝称得上是法家始祖。

春秋战国时期的法家实际上分为三派。

一是晋法家。它以晋国及“三家分晋”的魏、赵、韩的法家为代表，以李悝为典型人物，特点是吸收了一些儒家和道家的思想，有一定的调和色彩。

二是齐法家。齐国的法家与道家的结合比较紧密，道家是主导，法律最为温和，有无为政治的特征。田齐政权利用稷下学宫招徕诸侯国的学者自由讲学、著书立说、议论政事，实行“兼容并包”的学术政策。这种学术政策使田齐政权的执政思想——黄老之学更具有调和色彩，是德法兼治。正因为如此，也有人说“齐国尚法而无法家”。

三是秦法家。它以商鞅为代表，从晋法家中产生并发展，其特点是法律最为刚性，对儒家较为排斥。

晋法家和秦法家的理论基本上是建立在人性本恶的基础上，主张严刑峻法。齐法家主张的既不是传统儒家的性善论，也不是性恶论，而是认为人性是由物质环境决定的，“仓廪实则知礼节，衣食足则知荣辱”，“刑罚不足以畏其意，杀戮不足以服其心”（《管子·牧民》），主张以德去刑，以德服民，法律相对宽松温和。

在法的权力基础上，三家都主张依靠君主权力推行法治。晋法家和秦法家主张权力必须集中在君主手中，君主要独揽权力，以权行法，中央集权色彩更重；齐法家受黄老“无为而治”的思想影响，主张君主无为，权力集中程度相对轻一些。

在实践中，地缘政治和文化背景的差异导致秦法家和晋法家多强调“耕战”，发展农业，奖励军功，对工商业较为排斥；而在大海之滨的齐法家则“尊贤尚功”，主张发展工商业，重视多种经营，并不特别强调发展农业。秦和三晋都在戎狄包围之中，战争比较频繁，不得不把发展军事、增强国力放在首要地位，都重视军队建设和发展，崇尚实力，与齐鲁崇周礼是不同的。

在内容上，法家都主张法、术、势结合，但强调的重点不同，又分为三派：一是法法家，主张以法治国，社会政治、经济、军事等一律以法为依据进行治理，主要代表是商鞅；二是术法家，以申不害为代表，主要长于君主操纵国家权力和驾驭群臣的方法和策略；三是势法家，以慎到为代表，强调君主的权势是行法的力量。①

申不害不能被视为真正的法家，只能算是一个阴谋家，以玩弄权术、欺骗、狡诈为特点，其实质是与法的精神相违背的，不能代表法家。“术”与“法”不同。“法”是要公诸天下，以便世人遵守，“术”则是要深藏于君主内心，让世人都难以揣摩。用“术”虽然在短时间内可以取得一些成就，但从长远看是不利于国家统治的。君臣之间互相欺骗，后果只能是统治阶层之间的内耗加剧，造成国家政局不稳定。以“术”治国无异于饮鸩止渴，虽可解燃眉之急，最终一定会深受其害。与其说“术”是对法家思想的发展，不如说是对法家思想的背离和倒退。

韩非子（约公元前280年—公元前233年），是战国末期韩国人，祖上为韩国贵族。司马迁说他“喜刑名法术之学，而其归本于黄老。非为人口吃，不能道说，而善著书”（《史记·老子韩非列传第三》），意指韩非自小喜好黄老法术，由于不善表达，所以发奋著书，著有《孤愤》《五蠹》《内外储》《说林》《说难》等。韩非子是战国时期著名的大思想家，但其法的思想精华受到“术”和“势”的思想的损害。在韩非子的思想中，关于法治的思想在理论上说得最充分，是法家法

① 时显群：《法家“以法治国”思想研究》，人民出版社2010年版，第47页。

治思想的典型。韩非子关于术与势的思想，与申不害的“术”和慎到的“势”有密切联系，但被推向了极端。

韩非子之“势”，主张君主掌握一切权力，中央实行高度集权，形成了权大还是法大的矛盾，不但政治权力集中在君主一人之手，而且要限制人的思想自由，实行思想专制，与法治的思想本质相去甚远，甚至是对法家思想的背离。

韩非子之“术”主要包括：深藏不露，不让臣下知道君主之意；国之利器不可以示人；用人如鬼，不相信任何人；不让臣下轻易得到想要的东西；装聋作哑，时时考验臣下；倒言反事，故意说错话、做错事，检验臣下的忠诚；事后抓辫子，先让臣下就事情表态，说错的到时算账；防臣如防虎，时时防范臣下；设置暗探，对臣下进行监视；对可疑但又权高望重者想办法除掉。①

他的术的思想与申不害相似，但韩非子把术的思想发扬到了极致，与权谋主义相近，有违法家实质。因此熊十力指出“韩非出于老氏，汉人定论久矣，但韩非为霸者权谋之术，不当列法家，汉人弗辨也”②。

所以，商鞅的思想才是真正的法家思想，以商鞅为代表的秦法家把法治的观念推向高峰。对商鞅影响最大的是李悝，商鞅是带着李悝的《法经》去秦国的，他在秦国推行的法治在许多方面是实践李悝的思想，但也根据秦国的实际情况有所发展。

---

① 刘泽华主编：《中国古代政治思想史》，南开大学出版社 1992 年版，第 148—149 页。

② 熊十力：《原儒》，上海书店出版社 2009 年版，第 208 页。

四、商鞅、甘龙、杜挚的变法论辩

商鞅入秦后，说服秦孝公进行变法，秦孝公也想变更法度来治理国家，改变礼制来教化百姓，却又害怕天下人的非议，于是召商鞅、甘龙、杜挚三位大夫进行讨论。

商鞅劝秦孝公尽快下定变法的决心，不要顾虑天下人怎么议论。他认为，智者本来就会被世俗社会非议，有独一无二的见识的人也一定会遭到平庸之人的嘲笑。百姓不会同他们一同改革，只会同他们一起欢庆改革的成功。有大才德的人不会去附和那些世俗的偏见，成就大事业的人不会同民众商量。法度，是用来爱护百姓的；礼制，是为了方便办事的。所以，“圣人苟可以强国，不法其故；苟可以利民，不循其礼”《商君书·更法》)，只要能使国家富强，有利于百姓生存发展，就不必去遵循旧礼制、旧法度以及世俗观念。

商鞅变法改革的主张遭到了贵族代表甘龙的反对，他反驳商鞅说：“今若变法，不循秦国之故，更礼以教民，臣恐天下之议君，愿孰察之。”(《商君书·更法》)他反对的主要论据，竟然是担心天下人的议论。商鞅也不客气，回击说这些都是世俗之言，历史上有所成就者都是不受世俗局限的，所以“三代不同礼而王，五霸不同法而霸”，平庸的人守旧的习俗，读死书的人局限在他们听说过的事情上，同这些人是无法讨论变革法制的事的。

另一位贵族杜挚也赞同甘龙，说：“利不百，不变法；功不十，不易器。……法古无过，循礼无邪。”(《商君书·更法》)他认为，没有百倍的利益不要改变法度，没有十倍的功效不要更换器具，效法古代法制没有什么过错，遵循旧的礼制不会有偏差，国君应该慎重对待这件事。

针对杜挚的话，商鞅反驳说，以前那些圣人，都是根据时代的不同而采取不同的办法来治理国家，所以“伏羲、神农教而不诛，黄帝、尧、舜诛而不怒，及至文、武，各当时而立法，因事而制礼。礼、法以时而定，制、令各顺其宜……治世不一道，便国不必法古”（《商君书·更法》）。

《商君书·壹言》还进一步指出，“故圣人之为国也，不法古不修今，因世而为之治，度俗而为之法”。就是说，圣明的君主治理国家，不效法古代，不拘守现状，而是根据社会发展的具体情况来制定适应的政策，考察社会风俗来制定法令。

最后，秦孝公终于下定决心，任用商鞅在秦国变法。

五、法治代替人治是国家治理的必然之路

一个国家的治理是用人治还是用法治，这是两条不同的治理路线。周朝以后，用礼制典章治理成为治国的主流路线，礼治的根本特点就是尊卑贵贱等级森严，这一制度虽然也有各种刑法，但这些法律都是在人治之下实行的。礼制制度推崇贤人治国，以德治国，因为缺乏统一的普遍标准，不同的阶层适用不同的奖罚制度，所以其实也只是人治的制度表现，与法律面前人人平等的法治精神差得很远。1998 年出版的《法律辞海》在谈到中国法家的思想时说：“法家强调法治优于德治、礼治和人治，强调法治是历史发展的必然结果，国家治理要有法

可依，法律是人们言行的唯一准则。”①

为什么一个国家应当实行法治而不是人治？

商鞅指出，从人治过渡到法治是历史发展的必然趋势。商鞅并不否认无治、贤治、制治的必要性，但无治、贤治、制治只是社会发展的三个初期阶段，人类社会必然要产生法治，并以法治取代无治、贤治、制治。

（一）从无治到贤治。神话中盘古开天辟地之后诞生了人类。在这个时候，人们只知道自己的母亲却不知道自己的父亲，他们处世的原则是爱自己的亲人，偏好私利。爱自己的亲人，就会区别亲疏；喜欢谋求私利，就会心存邪恶。人都区别亲疏，心存邪恶，那人类社会就会产生混乱。这个时期民众都竭力制服对方来争夺财物，这样就发生了争斗。发生了争斗又没有一个公正的准则来解决，那人们就没有办法过正常的生活。所以有道德的贤人确立了不偏不倚的标准，主张无私，因此，这时人们喜欢贤治。

（二）从贤治到制治。后来，只爱自己亲人的狭隘思想被摈除了，崇尚有才德之人的思想得以确立。凡是讲仁爱的人，都把爱护、方便别人当作自己的义务，而贤德的人把推举贤人当作自己的处世原则。但人口增多却没有制度，长期把推举贤人作为治理准则，就会发生混乱。所以，圣人顺应当时社会的发展形势，确定了关于土地、财货等的归属权。

（三）从制治到法治。事物的归属权，也就是名分确定了，但没有相应的法度不行，因此设立了法令。法令确立了而没有人来管理也不可，因此又设立了官职。官吏有了而没有人统一领导也不行，所以设

① 时显群：《法家“以法治国”思想研究》，人民出版社 2010 年版，第 337、338、339 页。

立了君主。

（四）王道有绳。一个阶段取代另一个阶段，是人类社会发展的必然。

如此看来，远古时代人们爱自己的亲人而注重私利，中古时代人们推崇贤人而喜欢仁爱贤治，近世人们推崇法令而尊重官吏。崇尚贤德的人，所遵循的原则是推举贤人，可是设立了君主的地位，使崇尚贤人的准则没有用了。亲近亲人是以自私自利为原则，而奉行不偏不倚的公正之道，使自私自利行不通了。所以，这三个不同时代“非事相反也，民道弊而所重易也，世事变而行道异也。故曰：王道有绳”（《商君书·开塞》），不是做的事互相违背，而是人们原来遵循的规则有问题，所以人们重视的东西改变了。社会形势变了，人们治理社会的标准也就不一样了。所以说，治理社会的原则是有规律的。

商鞅特别对贤治的问题进行了分析。他认为贤治之所以不能长久，是因为它会导致国家治理混乱。任用贤人，就是国君们通常采用的治国方法。然而，这样治国，正是乱国。因为人们所谓贤是良善、正直，但良善正直的名声出自他们的党羽。国君听他的言论，认为他贤能，问他的党羽，也都称赞他贤能，因而不等他立功就给予官爵。这样，奸诈小人就会有机可乘。他说，“初假吏民奸诈之本，而求端悫其末，禹不能以使十人之众，庸主安能以御一国之民”（《商君书·慎法》），如果连大禹这样的圣君也不能支配十人之多，平庸的国君又怎能统治一国的臣民呢？

商鞅认为“今世君不然，释法而以知，背功而以誉。……无功而皆可以得，民去农战而为之。或谈议而索之，或事便辟而请之，或以勇争之。故农战之民日寡，而游食者愈众。则国乱而地削，兵弱而主卑”(《商君书·君臣》)。就是说，国君“贤者”以个人的智慧治国，只会导致国家混乱、国土割削、兵力衰弱而国君地位卑微。产生这种结果的原因是国君抛开法度而相信“贤”的虚名。

那么什么能取代贤治呢?《商君书·画策》中指出，“仁者能仁于人，而不能使人仁；义者能爱于人，而不能使人爱。是以知仁义之不足以治天下也”。只有法治才能成为治理国家的客观的、能够普遍使用的标准。商鞅在论证法治重要性时指出，当今掌握政权的人都想成为圣人，那就要实行法治。如果“背法而治，此任重道远而无马、牛，济大川而无舡楫也”(《商君书·弱民》)，一个国家人口多、兵力强是成就帝王之业的资本，但如不严明法令巩固它，国家就接近危亡了。

商鞅认为，治理国家最好的办法就是“壹赏、壹刑、壹教”(《商君书·赏刑》)。实施统一奖赏，那么军队就会无敌于天下；实行统一刑罚，那么君主的命令就能实行；实行统一教化，那么民众就会听从君主的号令。公正的奖赏到了一定程度就可以不用奖赏，严明的刑法到一定时候就可以不用刑罚，修明教育到了一定程度就可以不用教化。

他认为，“夫利天下之民者莫大于治，而治莫康于立君。立君之道莫广于胜法”(《商君书·开塞》)。法令统一就可以“治不听君，民不从官”(《商君书·说民》)，即官吏依法办事，不必听命于君主，老百姓遵法办事，不必听从长官意志。他还说，“明王之治天下也，缘法而治，按功而赏”(《商君书·君臣》)，“法令者，民之命也，为治之本也，所以备民也”(《商君书·定分》)，强调了法的重要性。《商君书·错法》(“错”，通“措”，意思是施行；错法就是措法，就是实行法治)中又说，“古之明君，错法而民无邪；举事而材自练；行赏而兵强。此三者，治之本也”，即推行法治，民众就不会做坏事，发动战争，会造就干练的人才，实行赏罚，军队就会强大，这三个方面是君主治理国家的根本。由此可见，法治是国家治理的必然选择。

六、法治是大国竞争所必需

商鞅认为，秦国要想在大国竞争中胜出，就要让百姓都参与到战争中来，除了官爵赏赐，还必须发挥法的强制力。所以，秦国必须修明法度，使“万民疾于耕战”(《商君书·弱民》)，并“缘法而治，按功而赏”(《商君书·君臣》)。如果统治者遵照法度来处理政事、按功行赏，战士斩得敌首、捉得俘虏可以积累功劳，获得的爵位足够荣耀，俸禄足够生活；农民留在乡村耕地，所得足够奉养双亲、供给军需，这样士兵才肯殊死战斗，农民才不惰怠。

所以，要在大国竞争中胜出，秦国必须抛弃人治的陈旧方式，采用以法治国的新方式，这样才能使秦国适应残酷的国际环境。

同时期的法家慎到（约公元前395年—公元前315年）也认为，统治者舍法而用心裁轻重，以主观意见度长短，必然会出现同功殊赏、同罪殊罚的现象，就会导致怨恨，导致上下不和。要避免这样的结果，就必须以法来体现平等性、公正性。治理国家并非靠君主的权力，而是靠法治，主张“事断于法”(《慎子·君人》)，是国之大道也。更重要的是，慎到明确提出了“法”是治国标准。作为一国君主，要根据法的规定去衡量臣下的得失，与法无关的话不听，不合法的事绝对不去干，没有功劳的亲属，不可任用为官吏，正所谓“官不私亲，法不遗爱，上下无事，惟法所在”(《慎子·君臣》)。这就是说，法要高于一切，君主行事要以法为准绳。慎到还指出，“大君任法而弗躬，则事断于法矣”（《慎子·君人》），认为一个国家不能没有法，“法虽不善，犹愈于无法，所以一人心也”（《慎子·威德》）。法虽然不完善，但还是比没有要好，因为它可以用来统一人的思想。立法的依据来自君主但并非仅凭君主的个人好恶，立法的原则应该合乎人心，正所谓“法非从天下，非从地出，发于人间，合乎人心而已”（《慎子·佚文》）。

后来韩非子对于以法治国与国家竞争力的关系也有精彩的论述。他说，“国无常强，无常弱，奉法者强则国强，奉法者弱则国弱”，“故当今之时，能去私曲就公法者，民安而国治；能去私行行公法者，则兵强而敌弱”（《韩非子·有度》）。他强调“以法为本”，“明法者强，慢法者弱”，“明主之道，必明于公私之分，明法制，去私恩。夫令必行，禁必止……私义行则乱，公义行则治，故公私有分”，只有“行公行正”，才能“居官无私”（《韩非子·饰邪》），认为法是国家利益的体现，没有法，国家利益就不可能实现，所以，“法所以为国也，而轻之，则功不立，名不成”（《韩非子·安危》）。法是最高的国家权威，也是最好的统治方法。他提出“操法术之数，行重罚严诛，则可以致霸王之功。治国之有法术赏罚，犹若陆行之有犀车良马也，水行之有轻舟便楫也，乘之者遂得其成。伊尹得之，汤以王；管仲得之，齐以霸；商君得之，秦以强。此三人者，皆明于霸王之术，察于治强之数”（《韩非子·奸劫弑臣》），认为他们的成功之处都在于推行法治，“治强生于法，弱乱生于阿”（《韩非子·外储说右下》）。

所以，以法治国不是商鞅个人的主张，而是法家的共识，只不过商鞅在这条路上走得比法家其他人物更远，法治实行得更彻底。

七、推行法治的三个措施

商鞅认为，实行法治应当通过最简单的方法让秦国上下知道有法必依，有令必行。他的方法简单又实用，“国之所以治者三：一曰法，二曰信，三曰权”（《商君书·修权》），这些就是商鞅推行法治的三个措施。

具体来看，第一个措施是在秦国制定和推行新法。

商鞅不仅提出了国家治理必须要“缘法而治”，而且就如何推行法治提出了具体的方案。商鞅除依据李悝的《法经》进行变法外，也根据秦国的实际情况制定了新的法令。

公元前 359 年[①]，商鞅在秦孝公支持下开始第一次变法，“令民为什伍，而相牧司连坐。不告奸者腰斩，告奸者与斩敌首同赏，匿奸者与降敌同罚。民有二男以上不分异者，倍其赋。有军功者，各以率受上爵；为私斗者，各以轻重被刑大小。僇力本业，耕织致粟帛多者复其身。事末利及怠而贫者，举以为收孥。宗室非有军功论，不得为属籍。明尊卑爵秩等级，各以差次名田宅，臣妾衣服以家次。有功者显荣，无功者虽富无所芬华”（《史记·商君列传》）。具体来说，变法的内容有十条。

（一）下令把十家编成一什，五家编成一伍，互相监视检举，一家犯法，十家连带治罪。

（二）不告发奸恶的人处以腰斩，告发奸恶的人与斩敌首级的人一

① 此说依据《史记·秦本纪》中提到的孝公三年用鞅法。另一说为公元前 356 年，主要依据《史记·商君列传》，孝公六年任鞅为左庶长开始变法，《战国策·秦一》说，“商君治秦，法令至行……孝公行之十八年”。孝公六年即公元前 356 年，孝公任命商鞅为左庶长，开始变法，至孝公二十四年孝公去世正好十八年。笔者仍认为变法开始于公元前 359 年更符合历史，因为卫鞅公元前 361 年入秦，不可能五年之后才用鞅。

样受赏，隐藏奸恶的人与投降敌人受同样的惩罚。

（三）一家有两个以上壮丁但不分居的，赋税加倍。

（四）有军功的人，各按标准升爵受赏。

（五）为私事斗殴的，按情节轻重分别处以不同程度的刑罚。

（六）致力于农业生产，让粮食丰收、布帛增产的人免除自身的劳役或赋税。

（七）因从事工商业或因懒惰而导致贫穷的，把他们连妻子全都没收为官奴。

（八）王族里没有军功的，不能列入家族的名册。

（九）明确尊卑爵位等级，各按等级差别分配土地、房产，家臣奴婢的服饰按各家爵位等级决定。

（十）尊崇有军功的人，没有军功的即使很富有也不光荣。

公元前350年，商鞅又进行了第二次变法改革，“作为筑冀阙宫庭于咸阳，秦自雍徙都之。而令民父子兄弟同室内息者为禁。而集小（都）乡邑聚为县，置令、丞，凡三十一县。为田开阡陌封疆，而赋税平。平斗桶权衡丈尺”（《史记·商君列传》）。《史记·秦本纪》的记载稍有不同，“十二年，作为咸阳，筑冀阙，秦徙都之。并诸小乡聚，集为大县，县一令，四十一县。为田开阡陌”，到孝公十四年（前348年），开始制定新的赋税制度。这两者除时间上有差异外，主要是并县为31县还是41县的区别。

商鞅颁布的法令，有李悝《法经》中《盗法》《贼法》《囚法》《捕法》《具法》的内容，只不过在商鞅公布的法律中换了名称，法变成了律，六法成了六律，但新法中相当一部分是商鞅根据秦国的实际情况制定的。

比如，在秦国置县的做法并非商鞅新创，也并非商鞅从六国经验中照搬，而是秦国的历史传统。据《史记·秦本纪》记载，秦国在公元前 755 年（秦文公十年）已“初为鄜畤”，这里的“鄜”或为最早的县。公元前 688 年、公元前 687 年（秦武公十年、十一年）又“伐邽、冀戎，初县之。十一年，初县杜、郑”，公元前 379 年，秦献公在过去设县的基础上，将蒲田、蓝田甚至栎阳也设置为县级机构，县的建置得到了推广。商鞅只不过把这一做法推广到了全国。

又如“连坐法”，秦献公在位时，曾在公元前 375 年下令“为户籍相伍”，以伍为单位，相互监督，一家犯罪，几家连坐，这一措施有加强国家控制的一面，但同时也解放了部分“野人”，使其获得平民的身份。商鞅推出这一条的主要目的是要把百姓从旧制度中解脱出来，转而增加君主对百姓的控制，增强君主的权力。

再比如，在秦国推行的二十等爵也不完全是商鞅心血来潮的做法，我们可以从秦国的历史中找到基因。在秦国，官制的推行和官职的设立固然受到中原六国的影响，但也有秦国独特的内容。秦国的官职中有上卿、亚卿、上大夫、右大夫、行人、太医令丞等，这些都来自西周国家，但秦国的大庶长、驷车庶长、右庶长、左庶长等，则是中原六国所没有的。[①] 商鞅所创的二十等爵，主要是为了落实商鞅变法中的核心内容——按功论赏。

同时，商鞅所推行的分户制等应该是商鞅的新创，也是根据秦国的旧风俗而制定的，其目的有两个：一个是加强国家控制，增加国家税赋；另一个则是移风易俗，改造秦国旧的习俗，按照中原的风俗进行改革，有利于秦民生产积极性的提高，并使人民生活更便利。

后来，在赵良前来批判他的改革举措时，商鞅只举了两个他自己

---

① 林剑鸣：《秦国发展史》，陕西人民出版社 1981 年版，第 19—20 页。

认为比较成功的事迹，即《史记·商君列传》中所说，一是修都城，从栎阳迁到咸阳，“筑冀阙”，另一个就是“更制其教，而为其男女之别”。这第二个成就指的是商鞅分户制的改革。现在大家都看到了这项改革有利于提高劳动生产率，也有利于增加国家的收入，这就是移风易俗的意义。

1975年12月，湖北省云梦县睡虎地十一号墓[①]出土1155枚竹简，另有80枚残简，内容包括：《编年记》、《语书》、《秦律十八种》、《效律》、《秦律杂抄》、《法律答问》、《封诊式》、《为吏之道》、《日书》甲种以及《日书》乙种。这些出土的秦律包含行政法相关的《置吏律》、《除吏律》、《除弟子律》、《尉杂》、《内史杂》、《傅律》、《徭律》、《司空》、《军爵律》、《公车司马猎律》、《中劳律》、《屯表律》、《戍律》、《行书》、《传食律》、《游士律》、《属邦》，经济法相关的《田律》、《厩苑律》、《仓律》、《金布律》、《关市》、《工律》、《工人程》、《均工》、《效律》、《藏律》、《牛羊课》等。这些法律只是秦律的一部分，当然也不可能都是商鞅新法中的内容，但可以肯定这其中相当一部分法律是商鞅新法中的法，或者是在其基础上增加的法。这些竹简已足够让人们了解当时商鞅新法中的主要内容。

1983年12月至1984年1月，荆州地区博物馆在湖北江陵张家山清理了三座西汉初年的古墓（编号M247、M249、M258），整理出律二十七种（贼律、盗律、具律、告律、捕律、亡律、收律、补律、钱律、置吏律、均输律、传食律、田律、关市律、行书律、复律、赐律、户律、效律、傅律、置后律、爵律、兴律、徭律、金布律、秩律、史

① 墓主喜，生于秦昭王四十五年（公元前262年），卒于秦始皇三十年（公元前217年）。简文年代属于秦代。参见睡虎地秦墓竹简整理小组编：《睡虎地秦墓竹简》，文物出版社1978年版，第2页。

律）和令一种（津关令）。这些大部分都是在秦律基础上制定的，其中八种律令名称与《睡虎地秦墓竹简》中的律令相同。

其中，《二年律令 · 田律》的内容，与《睡虎地秦墓竹简 · 田律》中的部分内容基本相同。《睡虎地秦墓竹简 · 田律》记载："入顷刍稾，以其受田之数，无垦不垦，顷入刍三石，稾二石。"《二年律令 · 田律》中记为："入顷刍稾，顷入刍三石；上郡地恶，顷入二石；稾皆二石。"可见汉律是参照了秦律内容的，但又在秦律基础上增加了不少新内容，比如不从令者罚黄金四两，收够数量后，其余的令顷入五十五钱以当刍稾，刍一石（汉时一石重 120 斤）当十五钱，稾一石当五钱。

《睡虎地秦墓竹简 · 行书》中规定，命书及急令要立即传递，不急的也要当天送完，不准搁压，有搁压的，依法论处。《二年律令 · 行书律》中也规定，若有失期的，如果是急事耽误了，要罚金二两，不急的事也不能留过旬，如果留过旬，耽误一天罚金二两。这两律的精神是相同的。《睡虎地秦墓竹简 · 语书》中有"以次传"、"以邮行"的内容，要求按规定传递邮件到指定的地点，《二年律令 · 行书律》中则有"书以县次传，及以邮行"，"不以次，罚金各四两，更以次行之"的内容，能看出后者也受到了秦律的影响。[①]

2002 年 6 月，湘西里耶古城出土了大批秦简，约有 36000 枚，共 10 多万字，相当于之前出土的秦简总量的 10 倍。研究人员已经解读出 38 枚约 6000 多字。《里耶秦简》中既有中国最早的九九表，又涉及秦代的政治、军事、法律、文化等方方面面，内容十分丰富，是了解和研究秦国、秦朝的重要历史资料，也是人们研究商鞅思想及其实践的重要历史佐证。

---

① 张家山二四七号汉墓竹简整理小组编：《张家山汉墓竹简》，文物出版社 2006 年版，第 41 页。

商鞅推行法治的第二个措施是有令必行，在百姓中树立法治的公信力。

新法实行之前，他“立三丈之木于国都市南门，募民有能徙置北门者予十金。民怪之，莫敢徙。复曰‘能徙者予五十金’。有一人徙之，辄予五十金，以明不欺”。

法律能不能实行，关键在于如何处置犯法的权贵。商鞅的方法也很简单：谁让法不行，法让谁不快。《史记·商君列传》中记载“令行于民期年，秦民之国都言初令之不便者以千数。于是太子犯法。卫鞅曰：‘法之不行，自上犯之。’将法太子。太子，君嗣也，不可施刑，刑其傅公子虔，黥其师公孙贾。明日。秦人皆趋令”。后来，新法“行之四年，公子虔复犯约，劓之”。这两次护法表明了执法者的决心，于是新法得以顺利实行。

第三个措施是推行中央集权制，把秦国权力集中于秦君，大大加强秦国公室的权力，剥夺贵族集团的权力。

法律之权在于君，君主法权独揽，依靠国君的大权推行法治。为此，商鞅在秦国大力推行县制，把各个小乡、小村合并为大县，每县设县令一人，全国共有四十一个县（《史记·秦本纪》），也有些文献说设置三十一县（《史记·商君列传》），或三十县（《史记·六国年表》）。县级设县令，县令管全县事务，另设县丞管民政，县尉管军事。

八、人治还是法治？

现在许多批评者普遍持有一种观点，即法治是近代民主制度产生之后才出现的概念，所以中国历史上并无所谓的法治。虽然有学者在研究中国法律思想史的时候断言：后世论者大都认为法家主张“法治”，实在是一个天大的误会。法治是西方近代文明的产物，正所谓“法家的法治是最大、最典型也是最极端的人治”[①]。他们认为，在君主制下只有人治，没有法治，商鞅和法家所说的以法治国、缘法而治，与儒家所说的礼治、德治虽有所不同，但其实都是人治。

关于西方法治与民主有没有直接关联，中世纪欧洲是否已经有法治，以及商鞅法治与西方法治的比较，本书会在后面专门讨论，这里仅讨论人治与法治的主要不同。

法治与人治是根本对立的治国理念。要法治就不能要人治，要人治就不可能要法治。虽然人治要靠人，商鞅以法治国也要靠人，但却完全是不同的。的确，法治都是由人立法，由人执行法，再好的法律与制度都需要人来实现与执行。法治离不开人，尤其离不开知法的法士、法官和法吏，更离不开守法、明法的明君。这虽然强调了法治要发挥人的作用，但法治发挥“人的作用”与“人治”是根本不同的概念。法家强调良法在贤人之上，贤人可以在国家治理中发挥重要作用，但法家认为国家治理从根本上说不是靠贤人，而是依靠公开明确的法律体系。

人治多呈现出随意性、多变性，易造成社会的不稳定；法治具有比人治更大的确定性和稳定性，更有利于社会的稳定。

法治是事先之治，按事先建立的法律规则进行法律适用。人治是事后之治，便宜行事，往往先依照个人意志行事，之后再制定规则。

---

① 马作武：《中国古代“法治”质论——兼驳法治的本土资源说》，《法学评论》1999 年第 1 期。

虽然法家是在君主制条件下主张法治，也无法把君主完全置于法律的约束下，但却可以对各级官吏产生较大的约束力。法家也强调法自君出，但不等于法就是君主不受任何制约的个人意志。这个法要体现君主的意志，但在一定程度上也要体现统治集团甚至国家公共组织的共同意志。尽管君主更替，但那些反映统治集团甚至公共体共同意志的法还会继续发生作用。所以商鞅说成文法一经制定，“圣人不必加，凡主不必废”，商鞅变法时颁布的秦律，120 多年后都一直为秦国所推行。

法治旨在将国家治理建立在制度基础上，与君主是否贤明关系不紧密，因为在法家看来，才智一般的“中主”居多，尧舜、桀纣那样的明主或暴君是少数，所以法治主要不依靠明主贤相。而在人治条件下，对明君贤相的要求相对较高，但事实证明，即使明君贤相，也可能会犯错误。

郑国相国子产是儒家和法家都认可的贤者，从子产的两个故事中可以看出人治与法治的不同。《韩非子·难三》中说，郑相子产早晨出门，经过东闾时看见有一妇女在丈夫坟前哭泣。子产听了一会儿，就派官吏把那个妇女抓来审问，说她就是亲手杀死丈夫的人。车夫问他说：“您凭什么认定那妇女是凶手？”子产说：“她的哭声显得恐惧。一般说来，大家对于亲人，刚病时忧愁，临死时恐惧，既死后悲哀。现在她哭已死的丈夫，不是悲哀而是恐惧，所以有问题。”

从儒家的角度，人们会说，你看子产多么贤良智慧，凭哭声就破获了一起杀人案。但韩非子批评说，犯罪一定要等子产亲自听到和看到才被察觉，那郑国查到的犯罪也太少了。不任用主管狱讼的官吏，不采用多方面考察验证的政治措施，不彰明法度，而依靠竭尽聪明、劳心费神地去获知犯罪，不也是缺少治国方法的证明吗？况且治国事务众多而个人智寡，寡不胜众，个人智力难以普遍地了解所有情况，所以要利用法来治理国家。有句话说："每一只麻雀飞过羿的身边，羿也定要把它射下来，那就是羿在胡干。把天下作为罗网，麻雀就都逃不脱了。"治理犯罪也有大罗网，那就是万无一失的法和术罢了。不整顿法制，而用自己的主观判断作为察奸的手段，那是子产在乱为。韩非子还借用老子的话批评说，"以智治国，国之贼也"。

另一则故事则反过来证明，即使是子产这样的贤人，如果任恃智慧去治理国家，也迟早会犯错误。从前有人送条活鱼给子产，子产叫看管池塘的人把它养在池塘里。不久，这个人报告说："刚放进池塘里时，它还要死不活的，一会儿便摇摆着尾巴活动起来了，突然间就游得不知去向了。"子产说："它是去了它应该去的地方啦！"那人从子产那里出来后对其他人说："孰谓子产智？予既烹而食之，曰：得其所哉，得其所哉。故君子可欺以其方，难罔以非其道。"（《孟子·万章上》）人都把鱼吃了，而子产还在说鱼去了它该去的地方，这不就是被人欺骗了吗？所以说，贤者也会犯错或被骗。

总之，商鞅推行的法治虽然有不少缺陷，但相对于之前在东周各国普遍长期实行的周礼之法而言是一种完全不同的治国方法。法家的法与儒家的礼，其"最主要的区别，莫过于法的普遍性原则（它不允许任何个人或团体具有法律以外的特殊身份）与礼的等差性原则（它主张应根据人的身份、地位以及所处的特殊环境，而给以区别性对待）的对立"①。

瞿同祖先生在讨论儒家和法家的法时指出，儒家、法家都以维持

---

① （美）卜德、（美）克拉伦斯·莫里斯：《中华帝国的法律》，朱勇译，中信出版集团 2016 年版，第 32 页。

社会秩序为目的，其分别只在于他们对于社会秩序的看法和达到这种理想的方法。儒家重贵贱尊卑、长幼亲疏，主张差别之异；而法家主张以同一的、单纯的法律约束人民，着重在同，主张法治。两家在这一问题上公私相背，互不相容，互不两立。在方法上，儒家认为，只有道德教化才能感化人心，使人心良善，知耻而无邪恶之心，儒家的办法就是重德轻刑，德主刑辅。法家否认社会可以用德来维持，更不相信一两个人的力量足以改变社会风气，秩序需要的是必然之治，“法虽不善，犹愈于无法”（《慎子·内篇》）。他们反对以道德教化来治理国家，认为这不是法律的范围，法的目的为禁奸，非为劝善，所以“求过不求善”(《商君书·开塞》),“刑不善而不赏善”(《商君书·画策》)。法家与教育家、道德家目的不相同，范围不相涉，原可各行其是，互不相犯，但儒家不只是教育家、道德家，也是政治家，于是儒家与法家便互不相容，相互斗争[①]，结果是以商鞅为代表的法家在战国时取得了压倒性的优势，以法治国成为战国中后期的主流，并深刻地影响了中国之后两千多年的历史。

① 瞿同祖：《中国法律与中国社会》，中华书局2003年版，第309、324页。

第七章

法治如何制约君权

国家实行人治还是法治，取决于最高统治者。如果最高统治者不依法办事，或是有法不依，即使建立了法律制度也依然是人治。中国上自夏商周，下至清都是君主制，法权都集中于君主。君主与法的关系决定了人治与法治的区别：君主以法治国，遵守法律，法治的程度就高；君主有法不依，以权治国，人治的程度就高。商鞅治道总的方向是向法治迈进。

一、君主独揽大权，但并不直接行使一切权力

商鞅的确提出了由君主独揽大权的思想，以加强君主的权力，对抗和压制贵族集团的力量，并以君主的大权来保障法的实行。他说“权者，君之所独制也”，“权制独断于君则威”（《商君书·修权》）。但从更深入的研究来看，商鞅并不主张君主独揽一切大权，而是对君权提出种种限制，君主直接行使的只是立法权。

在商鞅的论述中，君主只有直接立法的权力和赏罚权。司法权已经不由君主直接行使，而是由君主指派的法官独立行使。君主也不直接行使行政权、人事权、军事权、财政权、组织权等大权。君主独揽的大权主要就是立法权与赏罚权。

二、法律公布后，一切决断按法办理

商鞅的设想是，一旦君主把法律定下来，一切就都要完全按照法律办事。国家的管理和治理，最好的情况是法律公布后，民众有了判断是非的标准，他们可以自己按照法律的规定来决断。这样官员的工作就减少了，官员就可以把必须做的事做得更好。要做到这一点，就必须使法律简单明了，不能用智者才能明白的深奥道理立法。只有智者能理解的东西，是不能作为法令的。如果君主立的法民众都能明白，知道什么能做，什么不能做，“万民皆知所避就，避祸就福”，那么就能够实现民众“皆以自治也”（《商君书·定分》）。

按法来处理各种问题，而不由人的主观意志决断，这在后来秦律中的很多案例里都有所反映。一个案例是，有人在赦令颁布前盗窃一千钱，赦令颁布后将钱全部花掉后被拿获，应如何论处？按道理偷来的钱应当全部追回，但由于已经大赦，罪就被赦免了。虽然于理不合，但却合法，于是这个案例的结论是“以不公论处”，即不处罚。

《睡虎地秦墓竹简·秦律十八种·尉杂》中有另外一个例子，是说甲娶他人私逃的妻子为妻，但不知道私逃的事，现在已有了孩子，被捕获后其子应如何处置？有人说应该把孩子没收为奴，但结论是，按法律，甲娶他人之妻为妻，由于不知情，则没有犯罪，所以他们生的孩子也是合法的，应该归这对夫妻。

商鞅将以法治国执行得彻底，还有以下的例子可以证明。按一般的政治情况，凡是说政府坏话的要受罚处，说好话的应得到政府的支持，但秦国的法律是不许私议，不但说政府的坏话不许，私下说政府的好话也不许。《史记·商君列传》记载，一开始有人说新法不好，不方便，商鞅进行了处罚。后来，民众从新法中得到了好处，又在私下里议论说新法很好，也违反了不得私议国事的法律，受到了处罚。《韩非子·外储说右下》记载，秦昭王有病，百姓中就有人买牛，在家里为秦昭王献祭祈祷。秦昭王知道后虽然很感动，但认为这违背法令，于是以“非令而擅祷”的罪名，下令“訾之人二甲”。这就是说，即使为国君祷告，也得依法而行。

三、选用官吏按照法律规定来进行

选用官员要按照法律规定办事，官员也要按照法律来决断是非。这就表明法治原则下的行政权、人事权与君主无关，君主的权威已经在法律中得到体现了。相反，如果一个国家什么事都要君主来决断，那这个国家就危险了。一个国家能治理好，是因为民众和官员自己就能处理好事务，而国家混乱是因为事务都由君主决断。治理国家最好的状态是决断出于民众，如果政事都由君主决断，国家就会混乱。这就是所谓的“国治：断家王，断官强，断君弱。……治，则家断，乱，则君断”《商君书·说民》)。商鞅认为，实行法治的国家，“治不听君，民不从官”(《商君书·说民》)。君主的大权主要是制定法律、监督法律的实行，这一思想与后来实行的所谓君主独裁、封建专制是完全不同的。

四、君主不能随意行使立法权

虽然立法权在君主之手，但法律也非由国君一人随意定立。商鞅就此提出，立法的原则有二。其一，就是要“观俗立法则治，察国事本则宜。不观时俗，不察国本，则其法立而民乱，事剧而功寡”（《商君书·算地》）。就是说，立法应当因民俗，合国情，否则就要出问题，该法就不是良法。其二，就是要遵循因时变化的原则，“不法古不修今，因世而为之治，度俗而为之法，故法不察民之情而立之，则不成；治宜于时而行之，则不干。故圣王之治也，慎法、察务，归心于壹而已矣”（《商君书·壹言》）。就是说，圣明的君主治理国家，不效法古代，不拘守现状，而是根据社会发展的具体情况来制定相适应的政策，考察社会风俗来制定法令，假如法度的确立不考察民众的具体情况就不会成功。

五、君主不能以私害法

商鞅认为，君王权力再大也不能以权力来治国，因为“以法治者，强；以政治者，削”（《商君书·去强》）。能用法律治国，国家就强；专靠权力政令治国，国家就弱。这就解决了权大还是法大的问题。一个国家的治理只能靠法治，而不能靠权治、政治。

商鞅还指出，掌握大权的国君要“立法分明，而不以私害法，则治”《商君书·修权》）。所谓公与私，其实就是按法律来区分的，凡是符合法律规定的都是公，与法相反的都是私，私应当服从于公，一般民众有公私之分，国君也有公私之分。如果一国国君不能明辨公私，那么就会引起国家混乱。商鞅认为，赏刑之行，有赖于权势，故商君以“权”为治国三要素之一，且以为“权者，君之所独制也。人主失守则危……权制独断于君则威”（《商君书·修权》）。但是，法律的实行有赖国君，国君不能以法行私，国君的权力并不是私有的。商鞅说，“公私之分明，则小人不疾贤，而不肖者不妒功……。今乱世之君臣，区区然皆擅一国之利而管一官之重，以便其私，此国之所以危也。故公私之交，存亡之本也”（《商君书·修权》）。他认为只要公私界限分明，平庸的人就不会忌妒有才干的人，无能的人也不会忌妒功臣。如今乱世君臣都是放弃了国家的利益，只顾一己私利，这也是国家陷于危机的原因。是否公私分明是国家存亡的关键。君主独制权柄，非为一己之利，“尧、舜之位天下也，非私天下之利也，为天下位天下也”，“故三王以义亲天下，五霸以法正诸侯，皆非私天下之利也，为天下治天下”（《商君书·修权》）。

《商君书·修权》指出，荒废法度而喜欢私议，那么奸臣就会买官来求得俸禄，一般官吏就会隐瞒民情而鱼肉百姓，这就是人民的蠹虫。蠹虫多了，树会折断；缝隙大了，墙会崩坏。正所谓“故大臣争于私而不顾其民，则下离上。下离上者，国之隙也。秩官之吏隐下以渔百姓，此民之蠹也。故有隙、蠹而不亡者，天下鲜矣。是故明王任法去私，而国无隙、蠹矣”。所以，贤明的君主注重法律，摒去私议，防止有“蠹虫”和“缝隙”。

其实，商鞅的法立、法行皆依国君权势而行，国君是以公为条件的，这是战国时期许多法家人物的共识。如慎到也指出：“古者立天子而贵之者，非以利一人也。曰：天下无一贵，则理无由通，通理以为天下也。故立天子以为天下，非立天下以为天子也；立国君以为国，非立国以为君也；立官长以为官，非立官以为长也。”（《慎子·威德》）

六、君主要带头守法

在权与法的关系中，商鞅还提出了一个重要原则，就是作为立法者、司法者的国君不仅要监督全体国民遵守法律，更重要的是要自制、自胜。立法者、司法者首先要遵守法律。商鞅认为，“得天下者，先自得者也；能胜强敌者，先自胜者也”（《商君书·画策》）。他又说，“故明主慎法制。言不中法者不听也，行不中法者不高也，事不中法者不为也”（《商君书·君臣》）。就是说，国君是否是明君，其中的一个标准就是是否遵守自己制定的法律。明君守法，无道之君则舍法而行私。不仅臣民要守法，“法者，君臣之所共操也”（《商君书·修权》）。

商鞅指出，治理国家的好坏，还在于君主是否按法治理。君主不按法治国，就会助长国家的混乱。他说，“夫民之不治者，君道卑也；法之不明者，君长乱也。故明君不道卑、不长乱也。秉权而立，垂法而治，以得奸于上，而官无不；赏罚断，而器用有度”（《商君书·壹言》）。就是说，没有治理好民众，这是因为君主的政治措施不高明，国家法规不能严明地执行，国君助长了动乱。英明的君主不能放松统治，不能助长动乱因素；国君掌握大权，要根据法律治理国家，在朝堂上依法铲除奸邪，这样官吏也就不会有违法行为；奖赏、刑罚决断得有凭据，使用各种器物也要遵守规矩。

商鞅认为，国君手中控制着两大资源，即爵与禄。他说，“是故人君之出爵禄也，道明。道明，则国日强；道幽，则国日削。故爵禄之所道，存亡之机也”(《商君书·错法》)。其意为，君主颁发赐予爵位俸禄，必须遵循公开公正的原则，这样国家就会一天天强大。遵循的原则不公正，国家就会一天天被削弱。分配爵位俸禄的原则公正是国家生死存亡的关键。公正，也是法治的基本原则之一。

商鞅指出，国家出现混乱，多是为政者“多释法而任私议”引起的，好比权衡物之轻重和长短，却不用秤砣和尺寸。“释权衡而断轻重，废尺寸而意长短”是肯定行不通的。国家的法度就好比秤砣和尺寸，“故法者，国之权衡也。夫倍法度而任私议，皆不知类者也。不以法论知、能、贤、不肖者，惟尧，而世不尽为尧。是故先王知自议誉私之不可任也，故立法明分，中程者赏之，毁公者诛之”(《商君书·修权》)。他认为，法度是治国的准绳，违背法度而靠个人意见，则是不知事理。明君要知道不可以凭私议来治理国家，必须制定法律，明确标准，符合法律的要奖励，危害国家的就要惩罚。

在实践中，商鞅对违法的秦孝公的太子、公子虔等人进行了制裁，实际上也是把君权装进法治笼子的一种尝试。在商鞅的法治体系中，君主也受到了一定的制约。

如何以法治约束君权，是整个中国法治史上的重大问题。商鞅时期的以法治国的确没有明确提出“法在王上”、“法在君上”，也缺少对君王乱用权力的惩罚性法律规定，这是商鞅之法，也是整个秦至清朝这段时期中国法治的重大缺陷，但这并不意味着商鞅和他同时期的法家没有对此进行思考，也不意味着君王有权力随意立法、乱法。他们试图从道德上对君主实行一定的约束，商鞅在实践中对秦孝公身边的近亲、近臣的惩处表现出了法对君王的约束，而秦孝公自身对权力也有较强的自我约束，没有出现以权乱法的现象。

第八章

商鞅对司法的治理

商鞅为了在秦国推行法治，采取了法律面前人人平等、重刑重赏、法官法吏独立审判、普及法律等一系列保障法治实施的原则和措施。

一、法律面前人人平等

法律面前人人平等，是法治的一条最基本的原则。商鞅虽然没有完全做到这一点，但他在推行法治过程中也明确提出了与此相近的原则，即“壹刑”。他说，“所谓壹刑者，刑无等级，自卿相、将军以至大夫、庶人，有不从王令、犯国禁、乱上制者，罪死不赦。有功于前，有败于后，不为损刑。有善于前，有过于后，不为亏法。忠臣孝子有过，必以其数断。守法守职之吏有不行王法者，罪死不赦，刑及三族”（《商君书·赏刑》）。这里虽然没有把君王包括在内，但包括了君王外的所有人，而且明确指出，刑罚没有等级，从卿相、将军一直到大夫和平民百姓，违背国家禁令，破坏君主制定的法律的，都可以处以死罪，不予赦免。从前立过战功，但后来触犯刑律的，也不可因战功而减轻刑罚。就是那些忠臣、孝子犯了罪，也一定要根据他们罪过的大小来量刑。执行法令的官吏和在职的官吏有不实行君主法令的，也是死罪，决不赦免。

这一条在商鞅时代执行较好，所以有商鞅刑太子师、太子傅的事例，但商鞅死后，这一条逐渐发生变化，实际上没有真正做到法律面前人人平等。在秦律中可以见到较多的同罪不同罚的现象，但是相对来说，法律面前人人平等的精神还是有所体现的。在同等情况下，法律对官吏的约束甚至比对百姓更严格一些。比如，出土的秦简《法律答问》篇中记载，同样是盗，平民如果盗物值 220 钱以下只处流放，而如果害盗（执法者）5 人以上，盗物哪怕只值 1 钱，都要处以重刑，断左足，判处城旦，并处黥刑。《睡虎地秦墓竹简·秦律十八种·尉杂》规定了什么是犯令和废令。规定不能做的事却做了，称为犯令；规定须做的事却不去做，称为废令。秦律认为，废令、犯令的罪，对已经免职或调任的官吏也应予追究。

虽然“连坐”是商鞅时期的一条劣法，加重了百姓的苦难，但相对的，不仅百姓有“什伍连坐”、“邻里连坐”，官吏也有连坐，叫“职务连坐”。《商君书·赏刑》中说，“守法守职之吏有不行王法者，罪死不赦，刑及三族。同官之人，知而讦之上者，自免于罪，无贵贱，尸其官长之官爵田禄”（《商君书·赏刑》），即执行法令的官吏和在职的官吏有不实行君主法令的，死罪不赦，而且刑罚株连三族。官吏周围的人，知道他们的罪过并能向君主揭发检举的，不仅自己能免受刑罚，而且不分富贵贫贱，都能接替那位官吏的官爵、土地和俸禄。相似的内容在《睡虎地秦墓竹简·秦律十八种·效律》中也有所反映，其中规定：“尉计及尉官吏节（即）有劾，其令、丞坐之，如它官然。”就是说，如果县里的县尉及其下属的会计有罪，那么县尉的上级主管，即县令、县丞也要连坐受罪。

秦律中还规定，对有嫌疑的人要按无罪推论处理，而且要按照一定的程序处理，即使是嫌疑人，也必须享有合法的权益，反对动辄施刑。虽然秦法不禁止用酷刑，但反对滥用酷刑。《睡虎地秦墓竹简·封诊式》中主张，审理案件时，能根据记录的口供进行追查，不用拷打而察得犯人的实情，是最好的；施行拷打，恐吓犯人，是失败的。凡审讯案件，必须先听完口供并加以记录，使受讯者各自陈述。虽然明知是谎言，也不要马上诘问，等供词已记录完毕而问题没有交代清楚时，再对应加诘问的问题进行诘问。诘问的时候把其辩解的话记录下来，再看看还有没有其他没有弄清楚的问题，继续进行诘问。诘问到犯人词穷，多次撒谎，还改变口供拒不服罪的，依法应当拷打的再施行拷打。拷打犯人必须有审讯记录，即“爰书”（“爰书”意义广泛，包括司法案件的供词、记录、报告书等）。《睡虎地秦墓竹简·秦律十八种·尉杂》还规定，对有罪且没有爵位的宗室子孙也应与公士同样判处。

二、法官、法吏独立行使司法权

为了使法律得到切实执行，商鞅提出了由最高统治者直接设立独立法官、法吏的方法。独立法官、法吏在中央设置三个，一直到诸侯郡县皆有。独立法官、法吏的职责之一就是对民众解释法律，使民众可以依法对官吏行使监督权，可以依法自保。同时，独立法官、法吏也直接对各级官吏行使法律解释和审查权，并监督官吏执行中央法律。独立法官、法吏的目标是达到吏不敢欺民，民不敢阻挠官吏执法。正所谓“天子置三法官：殿中置一法官，御史置一法官及吏，丞相置一法官。诸侯、郡、县皆各为置一法官及吏，皆比秦一法官。郡、县、诸侯一受赍来之法令，学并问所谓。吏民欲知法令者，皆问法官。故天下之吏民，无不知法者。吏明知民知法令也，故吏不敢以非法遇民，民不敢犯法以干法官也。遇民不修法，则问法官，法官即以法之罪告之，民即以法官之言正告之吏。吏知其如此，故吏不敢以非法遇民，民又不敢犯法。如此，天下之吏民虽有贤良辩慧，不能开一言以枉法；虽有千金，不能以用一铢”（《商君书·定分》）。

当然，独立行使法律审判和执行权力的法官、法吏及司法机构（秦国时已经设立所谓“害盗”、“求盗”职务，相当于后来的捕快或今天的治安和刑事警察），必须严格执行秦国的法律。如果民众去询问法律问题，法吏有义务回答，并要记录、存放进档案中，如果事实证明法吏对有关法律的回答错了并导致了后果，则要负相应的刑事责任。《睡虎地秦墓竹简·法律答问》中规定，不依法执行的执法者，要承担相应的“失刑罪”、“不直罪”、“纵囚罪”。“失刑罪”就是故意错判案件；“不直罪”就是重罪而故意轻判，轻罪而故意重判；“纵囚罪”就是应当论罪而故意不论罪，以及减轻案情，故意构成不到犯罪的标准。秦律中记载，在一案中，官吏判决不公正，问应如何论处，答应罚一盾。而那些司法的治安警察或刑事警察（“游徼”“害盗”“求盗”），如果犯有与平民同样的罪，就是知法犯法和执法犯法，对他们的惩罚比对平民的要严重得多。比如，合谋偷盗660钱以上，如果是平民只处以黥刑，而如果是“害盗”、“求盗”团伙作案，就都要处以黥刑，并且还要额外加处斩足的刑罚。另外，如果执法者捉拿犯人，却故意把他杀了，该如何论处呢？答案是：杀死犯人的，应充为城旦；杀伤犯人的，应充为隶臣。

三、人人以守法为荣

商鞅的严刑峻法是手段，目的是通过严刑达到去刑，是要以刑去刑，正所谓“明刑之犹至于无刑也”，“故以战去战，虽战可也；以杀去杀，虽杀可也；以刑去刑，虽重刑可也”（《商君书·画策》）。

严刑、重刑是为了通过刑罚达到警告人们不得犯罪的目的，同时，也让社会形成受刑可耻、守法光荣的风气，让那些受过刑的人在社会上没有地位，犯过罪的人在朝廷上没有官做，即“故圣人之为治也，刑人无国位，戮人无官任”。如果受过刑的人还有很高的地位，官吏就会看不起自己。如果犯过罪的人还锦衣玉食，百姓就都会去贪图非分的利益。“故刑戮者所以止奸也，而官爵者所以劝功也”（《商君书·算地》），所以刑罚是为了阻止犯罪，设立官爵是为了劝人立功，用这种方式制造人人以守法为荣的社会风气。

四、以刑去刑，以法立德

《商君书·开塞》中指出，政治修明的国家，刑罚多而赏赐少；政治混乱的国家，赏赐多而刑罚少。所以成就大业的国家，刑罚有九分，赏赐有一分。国力逐渐削弱的国家，赏赐有九分，刑罚有一分。人的罪过有大有小，所以朝廷的刑罚有重有轻；人的善行有大有小，所以朝廷的赏赐有多有少。这些是世人常用的法则，但是刑罚设在人民犯罪之后，奸邪就不会断绝；赏赐用在人民所认为的“义”上，那么犯罪就不能被消除。刑罚不能除去奸邪，赏赐不能遏止犯罪，国家必乱。而“刑用于将过，则大邪不生；赏施于告奸，则细过不失。治民能使大邪不生，细过不失，则国治。国治必强”，一国这样做，一国就安定，两国这样做，战争就可以减少，“天下行之，至德复立”，最高的道德就会建立起来。所以，“杀刑之反于德而义合于暴也”，刑罚能够归于道德，而表面提倡实行所谓的仁义道德，反而会导致暴行的增加。商鞅学派认为，刑与德并不绝对矛盾，刑罚得当也会促进仁义的实行。如果统治者能够以奖赏和刑罚来培养仁德，就能得到民众的真心拥戴，国家的力量就会更强大，正所谓“故执赏罚以壹辅仁者，必之续也，圣君之治人也，必得其心，故能用力。力生强，强生威，威生德，德生于力。圣君独有之，故能述仁义于天下”（《商君书·靳令》）。

商鞅学派又指出，一个国家有君主而没有法规，它的危害程度与没有君主相同；有了法规而不能制止混乱，和没有法规相同。天下的人都不希望没有国君，却又喜欢超越法律约束，那么天下的人就都会感到迷惑。所以“夫利天下之民者莫大于治，而治莫康于立君。立君之道莫广于胜法，胜法之务莫急于去奸，去奸之本莫深于严刑”，治理国家就要设立君主，施行法治，以法治来除掉邪恶，要去除邪恶就必须采取严厉的刑罚。有道是“故王者以赏禁，以刑劝。求过不求善，藉刑以去刑”（《商君书·开塞》）。

《商君书·壹言》中还提出，刑与赏两者都是必须的，但应当先刑后赏。如果这两者关系处理不好，国家的法规就不能严明执行，民众就治理不好，就会助长动乱的因素。所以，一个好的统治者，应当根据法律治理国家，在朝堂上惩罚奸邪之人，这样官吏就不会再有不正的行为。而如果统治者“上法古而得其塞，下修今而不时移，而不明世俗之变，不察治民之情。故多赏以致刑，轻刑以去赏。夫上设刑而民不服，赏匮而奸益多”《商君书·壹言》)。所以，治理国家应当“先刑而后赏”。

为了达到去刑的目的，商鞅学派还主张重刑，“重刑，连其罪，则民不敢试。民不敢试，故无刑也”，他们认为，如果加重刑罚，株连他们的父母、妻子，那么民众就不敢以身试法，也就等于没有刑罚了。古代帝王制定的法令，有将人处死的，有砍断犯人的脚的，有在犯人脸上刺字再涂上墨的，“非求伤民也，以禁奸止过也”。禁止奸邪，阻止犯罪，没有什么办法能比得上重刑的作用，故“刑重而必得，则民不敢试，故国无刑民。国无刑民，故曰：明刑不戮”（《商君书·赏刑》）。因此，严明刑罚，最后可以达到没有刑罚。

商鞅学派还举出了历史上周公旦和晋文公的故事来为自己的重刑思想提供论据。晋文公想要用严明的刑罚使百姓服从他，于是召集所有的卿相、大夫到朝堂议事，晋文公的一位亲信颠颉来晚了，便被腰斩示众。晋国的将士、民众议论起这件事都很害怕，相互说：“颠颉是国君宠爱的大臣，触犯了刑律都腰斩来示众，更何况我们。”后来，晋国的军队令行禁止，三军的将领和士兵没有谁敢于违背禁令。晋文公用颠颉犯轻罪而处以重刑腰斩的办法使晋国得到了治理。

周公旦杀了管叔，流放了蔡叔，说：“他们是犯了法令的人。”天下的人都说：“亲兄弟犯了罪过都被处罚，更何况我们这些疏远的人呢？”从此天下人都知道周公执行法令不论亲疏，国境内的秩序也就得到维护，“故天下知用刀锯于周庭，而海内治，故曰：明刑之犹至于无刑也”（《商君书·赏刑》）。

另一个必须用重刑的理由，则涉及商鞅提出的法治的千年之问：有了法为什么还会混乱呢？这是因为“国皆有法，而无使法必行之法”。国家都有“禁奸邪刑盗贼之法”，但“无使奸邪盗贼必得之法”，虽然可以判处“奸邪盗贼者死刑”，但奸邪、盗贼还是不断产生，这是因为刑罚太轻了。刑罚太轻，而犯法者众，所以犯罪的人越来越多。因此，商鞅认为，善于治理国家的人只应处罚不守法的人，不应奖赏善良守法的民众，即“不刑而民善，刑重也。刑重者，民不敢犯，故无刑也”（《商君书·画策》）。

五、重刑轻赏，治之于未乱

商鞅学派认为，要达到去刑、无刑，就应当使用重刑，就是为了减少和预防犯罪。他们主张，对国家的治理，应当在社会安定时就强化法治，而不能在国家混乱时才用重刑，即“故治之于其治，则治；治之于其乱，则乱”。所以，“故行刑，重其轻者，轻者不生，则重者无从至矣，此谓治之于其治者。行刑，重其重者，轻其轻者，轻者不止，则重者无从止矣，此谓治之于其乱也”（《商君书·说民》）。社会安定时，轻罪重罚，那么轻微的犯罪就不会发生，严重的犯罪就不会出现了。如果重罪重罚，轻罪轻罚，那么轻微的犯罪不能被制止，严重的犯罪就更无法制止了。这样治理国家只会更加混乱。所以，轻罪重罚，百姓就会因害怕触犯法律而不去犯罪，也就相当于没有刑罚而国家就得到了治理，这样国家就会变强大。

这种主张在《商君书》中有多处体现。《商君书·去强》中说：“重罚轻赏，则上爱民，民死上；重赏轻罚，则上不爱民，民不死上。兴国行罚，民利且畏；行赏，民利且爱。”意思是，加重刑罚，减轻赏赐，君上就会爱护人民，人民就肯为君上死。加重赏赐，减轻刑罚，其实是君上不爱护人民，人民就不肯为君上而死。又说：“以刑去刑，国治；以刑致刑，国乱。故曰：行刑重轻，刑去事成，国强；重重而轻轻，刑至事生，国削。”也就是说，用刑罚来免除刑罚，国家就会治理得好；用刑罚来招致刑罚，国家就乱。

商鞅并不是第一个主张用重刑的人。

班固在《汉书 · 刑法志》中说，昔周之法有五刑，“墨罪五百，劓罪五百，宫罪五百，刖罪五百，杀罪五百”。在周穆王时，“墨罚之属千。劓罚之属千，剕罚之属五百，宫罚之属三百，大辟之罚其属二百。五刑之属三千”（《尚书 · 吕刑》）。这五种刑罚都是重刑。

宋国的司城子罕主张，“无威则骄，骄则乱生，乱生必灭，所以亡也”（《春秋左传 · 襄公二十七年》）。

郑国子产也说，“唯有德者能以宽服民，其次莫如猛。夫火烈，民望而畏之，故鲜死焉。水懦弱，民狎而玩之，则多死焉。故宽难”（《春秋左传 · 昭公二十年》）。

而且不仅法家学派主张重刑，儒家学派也不完全反对用重刑。孔子对郑国子产的做法很赞赏，评价说，“善哉！政宽则民慢，慢则纠之以猛。猛则民残，残则施之以宽。宽以济猛，猛以济宽，政是以和”（《春秋左传 · 昭公二十年》）。这里的“宽”，即用刑少轻，或无刑，“猛”，就是严厉、重刑，惩罚较重。治理国家，既不能完全无刑，也不能完全重刑，只有宽猛相济，相互调整，才能达到政宽人和。孔子反对的只是片面用刑治而不以德治。

荀子也主张用重刑，认为“治则刑重”。他批评那些所谓上古时代没有重刑，用穿草履、布衣无领的象征性处罚来代替墨黥重刑的观点。《汉书 · 刑法志》记载，“以为人或触罪矣，而直轻其刑，是杀人者不死，而伤人者不刑也。罪至重而刑至轻，民无所畏，乱莫大焉，凡制刑之本，将以禁暴恶，且惩其未也”，“刑不当罪，不祥莫大焉”，杀人者不死，伤人者不刑，是惠暴而宽恶。罪行极重而刑罚极轻，人们无所畏刑，没有比这个再大的祸乱了。大凡制定刑法的本意，是用来禁止凶暴邪恶，并防患于未然。杀人的人不被处死，伤人的人不受处罚，这是恩遇凶暴的人，宽恕邪恶的人。所谓“杀人者死，伤人者刑，是百王之所同也”，“故治则刑重，乱则刑轻，犯治之罪故重，犯乱之罪故轻也”。他认为天下太平那么刑罚就重，天下大乱那么刑罚就轻，因为触犯了太平时期的法律罪行就显得重了，触犯了动乱时期的法律罪行就显得轻了。这些观点与商鞅学派的观点基本相同，并且汉儒班固也赞同。

虽然商鞅主张轻罪重罚以达到预防的目的，但在实践中也不是像一般人想象的那样，只要有过错就会处以酷刑。即使用今天的标准来看，当时对一些犯罪行为和过错行为的处罚其实也是比较合理的，甚至有些处罚还比较轻。

比如，《睡虎地秦墓竹简·法律答问》中记载，小孩某甲，身高不足六尺，放牧的时候他的马被人惊吓，吃了别人的庄稼，问应如何论处？按理来说不处罚可以，但至少应赔偿损失，但结论是不应处罚，也不应赔偿，因为行为者不满六尺，属于未成年人，不懂事，应该原谅。

《睡虎地秦墓竹简·秦律十八种·尉杂》中的另一个案例说，甲、乙都和女子丙通奸，甲、乙因此互相刺伤，丙不知情，那么丙应如何论处？结论是，丙不予论处，只处罚甲、乙，因为他们互相刺伤属于私斗。

《睡虎地秦墓竹简·秦律十八种·尉杂》中还有一个案例说，一女子甲为人之妻，私逃被捕获，但其年龄小，身高不足六尺，是否应该处罚？按照一般人的想法，秦律一定会对此行为严惩，但实践中的秦律却区分出两种不同情况，即该婚姻如果经过官府认可，是合法婚姻，逃婚就属违法，应处罚。如果未经认可，该女子又是未成年人，其婚姻不合法，就不应处罚。

从这些案例来看，商鞅在秦国实行的所谓“轻刑重罚”，在实践中并不像人们想象的那样，只要触犯法律就会受酷刑，实践中的秦法还是比较文明和人道的。

六、法律要简明，不宜繁多杂乱

商鞅认为，“治众国乱……法明治省……治省国治……治大，国小；治小，国大”（《商君书·弱民》）。以法治理国家，自然就要颁布各种法律、法令，但并不是法律、法令越多越好。治道纷繁，国家就乱；法度明确，治道省简，国家就会治理得好。治道繁多，国家就会弱小；治道省简，国家就会强大。

商鞅认为，“故圣人必为法令置官也，置吏也，为天下师，所以定名分也……故圣人为法必使之明白易知，名正，愚知遍能知之。为置法官，置主法之吏，以为天下师，令万民无陷于险危。故圣人立，天下而无刑死者，非不刑杀也，行法令明白易知，为置法官吏为之师，以道之知。万民皆知所避就，避祸就福，而皆以自治也。故明主因治而终治之，故天下大治也”（《商君书·定分》）。就是说，应当让那些知法且朴实忠厚、语言简明、说话让人容易听懂的人担任法官、法吏，这些法官、法吏上任后，主要工作就是司法和普法。主管法令的官吏若有变动，立刻就再命其他人学习理解法令的内容。法官、法吏必须严格执行法律，若有胆敢私自刊定法令哪怕增减一个字的，就要判处死罪而不赦。众官吏和百姓若向主管法令的官吏询问法令的具体内容，主管法令的官吏必须针对他们的问题明确答复。官吏和百姓对法官、法吏的咨询要做好记录并保存，如果后来咨询者不知法而犯法，那就要追究法官、法吏的责任。官府的法令中副本要放在中央官库里封存，擅自开启或进入禁室偷看，以及删改法令哪怕一个字都是不可赦免的死罪。国家每年都会将禁室所藏的法令颁发给主管法令的官吏。

商鞅这样做的目的，是让天下百姓、所有的官吏都知法明法。官吏、百姓知道法令，官吏就不敢以非法手段欺压百姓，百姓也不敢犯法。所以，国家制定的法令一定要简单明了，让百姓易知易行，不要有任何可能引起争论的内容。如果法令内容本身不明确，即使尧、舜都会违法，更何况普通百姓。如果法令太微妙深奥，让上等才智的人也不易理解，法治就推行不开，因为百姓理解力有限。法治是针对天下千万人来进行的，所以制定法令一定要使它明白易懂，愚人智者都能懂得。让百姓明法守法，就是对百姓进行教化的过程。设置法官、法吏，就是让他们做天下人的老师，使百姓知道什么可做，什么不可做。这样就可以使奸诈之人变得正直诚实，人民都谨慎忠诚，而且都能自我管理。

《商君书·定分》中说，圣人掌握政权，天下就没有受刑被杀的人，这并不是因为他不用刑，不杀人，而是圣人推行的法令更明白易懂，又设法官、法吏，让他们作为人民的老师，教人民法令，从而使万民都知道应躲避什么、亲近什么，怎样躲开祸患、接近幸福。明君在人民自治的基础上进行国家的治理，则天下大治。

七、对商鞅法治举措的误解

商鞅推广法治、普及法律的政策得到了很好的实施，针对这一点，对商鞅持批判态度的司马迁在《史记》中写了一件事来讽刺商鞅之法。《史记·商君列传》中说，商君被官府追捕时逃到边境关口，想住旅店。旅店的主人不知道他就是商君，说："商君有令，如果住店的人没有证件，店主要连带判罪。"商君长长地叹息一声，说："哎呀！制定新法的遗害竟然到了这样的地步！"但笔者认为这个故事反倒证明了商鞅当时普法很成功。《战国策·秦策一》中也说，"今秦妇人婴儿皆言商君之法"，甚至连偏远的秦国边境的百姓也知道住店要出示证件。以现在的眼光来看，"没有证件不能住店"这条法令不但不苛刻，反倒与现在中外通行的旅店管理办法契合，这正好证明了商鞅的许多法令确实是有道理的。

一般人认为，商鞅主张的"连坐"等刑罚特别残酷，但实际上，后来出土的秦律表明，秦国实践中实行的秦法与《商君书》中所记载的那些酷刑并不完全相同。

比如，"不告者腰斩"、"连坐"确实存在，但并不像司马迁说的那样，"不告奸者腰斩，告奸者与斩敌首同赏，匿奸者与降敌同罚"（《史记·商君列传》)。《睡虎地秦墓竹简·秦律十八种·尉杂》中记载，盗窃和其他类似犯罪，同居应"连坐"。什么叫"同居"？"同居"就是同户。但奴隶犯罪，主人应"连坐"，主人犯罪，奴隶则不"连坐"。也不是什么罪都"连坐"，如《睡虎地秦墓竹简·秦律十八种·尉杂》中所载，甲诬告乙行贿一钱而应处黥城旦，问甲的同居、里典、伍老应否论罪？回答是不应当"连坐"。

告奸确实有赏，但告奸最多赏金二两，没有告奸能受爵的规定，也没有不告腰斩的实例。《睡虎地秦墓竹简·秦律十八种·尉杂》中关于"不告"讲了两种不同的情况，一种是甲盗窃，赃值一千钱，乙知道甲盗窃却没有报告，分赃不满一钱，问乙应如何论处？答案是与甲同样论处。

另一种是甲偷盗一钱，逃往乙家，乙没有察觉，问乙方如何论处？答案是不应论罪。因为乙不知情，所以无罪。如果乙系知情而不加捕拿，也只应罚一盾。所以，所谓的“不告腰斩”，其实并未普遍实行，许多法律放到现代都是合情合理的，甚至可以说是公正的。秦律中还有许多这样的例子。《睡虎地秦墓竹简·秦律十八种·尉杂》中记载，甲盗钱用以买丝，把丝寄存在乙方处，乙接受了，但不了解盗窃的事，乙如何论处？答案是不应论罪。又有一例说，丈夫盗窃三百钱，告知其妻，妻和他一起用这些钱饮食，妻应如何论处？答案是如果没有预谋，应作为收藏论处；如系预谋，与其夫同罪。丈夫盗窃二百钱，在其妻处藏匿了一百一十钱，妻应如何论处？答案是妻如果知道丈夫盗窃，应按盗钱一百一十论处；不知道，则作为守赃论处。

《睡虎地秦墓竹简·法律答问》中还讲了一个案例，说“害盗”（执法的司法人员，相当于今天的警官）去盗窃，应当加罪。怎么“加罪”？五人共同行盗，赃物在一钱以上，断去左足，并黥为城旦；不满五人，所盗超过六百六十钱，黥劓为城旦；不满六百六十钱而在二百二十钱以上，黥为城旦；不满二百二十钱而在一钱以上，加以流放。“求盗”（相当于刑事警察）与此同样论处。这表明，秦律对公职人员犯罪判得很重，而对一般盗罪，只要是在六百钱以下的小盗，处罚都比较轻，有些判服劳役，有些处罚金，即使是盗抢六百钱以上的大罪，也只处以黥刑，没有因盗窃被处死的。

对于告发者，也并非告发任何违法行为都重赏，告发的内容必须是黥刑以上（涉案六百钱以上），而且必须有证据。如果“告盗加赃”，“告不实”，或者“诬告”，还要被追究同样刑罚。《睡虎地秦墓竹简·秦律十八种·尉杂》中记载，同伍的人相控告，加以罪名不实的，应以所加的罪名论处控告者。律文中还说，不能确定罪人，而对他人进行控告，称为所告不实。如果甲控告说同伍的乙杀害了他人，因而将乙拘捕，经审讯乙并未杀人，甲所言不实，应以告不实论处，还是以所加的罪名论处呢？答案是应以所加的罪名论处。

秦律特别强调证据，不可以随便告发。《睡虎地秦墓竹简 · 法律答问》有一例，说甲告乙盗牛若贼伤人，今乙不盗牛、不伤人，问甲何论？回答是，经查明乙不盗牛不伤人，如果甲故意诬告，就是诬告罪，从重处罚；如果不是“端为”（故意），就是属于控告不实，处罚会从轻。

为了处罚偷盗行为，秦法的确也有很严厉的一面。比如，“或盗采人桑叶，赃不盈一钱……訾徭三旬”（《睡虎地秦墓竹简 · 法律答问》），采人桑叶，虽然桑叶不值一钱，但行为性质属于偷盗，秦律会判处一个月劳役。这从现代意义上看，也没有什么可争议的，小罪不罚就会酿成大罪。

桑弘羊说的盗马者死，盗牛者加罪，其实不是秦律上的内容。《睡虎地秦墓竹简 · 秦律杂抄》中记载，男奴甲叫婢女乙偷主人的牛，把牛卖掉，带着卖牛的钱一同逃越国境，出边塞时被拿获，问各应如何论处？回答是应施以黥刑，然后分别交还主人。《睡虎地秦墓竹简 · 秦律十八种 · 尉杂》中的另一个例子说，甲偷牛，偷牛时身高六尺，囚禁一年，再加度量，身高六尺七寸，问甲应如何论处？回答是应服劳役修城垣。由此可见，偷牛马并不会处以死罪。

李斯说，“商君之法，刑弃灰于道者”要被砍手，这也是以讹传讹，实际上这是《韩非子 · 内储说上》中的内容。原文是说，在讨论治国应不应当用重刑时，孔子认为要用重刑，所以殷法要施重刑于把灰倒在街上的人。对在街上倒灰的人处以刑罚，子贡认为这过于严酷了，而孔子认为，街上倒灰会迷人眼睛，会引发争斗，引起许多家族相互残杀，所以对他们处以刑罚也是可以的。实际上，这里是说孔子认同殷法“刑弃灰”的轻罪重罚原则，而不是说商鞅主张“刑弃灰”，由此可见人们对商鞅的误解有多深[①]。

《睡虎地秦墓竹简·秦律十八种·尉杂》中还有一例，士伍甲盗窃一只羊，羊头上有绳，绳值一钱，问应如何论处？回答是，甲所要偷的是羊，绳是拴羊的，甲把羊牵走了，不应以超过盗羊议罪。

这些案例都说明，当时在商鞅的理论基础上形成的秦律是相对公平公正的，酷刑和劣法的内容并不如《商君书》以及传闻所说的那么残酷。

一般人认为陈胜吴广起义是因为商鞅的酷刑，但实际上《睡虎地秦墓竹简·秦律十八种·徭律》中规定：失期三日到五日，谇（责骂）；六日到旬，訾一盾（罚款）；过旬，訾一甲。并没有所谓“失期当斩”的内容。当然，也有可能到了秦二世时，才把这一条改为“失期当斩”。

还有许多酷刑实际上是历史上一直存在的，并非商鞅所造。比如，“夏刑三千”，“刑名从商”，周朝《尚书·吕刑》中记载有墨、劓、剕、宫、大辟五刑，而且处以这些酷刑的案例非常多。《汉书·刑法志》中记载，可处墨刑、劓刑的各有一千，处剕（剐）刑的罪有五百，处宫

---

① 原文参见《韩非子·内储说上》：“故仲尼说陨霜，而殷法刑弃灰；将行去乐池，而卫鞅重轻罪”，“殷之法，刑弃灰于街者。子贡以为重，问之仲尼。仲尼曰：‘知治之道也。夫弃灰于街必掩人，掩人，人必怒，怒则斗，斗必三族相残也。此残三族之道也，虽刑之可也。且夫重罚者，人之所恶也；而无弃灰，人之所易也。使人行之所易，而无离所恶，此治之道也。’一曰：殷之法，刑弃灰于公道者断其手。子贡曰：‘弃灰之罪轻，断手之罚重，古人何太毅也？’曰：‘无弃灰，所易也；断手，所恶也。行所易，不关所恶，古人以为易，故行之。’”

刑的罪有三百，处大辟刑罚的罪有二百，可判处这五刑的罪加起来就有三千项。

而商鞅对其中的一些过去要处以大刑的罪的处罚是相对文明的，过去犯偷盗罪的要处以五刑，而商鞅时期及其后的秦律规定，对于一些确实发生的偷盗，要视情节严重与否来处罚，许多处罚比五刑中的任何一种都要轻很多。

秦律中还对主观故意犯罪和非主观故意犯罪进行了区分。比如：故意撬门，不管是否偷盗得逞都构成盗窃罪，要处以赎黥的刑罚；而对不留神走进他人开着的门，只认为是一种非法侵入他人住宅的行为，与故意撬门行窃有区别，只处以訾二甲的处罚。

在人们的印象中，秦的刑罚以残暴著称，但从《睡虎地秦墓竹简·法律答问》和《睡虎地秦墓竹简·秦律杂抄》中可以看出，秦法是相对宽容和理性的，睡虎地出土的秦简中记载的刑罚远比夏、商、周文明。秦简中记载的死刑案例仅五起，大多数是进行经济惩罚，即“訾”刑，通常是訾甲、訾盾、訾钱和訾徭役，或用出钱的办法来赎已判之刑。秦法中必须进行的惩戒多以不使囚犯丧失劳动能力为标准。比如：耐刑是剃去胡须、鬓毛以示羞辱；髡刑是剃光头发；黥是墨刑，额上刺墨痕；笞是比较严重的肉刑，即进行鞭打。而夏刑大辟二百，膑刑三百，宫辟五百，劓、墨各千。夏、商、周的刑罚都比秦代严酷。

人们一般认为，汉之后改变了秦国的酷刑，刘邦统一全国时只约法三章，其余的秦律都一律取消。实际上，这只实行过很短的时间，刘邦和汉朝的其他统治者，很快就感到“三章之法不足以御奸”。《汉书·刑法志》中记载：“汉兴，高祖初入关，约法三章曰：‘杀人者死，伤人及盗抵罪。’蠲削烦苛，兆民大说。其后四夷未附，兵革未息，三章之法不足以御奸，于是相国萧何攈摭秦法，取其宜于时者，作律九章。”这里就提到，后来汉相萧何在秦律的基础上制定了西汉的主要法典——《九章律》。

《九章律》的内容有盗、贼、囚、捕、杂、具、兴、厩、户等，很明显继承了秦律的主要内容，也恢复了秦律的许多内容，包括秦朝的一些刑罚。

汉朝的酷刑甚至还要远远超过秦国。比如，商鞅在变法初期曾处死七百多人，人们批判商鞅很残酷，但若和后来的汉朝比就小巫见大巫了。汉朝处理淮南王诸王谋反案，每次株连的人数都在万人之上，多的达三万余人，残酷程度数倍于秦处理嫪毐、吕不韦集团。汉朝王莽实行的所谓“新政”，结果造成数千万人死亡。班固的《汉书·地理志》和《汉书·王莽传》中记载，汉人口高峰时为5959万人，而经过王莽“新政”之后，“天下人口减半”，“人与人相食”，这不知比商鞅的变法惨烈多少倍。秦律虽然残酷，但要么斩首，要么车裂，一般是一次处死了事，但汉初有所谓具五刑，先黥，再劓，再斩足，再笞，再杀，再枭首，残酷无比。汉朝的大辟中还有夷三族之令，其中说：“当三族者，皆先黥，劓，斩左右止，笞杀之，枭其首，菹其骨肉于市。其诽谤詈诅者，又先断舌。故谓之具五刑。彭越、韩信之属皆受此诛。至高后元年，乃除三族罪、袄言令。”（《汉书·刑法志》）

到了汉武帝时，汉朝的律令极其烦苛，以至于官吏都不能通晓所有法律。当时，“律、令凡三百五十九章，大辟四百九条，千八百八十二事，死罪决事比万三千四百七十二事。文书盈于几阁，典者不能遍睹”。至成帝时，史书记载说，“今大辟之刑千有余条，律、令烦多，百有余万言”（《汉书·刑法志》）。所以，汉朝的法律，完全不是人们津津乐道的什么约法三章，而是不知比秦朝严苛多少倍。

班固在《汉书·刑法志》中也极为感慨地说：“今汉道至盛，历世二百余载，考自昭、宣、元、成、哀、平六世之间，断狱殊死，率岁千余口而一人，耐罪上至右止，三倍有余。……今郡、国被刑而死者岁以万数，天下狱二千余所，其冤死者多少相覆，狱不减一人，此和气所以未洽者也。”

所以，相对来说，商鞅变法中所谓严刑重罚当然是对民众的一种残酷统治，但客观地说，从出土的秦律来看，秦法还是相对文明的、理性的。这并不是要为商鞅的严刑峻法辩护，而是说在当时的历史条件下，使用酷刑是比较普遍的现象，欧洲直到近代都有各种酷刑，中国一直到明清两朝，酷刑也都普遍存在。

商鞅对司法的治理强调法律面前人人平等，强调法官、法吏在司法过程中的重要作用，强调执法过程中的证据和程序，强调普及法律，让官吏百姓皆知法守法，这些在中国历史上都具有开创性的积极意义。但其提倡重刑重罚，虽然是有预防犯罪的动机，但对百姓而言比较残酷，这也体现了其思想的历史局限性。

第九章

商鞅治农：农业、农村、农民为立国之本

自炎黄时代以来，农业、农村和农民就是中国最基本、最重大的产业、地域和主要群体，也是关系中华民族生存发展的最重要的因素。商鞅不是第一个讨论农业、农村和农民的人，但却是第一个将其提到国家兴亡高度的人。

国家要生存，就要有粮食。粮食是农业社会最重要的生活资料，也是最重要的战略物资。要生产粮食，就必须发展农业，要发展农业，就必须提高农民的生产积极性，要让农民有积极性，就必须解决农民的土地问题、赋税问题，防止其他行业侵蚀农业，防止农村人口流失，防止商人盘剥农民，防止官吏对农民进行压榨。三农问题实际上是一个很复杂的系统性问题。

真正把三农问题作为第一重大问题而明确提上国家政治议程的政治家非商鞅莫属。真正从农村、农业和农民的综合角度着手解决问题的政治家也非商鞅莫属。商鞅的变法改革之所以成功，首先在于商鞅对秦国的三农问题提出了切实可行的方案，并进行了大规模的改革实践。三农问题也成为之后中国国家治理的一个永恒的主题，对中国历代政治产生了重大而深远的影响。

一、李悝治农对商鞅的影响

李悝，是战国初期法家的代表，也是商鞅的老师。他在魏国的变法对商鞅影响很大，商鞅是带着李悝的《法经》赴秦的。李悝变法中，治理农业是非常重要的内容。

李悝治农有两项重要政策。

其一，是解决农民的土地问题。李悝主张统一分配耕地给农民，鼓励农民增加生产，为农业的发展提供更好的条件和环境。《汉书·食货志》中记载，李悝指出，“治田勤谨则亩益三升，不勤则损亦如之。地方百里之增减，辄为粟百八十万石矣”。农民因为始终无法摆脱贫困的生活而有怠耕的现象，造成粮食减产，粮价因而上扬。所以，“善为国者，使民无伤，而农益劝”。把地分给农民耕种，有益于提高农民的生产积极性。

其二，是控制粮食价格，实行平籴法。平籴法就是《管子》一书中所提出的准平法，或叫以重藏轻法。李悝认为，“籴甚贵伤民，甚贱伤农。民伤则离散，农伤则国贫，故甚贵与甚贱，其伤一也。善为国者，使民毋伤而农益劝。今一夫挟五口，治田百亩，岁收亩一石半，为粟百五十石，除十一之税十五石，余百三十五石。食，人月一石半，五人终岁为粟九十石，余有四十五石。石三十，为钱千三百五十，除社闾尝新春秋之祠，用钱三百，余千五十。衣，人率用钱三百，五人终岁用千五百，不足四百五十。不幸疾病死丧之费，及上赋敛，又未与此。此农夫所以常困，有不劝耕之心，而令籴至于甚贵者也。是故善平籴者，必谨观岁有上、中、下孰。上孰其收自四，余四百石；中孰自三，余三百石；下孰自倍，余百石。小饥则收百石，中饥七十石，大饥三十石，故大孰则上籴三而舍一，中孰则籴二，下孰则籴一，使民适足，贾平则止。小饥则发小孰之所敛，中饥则发中孰之所敛、大饥则发大孰之所敛而粜之。故虽遇饥馑水旱，籴不贵而民不散，取有余以补不足也”（《汉书·食货志》）。这段话深刻剖析了农民的不幸与痛苦，不管如何劳作，到头来都还是不能满足基本的生活需要，收支始终还有 450 钱的缺口，如果遇上灾害，就更不能正常生活了。

于是，他提出用平籴法来调节丰欠年的粮食供给。具体而言，就是国家在农业粮食丰收时以平价收购粮食储存，发生饥荒时又平价卖给农民，取有余以补不足，打击大富人、大贵族囤积粮食危及国家政治稳定，从经济上防止粮食太贵而伤民，也防止粮价过低而挫伤农民积极性。他所倡导的平籴法，将农年分成大熟、中熟、小熟三个等级，按比例向农民籴粮；把荒年也分成大饥、中饥和小饥三个等级，在大饥之年把大熟之年所籴的粮食发放给农民，其余则以此类推。这样可使饥岁的粮价不致猛涨，农民也不会因此而逃亡或流散，用“取有余以补不足”的方法来稳定农民生活。

这两项重大经济措施“行之魏国，国以富强”（《汉书·食货志》）。魏国很快成为战国初年的强国。史载魏国国都大梁“人民之众，车马之多，日夜行不休已，无以异于三军之众”（《战国策·魏策一》），是战国文人学士、纵横家、政治家聚集的地方，也是当时官员、权贵和富商享乐的消费都市。

商鞅变法中解决农民土地问题和控制粮食价格的政策，明显继承了李悝的政策，但商鞅又在李悝治农的基础上更全面地论述了农民、农村和农业的重要性，进一步发展了李悝的思想。

二、商鞅关于三农问题重要性的论述

商鞅在入秦的过程中，对秦国沿途的农村、农业、农民进行过考察。他发现秦国地广人稀，农村凋敝，农业落后，农民相对于魏国等国的农民更懒散，这是秦国不发达的原因，但也是秦国的潜在优势。在向秦孝公力陈秦国发展之计的过程中，商鞅力主秦国要把三农问题作为最重要的战略问题来对待。

商鞅针对六国重视文教而轻视农业的倾向指出，“国之所以兴者，农战也”（《商君书·农战》），使一个国家兴旺的根本，在于重视农耕和作战，但现在民众用来求取官职和爵位的方法不是农耕和作战，而是花言巧语和空洞无物的说教。这就是鼓励民众学习奸诈巧舌，不但不能兴国，反而误导了民众。民众受到误导，这个国家就一定不会有实力。国家没有实力，这个国家慢慢就会被削弱。如果民众看见国家给人们的好处都是从农耕与作战这一途径发出，那么便会专心从事农耕和作战。民众专心从事农耕和作战，国家的实力就会变雄厚，实力雄厚，国家就会强大。但如果逃避农耕和作战同样可以得到官职和爵位，那些有才华的人就都会去钻研学习《诗》《书》，那些社会地位低微的平庸之人便会去经商或从事手工业，凭借这种方式来逃避农耕和作战。民不务农，是导致国家削弱的重要原因。

商鞅向秦孝公进一步说明了不重视农业的危害：“善为国者，仓廪虽满，不偷于农；国大民众，不淫于言，则民朴壹。……百姓曰：‘我疾农，先实公仓，收余以食亲。为上忘生而战，以尊主安国也’。”（《商君书·农战》）善于治理国家的君主，即使粮仓满了也不放松鼓励农耕，国家的土地广大，人口众多，也不能让空洞无物的言论泛滥，这样民众就会淳朴专一。否则，就会反过来伤害那些积极务农的农民。想成就一番事业的统治者，必须一心一意把三农问题解决好。使秦国发展的关键，就在于紧紧抓住这个“一”，就是全国抓农业，全民务农。

所以，会治理国家的统治者，“圣人知治国之要，故令民归心于农。归心于农，则民朴而可正也，纷纷则易使也，信可以守战也”（《商君书·农战》）。民众专心耕种，那么就少有奸诈之事，而且看重自己的故土不愿迁移，就能用奖赏和惩罚的办法来鼓励他们上进，就可以靠他们来对外作战。民众如果看见靠空谈游说的人侍奉君主也可以得到尊贵的地位，商人也可以发财致富，手工业者也能以此养家糊口，就一定会逃避农耕和作战。逃避农耕，就会轻视自己的故土，就不会守土作战。反之，如果民众专心于农耕和作战，则“作壹一岁者，十岁强；作壹十岁者，百岁强；作壹百岁者，千岁强；千岁强者王”（《商君书·农战》）。

三、解决秦国三农问题的具体措施

既然三农问题很重要，那么如何解决秦国存在的这些问题呢？为此，商鞅向秦孝公提出了如下建议。

第一，利用百姓好利避恶的本性，实行奖惩制度。百姓都想避免国家的徭役，希望国家免除各种赋税。因此秦孝公颁发商鞅起草的法令，明确规定凡致力于农业生产，让粮食丰收、布帛增产的，可免除自身的劳役或赋税，“僇力本业，耕织致粟帛多者复其身”（《史记·商君列传》）。百姓都想得到国家的奖赏，这种奖赏在当时就是升爵赏禄，能使百姓得到生活资料，也能获得荣誉，国家把这些作为刺激百姓积极务农的措施。商鞅的改革措施中明确规定，平民百姓有三条途径可以进入秦国的官吏队伍：第一条是粮功，第二条是军功，第三条是政功（监督举报有功）。

第二，实行小家庭制。一家有两个以上壮丁而不分居的，赋税加倍。农村每家有两个成年男子的，必须分开立门户，不分户的，赋税增加一倍。这是为了扩大农业生产规模采取的一条措施，当然也是为了扩大和增加国家的赋税来源，带有强迫性质。

第三，公元前 350 年，商鞅又下令禁止百姓父子兄弟同居一室。商鞅说，“从前秦国的习俗和戎狄一样，父子不分开，男女老少同居一室。如今我改变了秦国的风俗，使他们男女有别，分居而住”[①]。这一条是为了改变秦国农村的落后风俗，当时的风俗应当是受西部戎狄部落的影响，父与子共其妻，兄与弟共其妻。父子兄弟分家，另娶媳妇，既可以增加人口，也可以增加生产单位，客观上促进了人类文明的发展。这是商鞅移风易俗，促进秦国农村文明发展的措施。

第四，让贵族家庭的闲散人员从事农业。商鞅在促进农业生产、稳定农村的《垦令》中拟定了多条把社会闲散人员送到农村务农的措施，他说，“禄厚而税多，食口众者，败农者也。则以其食口之数，赋而重使之，则辟淫游惰之民无所于食。无所于食则必农；农则草必垦矣”（《商君书·垦令》）。这一条是针对富贵人家说的，意思是说，一个享有高官厚禄的家族有许多不劳动的人口，在当时总人口很少的情况下，这些人口多了，从事农业的人口就少了，所以要减少这种家族的粮食供应，让这些富贵人家里的闲散人员没有粮食吃，迫使他们到农村去从事农业。

第五，禁止或者限制除农业外的其他行业的发展，让劳动力都流向农业。商鞅变法的一条规定是：从事除农业之外行业的人员，如果从事其他行业又懒惰以致贫穷者，拘其本人及妻子，没收为官奴。[②]这条规定虽然极端，但是准确地说，商鞅本意并不是说不事农业就要罚

① 原文参见《史记·商君列传》：“始秦戎翟之教，父子无别，同室而居。今我更制其教，而为其男女之别。”

② 原文参见（《史记·商君列传》）：“事末利及怠而贫者，举以为收孥。”

为奴，而是指不从事农业又没有本事生存，不愿意劳动的懒惰者要罚没为官奴。当然，即便这样做也是很极端的政策。

让社会的那些闲散人员、那些摇唇鼓舌、迷惑农民的乱农之民都去务农，这样农民就一定会安心务农。农民安心务农，那么荒地就一定能得到开垦了。[①]

第六，《垦令》中规定，国家统一管理山林、湖泽，不让人们从事林业、渔业，而必须改行从事农业。[②]商鞅把从事林业、渔业的人认为是厌恶务农、怠慢懒惰、非常贪婪的人，这是没有道理的，但为了应对秦国亟待解决的粮食问题，在当时的历史环境下也有一定的合理性。

第七，要限制商业和运输业，不能使商业、运输业伤害农业，要让农民从种粮中得到利益。商鞅看到了当时农贫商富的现象，认为这种现象的原因在于农民的利益被商人拿走了，所以必须限制商业。商鞅指出，“民之内事，莫苦于农”，“故农之用力最苦，而赢利少，不如商贾、技巧之人”（《商君书·外内》）。国内各种劳动职业没有比农业更苦的了，所以，治理不善，就没有人愿意种粮。什么叫治理不善？即农民穷而商人富。粮食贱而钱就值钱，粮食贱农民就穷，钱值钱商人就富。不约束商业和手工业，游荡求食的人就会增多。农民最为辛苦，而获利最少，不如商业和手工业者。因此，如果能使商人和手工业者不那么多，国家就会富强。所以，“欲农富其国者，境内之食必贵，而不农之征必多，市利之租必重。则民不得无田，无田不得不易其食，

---

① 原文参见（《商君书·垦令》）：“乱农之民无所于食而必农。愚心躁欲之民壹意，则农民必静。农静诛愚，乱农之民欲农，则草必垦矣。均出余子之使令，以世使之。又高其解舍，令有甬官食，概。不可以辟役，而大官未可必得也，则余子不游事人，则必农。农则草必垦矣。”

② 原文参见（《商君书·垦令》）：“壹山泽，则恶农、慢惰、倍欲之民无所于食。无所于食，则必农。农则草必垦矣。”

食贵则田者利，田者利则事者众”（商君书·外内》），想发展农业来富国，国内的粮价必须要贵，而不从事农业生产的赋敛必须增多，贸易的利税必须加重。种田获利丰厚，从事此业的人就会多。粮食贵，买粮就不合适，而又加重商业税，那么百姓就不得不放弃经商和手工业，转而务农赚取田利，这样百姓的力量就都集中到农业上了。基于此，好的国家治理政策是，“故为国者，边利尽归于兵，市利尽归于农。边利归于兵者强；市利归于农者富”（《商君书·外内》）。这一条措施旨在利用市场机制调节粮价，让从事农业的农民有利可图，本来是一条很好的措施，但商鞅学派没有充分发挥其作用，而是采取了行政高压和强制手段对商业进行限制。

商鞅对运输业也进行了限制，迫使部分运输业人员从事农业。法律禁止运送粮食的人花钱雇别人的车，更不准运粮车辆在返回时揽载私人货物。车、拉车的牛和车在运粮时的载重量在服役时一定要同注册登记时一致。这样的话运粮车就会去得迅速，回来得也快，运粮的事就不会危害农业生产。运粮不会危害农业生产，那么农业就可以更好地发展了①。

这里有一个需要讨论的问题：到底商鞅允不允许进行粮食买卖？还是说允许有条件地进行粮食买卖？

《商君书·垦令》中明确禁止粮食买卖之法，说“商无得粜，农无得籴”，这实际上就是取缔了粮食的市场交易。《商君书·说民》中又说，“王者，国不蓄力，家不积粟。国不蓄力，下用也；家不积粟，上藏也”，能够称霸天下的国家，不储存实力，民众家中也不囤积粮食。国家不储存实力，是为了调动民众的力量；民众的家中不存粮食，是

① 原文参见（《商君书·垦令》）：“令送粮无得取僦，无得反庸。车牛舆重，役必当名。然则往速徕疾，则业不败农。业不败农，则草必垦矣。”

国家要把粮食储藏在官仓中，实际上不允许民众家里收藏粮食也是禁止粮食买卖的一种说法，所以说商鞅禁止粮食买卖不无依据。

但《商君书·外内》中又说："欲农富其国者，境内之食必贵"，"市利尽归于农"，所谓"食必贵"，就是粮价高，只有买卖才会有粮食价格高低问题。"市利"，主要就是市场的利益，归于农的市利，似乎就应该是指农民在市场上高价出售粮食的利益归于农民。既然允许农民出售多余的粮食并从中获利，那就要允许农民收藏粮食，否则市场上的粮食从哪里来？因此，还有一种可能，就是实际上不允许私人买卖粮食，而是由国家对粮食进行专营，即只有国家才能买粮卖粮，国家从农民手中直接收取一部分粮食，也可能从农民手中购买一部分粮食。那些不从事农业的人口，只能高价向国家买粮。

笔者认为，在商鞅变法过程中，实际应当是既不允许市场买卖粮食，也不禁止农民出售粮食，而是采取了折中的办法，农户家里的余粮既不由官府出钱收购，也不无偿地没入官仓，而是用国家的官爵交换。《商君书·靳令》中记载，"民有余粮，使民以粟出官爵"，给那些生产粮食较多的农民一条出售粮食的渠道，粮食只能出售给官府换取官爵。

第八，利用国外资源解决秦国的农业人口不足问题。《商君书·算地》中已经提到了"徕民"政策，说"地胜其民者，事徕"，就是说如果国家土地多，人口少，就应当致力于招徕国外的劳动力，但没有对此展开详述。《商君书·徕民》虽然明显不可能是商鞅自己写的，因为其中提到了商鞅死后七八十年的长平之战等许多事件，但该篇的思想，也是《商君书·算地》中徕民概念的逻辑延伸。

商鞅学派认为，"今秦之地方千里者五，而谷土不能处二，田数不满百万，其薮泽、谷、名山、大川之材物货宝又不尽为用，此人不称土也”（《商君书·徕民》），说的是秦国土地中有大量的资源，不能全部被利用，这就是人口与广阔的土地不相称。

秦国人少地多，而秦国的邻国——魏韩两国则相反，是人多地少，土地不够供养它的民众生存，而民众想要田地和房屋，这些国家也确实没有。所以，商鞅学派认为秦国应当改变观念，想办法争取这些国家的民众到秦国来耕种土地。他们主张秦国有些官吏不愿免除外来民众的租役，这是错误的。秦国应当颁布大的优惠政策，例如：凡是各诸侯国来归附的人，立刻免除他们三代的徭役赋税，不用参加作战。秦国四界之内，岭坡、土山、洼湿的土地十年不收赋税，这就足够招徕上百万从事农业生产的人了。用秦原有的民众对付敌国的军队，而让新招徕的民众从事农业生产，军队虽然在国外作战上百天，国境内也不会耽误一点农时，这就是富国强兵两全的方法，在战争和农业生产两个方面都能做出成就。

第九条，官府对农民的征用要严格限制。秦律有明确规定，不到万不得已不能随便对农民兴发徭役。《里耶秦简》第 J1（16）5 简中记载了洞庭郡守在这方面的政令。他告诉各县啬夫、卒史嘉、假卒史谷、郡尉，法令明言，运输任务一定先要尽量使用城旦舂、隶臣妾、居訾赎债类人员。任务紧急的情况下，才允许兴发徭役。农忙季节不可对百姓随便兴发徭役，应尽量核查现有的劳役人员的登记簿，如果有可以用的人员而没有用，却向百姓兴发了徭役的，应予以检举，并依法处理。这一条秦简说明，秦朝所继承下来的商鞅时期实行的徭役制度对保护农民的利益是有考虑的[①]。

① 王焕林：《里耶秦简校诂》，中国文联出版社 2007 年版，第 111—112 页。

四、如何解决农民的土地问题？

关于先秦时期土地制度和赋税制度，具体文献资料少之又少。根据班固在《汉书·食货志》中的记载，大体是井田制。

《汉书·食货志》指出，“理民之道，地著为本。故必建步立亩，正其经界。六尺为步，步百为亩，亩百为夫，夫三为屋，屋三为井，井方一里，是为九夫。八家共之，各受私田百亩，公田十亩，是为八百八十亩，余二十亩以为庐舍。出入相友，守望相助，疾病相救，民是以和睦，而教化齐同，力役生产可得而平也”。意思是说，治理人民的方法是使他们定居一地，要把土地分给人耕种。因此，一定要设定步来定立田亩，六尺作为一步，百步是一亩，百亩是一夫，井的方圆是一里，就是九夫。八家共同拥有它，各自接受百亩私田，十亩公田，这是八百八十亩，剩下二十亩作为屋舍。人民友爱，互相帮助，有疾病互相救护，这样人们就会因此和睦相处，而且政教风化统一，劳役生产也可以得到治理并且很公平。

另外，周的土地制度也考虑到了土地好坏的情况。百姓接受田地，好田是一百亩，中田就是二百亩，差田就是三百亩。农民户主自己接受田亩，他家中的其他男子是余夫，也依照人数按比例分田。士、工、商家里分田，五个人才相当于农夫一人。

各诸侯国根据这一制度向农民抽取赋税。税是公田的十分之一，也从工、商、衡、虞的收入中抽取。赋是供给车马、铵甲、兵器、士兵的劳役，用来充实官府储存财物兵甲的仓库以及赏赐之用。税用来供给郊祭宗庙百神、百官的薪俸食物以及公共事务的费用。

百姓年龄满二十就分田，满六十就归还田亩。七十岁以上，是天子来奉养的；十岁以下，是天子要抚养的；十一岁以上，是天子要培养的。

井田制还要求，种谷一定要夹杂五谷，以防备灾害。田中不能有树，以免妨碍五谷生长。围绕庐舍要种植桑树，菜地要有田垄，瓜果类作物要种植在田边，养殖鸡、鸭、猪、狗要及时喂食，女子要进行蚕织。

这些井田制的特点，在《孟子·滕文公章句（上）》中有所记载。孟子说，夏朝每家五十亩地就行贡法，商朝每家七十亩地实行助法，周朝每家一百亩地实行彻法，这些征税制度都是抽取收成的十分之一。孟子也曾向滕文公建议，郊野采用九分抽一的助法征税，城里采用十分抽一的贡法征税，公卿以下的官吏每家分配供祭祀用的圭田五十亩，家里有剩余劳动力的，再给每个劳动力分配二十五亩地，所谓"方里而井，井九百亩，其中为公田。八家皆私百亩，同养公田；公事毕，然后敢治私事，所以别野人也"[①]。

大体来说，西周时期的土地所有权是周天子的，周天子按照爵位把一定的土地和人民，分别授予王族、功臣、先代贵族，让他们建立诸侯国，拱卫王室，诸侯有为周天子镇守疆土、服从作战、交纳贡赋和朝觐述职的义务。到了东周时期，天子的所有权淡化，诸侯国土地的所有权名义上应是诸侯国君，国君再把部分土地分封给各国的贵族，

① 原文参见《孟子·滕文公上》中的记载，"夏后氏五十而贡，殷人七十而助，周人百亩而彻，其实皆什一也"，实行"野九一而助，国中什一使自赋。卿以下必有圭田，圭田五十亩。余夫二十五亩。死徙无出乡，乡田同井。出入相友，守望相助，疾病相扶持，则百姓亲睦，方里而井，井九百亩，其中为公田。八家皆私百亩，同养公田。公事毕，然后敢治私事"。《孟子·梁惠王章句（上）》中也提到"制民之产"，"五亩之宅，树之以桑，五十者可以衣帛矣；鸡豚狗彘之畜，无失其时，七十者可以食肉矣；百亩之田，勿夺农时，八口之家可以无饥矣"。

各国贵族的官职和分封的禄邑是联系在一起的，禄邑中的土地以及农民归贵族支配。但随着诸侯贵族权力的增加，诸侯的权力被架空，诸侯的采地逐渐变成了卿大夫所有，到后来完全被贵族瓜分，实际上形成了土地的贵族所有制，并可以世袭。

《管子·大匡》中记载，齐桓公践位十九年，曾经对流传的周制的赋税制度有所改革，“赋禄以粟，案田而税。二岁而税一，上年什取三，中年什取二，下年什取一；岁饥不税”。

到了春秋末期，据《汉书·食货志》记载，“周室既衰，暴君污吏慢其经界，徭役横作，政令不信，上下相诈，公田不治。故鲁宣公‘初税亩’，《春秋》讥焉。于是上贪民怨，灾害生而祸乱作”。这时，各国开始探索新的土地制度，于是有了鲁国在宣公十五年实行的按亩征税的田赋制度。

到了魏文侯时，又有了前述的李悝改革，为魏文侯作尽地力之教。在秦国，据《史记·六国年表》记载，“秦简公七年，初租禾”。其地租约为 20%，因此农民没有积极性。

商鞅的土地改革吸取了李悝改革的经验教训，又根据秦国地多人少的情况来进行。《汉书·食货志》中说，“及秦孝公用商君，坏井田，开阡陌，急耕战之赏，虽非古道，犹以务本之故，倾邻国而雄诸侯”，虽然对商鞅的土地政策有非议，但基本上肯定其属于“务本”之道。

商鞅认为，为鼓励农民耕种，必须解决农民的土地问题。从《商君书》《史记·秦本纪》《商君列传》等资料看，秦国农民的土地问题是逐步解决的。一开始是国家向农民提供土地，让农民有地可耕。秦的土地为国有，大面积授田给农民，发挥土地和农民的作用。由于秦国人少地多，所以授田面积相当大。《商君书·算地》中提到，每户农民授田数为小亩五百（相当于现在的 143 亩）。这些田中，有不必休耕的好田，有耕一休一的中田，也有耕一休二的下田，农民自己可以根据情况轮耕。当然，这种授田是强制性的，不论给你的田地是否耕种，到时候都要按数征收粮谷，上交粮谷多的还可以获得爵位，有机会任官[①]。

《商君书·徕民》中提出“制土分民”的原则，即“地方百里者，山陵处什一，薮泽处什一，溪谷流水处什一，都邑蹊道处什一，恶田处什二，良田处什四、以此食作夫五万。其山陵、薮泽、溪谷可以给其材，都邑蹊道足以处其民，先王制土分民之律也”。意思是说，方圆百里的地方，假如山、丘陵占国土的十分之一，湖泊、沼泽占国土的十分之一，山谷河流占国土的十分之一，城镇道路占国土的十分之一，薄田占国土面积的十分之二，良田占国土的十分之四，可以用这些土地养活约五万个从事农业生产的农民，其中的山、丘陵、湖泊、沼泽、山谷河流可以供给各种原料，城镇足够它的民众居住，这就是先古帝王制定的划分土地的法律。司马迁说当时是实行名田制，即按爵级不同，相应配给不同数量的土地宅田。有些资料说是“均田”，上自公卿，下到吏民，名曰均田，皆有顷数。就是按公民分配一定数量的土地，归其终身占有和使用，但本人死后，由国家收回。[②]所以，秦国的大部分土地由国家预先分配给农民，实行的是授田制，这些田地农民如果因为各种原因不耕种了，是要交还国家的。当时对五口之家的农民授田大概是 100 秦亩，这个面积是过去传统的井田制每户 100 周亩的三倍。也就是说，秦国商鞅的土地改革，使农民可耕种的土地面积大大增加了，可以更好地发挥农民种地的积极性。

---

① 栗劲：《秦律通论》，山东人民出版社 1985 年版，第 428 页。

② 栗劲：《秦律通论》，山东人民出版社 1985 年版，第 36 页。

当时另一部分土地的来源应当是鼓励农民开垦荒地，这些土地也是国家所有，但农民可以在开垦的土地上优先耕种。秦国人少地多，正好可以发挥秦国所特有的潜力。商鞅指出："故有地狭而民众者，民胜其地；地广而民少者，地胜其民。民胜其地，务开；地胜其民者，事徕。"（《商君书·算地》）这说的是，有的地方狭小而人口众多，人口的数量超过了国家所拥有的土地；有的土地宽广而人口少，土地面积超过人口数量。人口数量超过国家拥有的土地，就一定要开辟疆土；土地面积超过人口，就要想办法招徕人口开荒。要开辟疆土，就要成倍地扩大军队的数量。可是人口超过了国家占有的土地，那么国家取得的功绩就少而且兵力不足；土地面积超过人口数量，那么国家的山林、湖泽、财力、物力就不能得到充分利用。放弃自然资源，任民众放荡，游手好闲，因此秦国人口虽多而军队的实力却很弱，土地虽广而国家的实力却不强。每个农民分得五百亩，国家得到的税收不足以养活一个士兵，就是因为人少地多，地力不能得充分发挥；土地方圆百里，才能派出兵士一万人，人数少于土地数。要改变这种情况就必须垦草开荒。商鞅还说："夫地大而不垦者，与无地同；民众而不用者，与无民同。故为国之数，务在垦草。"（《商君书·算地》）所以，开垦荒地是商鞅解决秦国三农问题的重要举措。

还有一部分的土地，是农民中的少数人因粮功、军功突出而获得的国家奖励。按照当时的秦律，得一爵等可以有十五亩左右的赏赐。那些粮功、军功多的农民逐渐就会有几十上百亩的土地，但这一条刚开始改革时可以实行，到一定阶段之后必然会出现大问题，就是秦国没有那么多的土地用来进行奖励，因为秦国在商鞅变法之后经常进行战争，一场战争少则杀敌几万，多则十几二十万，长平之战最多时一次歼敌就有 40 万，如果杀敌一人奖 15 亩，那一场战争下来，秦国用于奖励的土地少则几十万亩，多则需要600万亩，这基本上是不可能的事。

公元前350年，商鞅第二次改革时，进行了“为田开阡陌”（《史记·秦本纪》）和“为田开阡陌封疆”（《史记·商君列传》）。开就是打开，破除之意，阡字，从阜，从千，阜与千连起来表示“南北方向的田埂”。陌指田间东西方向的道路，“阡陌”指每一亩田的小田界，“封疆”指每100亩，即每一顷田的大田界，开阡陌封疆，就是指把原来百步为亩的阡陌和每顷田的封疆打开，废除过去的井田制，将土地开拓为240步为一亩的大田界。杨宽先生在《战国史》中解释说，“六尺为步，步百为亩，秦田二百四十步为亩”。杜佑的《通典》里也说，“周制步百为亩，亩百给一夫，商鞅佐秦，以一夫力余，地利不尽，于是改制为二百四十步为亩，百亩给一夫”，而这一制度早在晋国时已经实行大亩制[①]，就是说，商鞅大大扩大了授田的面积，比过去扩大了3倍多。

《汉书·食货志》里说，“用商鞅之法，改帝王之制，除井田，民得买卖”。商鞅打开了井田制下的纵横交错的田埂，把长期存在的井田制度废除了，允许土地买卖。这一条现在有争议，就是到底商鞅时期是否允许土地买卖？从《史记·商君列传》中的“为田开阡陌封疆”到后来的“而赋税平”来看，很可能是允许土地私有和买卖之后的政策。商鞅一方面废除了井田制的阡陌，另一方面又确定了新的阡陌，废除井田的阡陌是为了扩大授田，让无地、少地的农民有土地可种，确定新的阡陌是实行土地私有，让一部分开垦的土地和一部分因功获得的土地的私有权通过阡陌被确定下来。

① 杨宽：《战国史》，上海人民出版社2015年版，第221页。

后来的秦律中严禁侵占私有土地，《睡虎地秦墓竹简·法律答问》中有“盗徙封，赎耐”的记载。就是说，如果有人私自移动田界，要受刑罚处分。“赎”就是可以拿钱赎罪，“耐”就是剃去鬓发，文献在解释这一条法律时说，“何如为封？封即田阡陌、顷畔封也，是非是而盗徙之，赎耐。何重也，是不重”。保护土地私有的做法可能自商鞅时期就已经开始了。《汉书·食货志》《董仲舒疏》中写道：“用商鞅之法，改帝王之制，除井田，民得买卖，富者田连阡陌，贫者无立锥之地。”这个说法如果成立，也应当是指秦国后来的事，在商鞅时不可能出现农民无地可耕的现象，因为商鞅的政策不可能允许无业游民大量存在。

五、鼓励农民耕地的政策

为了鼓励广大农民耕地，除了前述商鞅《垦令》中的措施外，秦国又通过法律明确规定了对农民的几大优惠政策。

第一，国家向农民提供优惠的农业生产资料。

要种粮食就得有牛耕地，牛在当时是贵重的资产，一般农民肯定是无法拥有耕牛的。那怎么办呢？秦国的政策是，由国家养殖耕牛，然后按一定的优惠政策提供给农民使用。秦律中有《厩苑律》，规定国家要向农民提供耕牛，为此秦国在发展耕牛养殖上花了大力气，负责发展耕牛养殖业的官员责任重大。法律明文规定，如果母牛十头，有六头不产子，啬夫和佐要各罚一盾。每年搞四次耕牛生产的大比赛，也是大检查，耕牛养得好的赏，养得不好的罚。

农业生产的另一个重要工具就是铁制农具。因此，秦国也大力发展冶铁业和生产铁器的手工业，为农民提供铁制农具。《厩苑律》中也规定：“(假)铁器，销敝不胜而毁者，为用书，受勿责。”农民向官府借铁制农具，如果用坏了不需要赔偿，只需要向官府写出情况报告，就可以由官府核销。

第二，国家以法律保证农民有时间从事农业生产。

“使民”是当时的普遍现象，不仅法家要使民，儒家也主张使民，而且法儒两家都主张“使民以时”，不违农时。如在《论语·学而》中，孔子就曾说，“道千乘之国：敬事而信，节用而爱人，使民以时”。秦律中也有明确的不违农时的规定。《睡虎地秦墓竹简·秦律十八种·司空》中规定：“一室二人以上居訾赎责而莫见其室者，出其一人，令相为兼居之。”即一家如果有两人以上必须要服刑、还债或服役时，必须放回一人进行农业生产，即使是要去服役、服刑的另外一人，也要到农忙之时“归田农”，“种时、治时各二旬”。就是说这个服刑的犯人也可以有四十天时间回去干农活。《睡虎地秦墓竹简·秦律十八种·戍律》中规定，如果县内负责戍务的官员不按法律办，把家里做农活的人同时都抓走的话，那么“县啬夫、尉及士吏行戍不以律，訾二甲”。

第三，国家以法律规定向农民提供足够的良种。

种庄稼得有种子，农民吃的粮食一般都紧张，不可能有多余的粮食作为种子。秦国为支持农民种地，优惠为农民提供优良种子。《睡虎地秦墓竹简·秦律十八种·仓律》中规定：不同的农作物提供的种子量不同，要用统一标准的衡器度量，稻、麻每亩提供二斗又大半斗的种子，禾麦每亩提供一斗，黍、荅每亩提供大半斗，菽每亩半斗。如果是好的田地，用不了这么多种子，也是允许的，“不尽此数者，可也”。还规定了各级官府必须要收藏种子，“县遗麦以为种用者，殽禾以臧(藏)之”。

第四，国家出台了应对灾害的措施。

秦国兴修水利工程，为农业提供水利条件。都江堰工程成就了“天府之国”的农业。对其他干旱地区，秦国也很注意雨水的多少，密切关注气候对农业的影响。《田律》中规定：地方县级官府必须随时向中央报告下雨时受雨和抽穗的顷数，庄稼开始生长后要报告雨量多少、受益顷数，如有旱灾、虫灾、涝灾，也要报告受灾顷数。官府掌握这些情况，可以采取一些帮扶的措施，如减免租税，采取救灾措施，必要时开放官府的苑地。

第五，国家出台了保护农业、林业、渔业和自然环境的措施。《睡虎地秦墓竹简·秦律十八种·田律》中规定：春天二月，不准进山采伐木材；不准堵塞水道；不到夏季不准烧草作肥料；不准采集刚发芽的植物；不准捉取幼兽、鸟卵和幼鸟；不准毒杀鱼鳖。这些措施不仅保护了林业、渔业，也可以防止水土流失，保护自然环境和农业生产环境。

六、农业税赋与农民余粮

关于商鞅时期的农业政策，有一个很大的问题，就是如何处理农民多出来的余粮。

有关商鞅余粮政策的文献存在矛盾的地方。许多批评商鞅的人列举《商君书》《商君列传》等一些材料，指责商鞅对农民推行残酷的余粮政策，即不让农民拥有余粮，用饥饿政策逼迫农民像奴隶般种粮。这种观点的主要根据是《商君书·靳令》中的“民有余粮，使民以粟出官爵”。而《商君书·垦令》中说，要“訾粟而税，则上壹而民平”。《史记·商君列传》中说“为田开阡陌封疆，而赋税平”。《史记·秦本纪》中说“十四年，初为赋”（公元前348年，开始制定新的赋税制度）。

笔者认为，应该从历史发展的逻辑及商鞅变法的实践来进行判断。从秦国的历史看，如果商鞅实行的政策是把农民所生产的粮食全部拿走，像奴隶那样逼迫农民种田，农民不可能有生产积极性。所谓“民有余粮，使民以粟出官爵”，可以有两种解释。一是，既然说是“余粮”，应当是指扣除赋税之后的粮食。农民按照当时的规定，向秦国官府上交全部粮食中的一部分，余下的粮食就是余粮，是可以由农民合法收藏的。如果把农民的粮食全部拿走，赋税就没有任何意义了。秦律中也有案例说明，当时自由民的财物是可以得到国家法律保障的，因此生产积极性比较高，从而使社会经济繁荣。《睡虎地秦墓竹简·秦律十八种·田律》中也规定，耕作者必须每年按授田数上缴定量的租税，包括粮食、刍（饲料）和禾秆等。二是，农民交完赋税后的粮食可以拿一部分余粮去交换官爵。农民可以保留一部分余粮，因为要获取一定的官爵必定有相关兑换的规定，比如五百斤粮食可以换一级爵，不足五百斤的余粮可以由农民保存。《史记·秦本纪》中没有说商鞅时多少粮可以换爵一级，但始皇四年时，有“百姓内粟千石，拜爵一级”的规定。所以，不能解释为农民所产的全部余粮都必须换官爵或者被收走。如果是这样的政策，秦国不要说支撑到百年后统一六国，可能不出三五年商鞅的变法就会破产。

《商君书·徕民》中提出，对外来入秦的人，“今使复之三世，无知军事。秦四竟之内陵阪丘隰，不起十年征，者于律也。足以造作夫百万”，对入秦种地的农民给予巨大的优惠政策，凡是各国来归附的人，立刻免除三代的徭役赋税，不用参加作战。秦国四界之内，岭坡、土山、洼湿的土地，十年不收赋税。既然连外国人来秦种田都可以不收赋税，又怎么可能会把秦国农民的余粮全部收走呢？

从商鞅变法的实践和历史记载看，秦国的农民应当说是比较接受和支持当时的粮食政策的，所以才有所谓“秦民大说”的记载。这样看来，应该就不会有所谓商鞅变法把农民变成奴隶，收走农民的全部余粮，强迫农民耕种的情况了。

这从另一方面也反映了商鞅学派的两种不同思路：一派是务实派，即在商鞅变法中采取“赋税平”的政策；另一派则是极端派，试图以极端的办法逼迫农民终身为奴，不给农民任何拥有富余粮食的可能。但人们不应该只看到商鞅学派中极端派的思想，就否定商鞅变法中实行的全部实际政策。

司马迁在《史记·商君列传》中明确地说，“僇力本业，耕织致粟帛多者复其身”，这说的就是“奴隶”通过致力于农业生产，让粮食丰收、布帛增产的，可以“复其身”，也就是获得自由，从奴隶变为平民。如果农民致力于耕战的结果，是让农民回到奴隶身份，又有谁会去努力呢？另外，《史记·商君列传》也明确地说，对于耕战政策，“秦民大说”，农民当然是组成秦民的最重要的主体，只有农民大悦了，才可能秦民大悦。农民不悦，“秦民大说”就无从说起了。

到底秦国农民在商鞅对三农的治理中是受益还是受损？对新法农民是欢迎还是抵制？秦国农村是发展了还是倒退了？秦国农业是繁荣了还是凋敝了？对商鞅持尖锐批判态度的司马迁也不可能违心地替商鞅编造历史来说谎话，他在《史记·秦本纪》和《史记·商君列传》给了商鞅极高的评价，说“卒用鞅法，百姓苦之；居三年，百姓便之”，“行之十年，秦民大说，道不拾遗，山无盗贼，家给人足。民勇于公战，怯于私斗，乡邑大治”。

商鞅治理秦国的三农问题，把农民放在了国家治理的首位，把农业放在国家发展的首位，把农村放在国家治理的重要地位。他解决了影响秦国发展的最为重要的一个问题。后代文献说，由于商鞅的农业政策，所以“当七国争斗，秦粟如山”①。

《睡虎地秦墓竹简·秦律十八种·仓律》中也记载，当时秦国到处都是积满了粮食的仓库，有的“万石一积”，有的“二万石一积”，首都咸阳的仓库竟然达到了“十万石一积”。这说明商鞅施行的促进农业生产的政策大大提高了秦国的粮食产量，为日后秦国一统六国打下了坚实的经济基础。商鞅变法也由此开创了国家治理中的一个重要的领域，从此三农问题成为历代有远见的政治家必须关注的问题。

① 栗劲：《秦律通论》，山东人民出版社 1985 年版，第 43 页。

第十章

商鞅治军：打造大国竞争的利器

大国竞争，首先在于军队力量的竞争。军强则国强，军弱则国弱。有强军者，可自卫；无强军者，弱于人。如果说粮食是大国竞争的基础，军队则是大国竞争的核心。

在商鞅所处的战国时期，战争是常态。而且大国竞争已经从春秋时期的霸权争夺，进入战国时期的零和吞并，其激烈程度远远超出春秋时期。这从军事力量的对比变化就可以看出来。春秋时期，齐桓公军队约 3 万人，晋文公军队约 2 万人，楚国 2 万人。春秋后期晋国约有 15 万人，楚国有 10 万人①。春秋时期影响最大的霸者齐桓、晋文的军队不过二三万人，而战国时最弱的燕国也有 30 万人。所以，在战国中期，商鞅在秦国面临的大国竞争中最迫切的任务，莫过于建设一支强大的军队。

夺回被魏国长期占领的河西地，需要秦军胜过当时最强大的军队魏军。这对七国中最弱的秦国来讲，是一个十分艰巨的任务。但商鞅做到了！而且商鞅建设强大的秦军，只用了短短的 20 年！

商鞅是如何做到的？

一、商鞅治军时诸国的军事力量对比

公元前 453 年，当时的超级大国晋国国内发生了重大的政治变化。智伯在灭掉范氏、中行氏之后，又试图灭掉赵氏。智伯强行向赵襄子索地，被赵氏拒绝，于是智伯又转而胁迫魏、韩一起举兵攻赵，围赵

---

① 杨宽：《战国史》，上海人民出版社 2015 年版，第 135 页。

襄子于晋阳（今山西太原）。在这之前，智伯也曾向魏、韩索地，被胁迫的魏、韩也感受到了智伯的威胁，两氏深知，如果赵氏被灭，下一个就将是魏、韩了。于是，魏氏和韩氏惧赵亡后祸及自身，遂联合赵共同对抗智伯，最后，魏、韩、赵攻灭智伯，并三分其地，“三家分晋”的局面形成，这也是战国的先声。

公元前 403 年，“三家分晋”被周威烈王正式认可（实际上就只是一种形式，周朝承认不承认并不影响实际的进程），韩（都城在今河南禹县，后迁至今河南新郑）、赵（都城在今山西太原东南，后迁至今河北邯郸）、魏（都城在今山西夏县西北，后迁至今河南开封）都成为中原大国，加上秦、齐、楚、燕四个大国，形成了“战国七雄”，中国进入战国时代。它也是华夏体系的第二阶段，华夏体系从发展走向成熟和高峰。

战国初期以秦楚齐韩赵魏燕七个独立的国家最强，它们各尽自己最大的力量相互进行攻击或防御，这也是华夏体系从鼎盛走向衰亡的时期。

战国初期，七个国家中按土地算，楚国最大，秦赵次之，齐魏燕再次之，韩最小；按人口算，楚魏最多，楚国约有 500 万，魏国约有 400 万，秦赵各约有 300 万，齐 300 万，韩 150 万，燕 150 万，当时七国总人口约有 2100 万；以各国兵力计，楚 100 万，魏 70 万，秦 60 万，赵 50 万，齐 50 万，韩 30 万，燕 30 万，七国计有总兵力约 390 万。[①]

在战国初期，魏国最强。魏国前期定都安邑（今山西夏县），后迁

① 范文澜：《中国通史》第一册，人民出版社 2004 年版，第 199 页。杨宽认为，战国时秦 100 万，魏国 30 万，韩国 30 万，赵国数十万，齐国数十万，楚国 100 万，燕国数十万。

都大梁（今河南开封），国土大约在今山西南部、河南北部和陕西、河北的部分地区。

魏国军队的强势，一强在人才的任用上，主要任用了吴起为魏军大将。二是在军事上，魏文侯重用吴起对魏国的军队进行训练和整顿，改革军事体制，用新法练军，推行“武卒制”。吴起用新式训练方法重建魏军，“魏之武卒以度取之，衣三属之甲，操十二石之弩，负矢五十个，置戈其上，冠胄带剑，赢三日之粮，日中而趋百里。中试则复其户，利其田宅”（《荀子 · 议兵篇》）。魏国士兵手执一支长戈、身上背着五十支长箭与一张铁胎硬弓（12 石），同时携带三天军粮，总重五十余斤，连续急行军一百里还能立即投入激战，这样高强度的训练造就了魏军无比的战斗力，建立了当时华夏体系中战斗力最强的精锐陆军。后来的数十年间，吴起率领的魏军几乎战无不胜，《吴子 · 图国》中记载，吴起“守西河，与诸侯大战七十六，全胜六十四，余则均解（不分胜负），辟土四面，拓地千里”，成为魏国霸权的利器。

而反观秦国军队，有优也有劣。秦的三大优势，一是军队人数不少；二是拥有一定的地缘战略上的优势，地处华夏体系西陲，远离中原各国争夺的中心地带；三是秦人受西部戎狄的影响，争强好勇，较为骠悍。但秦军的短处首先是直接处于魏国这一霸权国家的刀锋上，吴起率领的魏国军队主力长期驻守西河，对秦国形成了致命的战略威胁。其次，秦国军队虽然人多，但战斗力不强，缺乏名将和先进的军队组织与制度建设，缺乏先进的战略战术引领，在与魏军的交锋中败多胜少。

在历史上，从秦国立国到商鞅变法之前的四百年中，秦国也曾有过秦襄公称霸西戎的辉煌。公元前 645 年，秦穆公曾大败当时的晋国，获得了晋国的河西地，把秦国的地盘向东扩展到了黄河。公元前 580

年，晋厉公与秦桓公订立了以黄河为界的盟约，但两年后晋厉公率领诸侯攻打秦国，秦军败逃，晋军一直追赶到泾水边上才返回。

到战国初期，魏国当时是七国最强。公元前 408 年，魏国名将吴起连败秦军，以 5 万魏国尖锐部队打败了秦国 50 万大军，完全夺取了秦国的河西之地（在今陕西境内，黄河与洛水之间的大片土地）。在魏国进逼下，秦国几有亡国之险。

直到秦献公（公元前 385 年—前 362 年在位）时，秦国受到的威胁才有所缓解。秦公子嬴师隰（公元前 424 年—公元前 362 年）在秦国庶长改等拥立下，在秦国都城雍城（今陕西省宝鸡市）杀死秦出公和他的母亲上位，是为秦献公。他在位期间也进行了改革，废除秦国实行了三百多年的活人殉葬制度，公元前 383 年又将都城迁到栎阳（今陕西省西安市），此时秦的军队素质有了很大的提高。公元前 366 年，秦献公以韩、魏两国威胁周天子为名，起兵勤王，并在洛阳打败韩、魏两军。公元前 364 年，秦献公又下令攻打魏国，一直打过黄河，深入魏国境内到石门（今山西运城西南），斩首六万人，取得了秦国前所未有的大胜利。公元前 362 年，秦军在少梁（今陕西韩城西南）大败魏军，俘虏魏国将领公叔痤，攻取庞城（今韩城东南）。（因公叔痤早年在魏国对秦献公不薄，秦献公又将公叔痤放回魏国。）但好景不长，秦献公因在少梁之战中负伤，于公元前 361 年死亡。魏军虽然有石门和少梁两次战役的失利，但仍然有强大的力量，并在公元前 350 年与秦国的战争中大胜秦军，收复了这两次战役的失地。

秦孝公继位后，继承父亲遗志，继续改革军队，为打造一支强大的秦军而努力。他所做的最正确的决定就是从魏国招来商鞅，并把治理军队的任务一并交给了他。

二、解决兵源和兵赋问题

建立强大的军队，首先要解决兵从何来的问题。

根据班固在《汉书·刑法志》中的说法，周初军事制度中设有专门管理军队的官职——司马，并划分井田制定军赋，有田租才有兵赋，田租用来满足食用，兵赋用来满足兵用。四井为一邑，四邑为一丘。一丘有军马一匹，牛三头。四丘为一甸，有军马四匹，兵车一辆，牛十二头，兵士三人，士卒七十二人。卿大夫中势力较大的，称作百乘之家。诸侯中最大的，称作千乘之国，有兵马四千匹，兵车千辆，而天子有兵赋六十四万井，兵马四万匹，兵车万辆，所以称为万乘之主。兵马、车夫、武器平素都准备齐全，春猎以整顿部队，夏天拔草以修整营地，秋天进行练兵打猎，冬天打猎同时对军队进行大检阅。军队的编制有：属（5 封国）、连（10 封国）、卒（30 封国）、州（210 封国），分别由属长官、连统帅、卒正官、州牧官管辖，连、卒、州的军队，分别每一年、三年、五年进行一次检阅兵车和人员[①]。可见，周初的军队制度大体是建立在井田制和分封制的基础上，由井田制解决兵赋问题，由分封解决兵源问题，还没有形成正式的常备军制度。

春秋时期，诸侯国先是实行按照等级制形成的兵役制，通常只有居住在城中的贵族集团子弟或“国人”可以作为军队的来源。因为当时战争规模相对较小，而且打仗主要用兵车，战争装备比较昂贵，所以只有贵族子弟有资格当兵，军队中的甲士都是“国人”（住在国都和

---

① 原文参见《汉书·刑法志》：“五国为属，属有长；十国为连，连有帅；三十国为卒，卒有正；二百一十国为州，州有牧。连师比年简车，卒正三年简徒，群牧五载大简车、徒，此先王为国立武足兵之大略也。”

城邑里的人），住在城外的“野人”不能当甲士，所谓“公侯干城”，“执干戈以卫社稷”。“国人”当兵是义务，也是权利。野人只有在军队中做徒役、后勤和打杂来服务贵族。

齐国首先对周的军队制度进行了改革。《汉书·刑法志》中说，“周道衰，法度堕，至齐桓公任用管仲，而国富民安。公问仲伯用师之道，管仲曰：‘公欲定卒伍，修甲兵，大国亦将修之，而小国设备，则难以速得志矣。’于是乃作内政而寓军令焉，故卒伍定乎里，而军政成乎郊。连其什伍”。“连什伍”就是管仲时的重大改革。

《国语·齐语》中也记载，齐国的军队改革，是“五家为轨，轨为之长；十轨为里，里有司；四里为连，连为之长；十连为乡，乡有良人焉。以为军令：五家为轨，故五人为伍，轨长帅之；十轨为里，故五十人为小戎，里有司帅之；四里为连，故二百人为卒，连长帅之；十连为乡，故二千人为旅，乡良人帅之；五乡一帅，故万人为一军，五乡之帅帅之”，按这种方式齐建有三军。

齐桓公还采纳管仲的建议，把“国人”中适合服兵役的单独划分为一个阶层，与从事工商的人分开居住，不准迁徙，专服兵役，且世代相传。后来其他国家也扩大兵源，把服兵役的范围从“国人”扩大到由庶人转化而来的农民阶级。这时，农民开始成为军队的主要来源。军队开始形成专门和固定的一个军事组织和一个特殊的阶层与职业，具有常备军的特征。其他的诸侯国如晋国“作州兵”，鲁国“作丘甲”，郑国“作丘赋”等做法，也都是为了扩大兵员和军赋来源。

春秋末期，井田制日趋瓦解，军赋再次扩征，鲁国始“用田赋”，晋国六卿也实行“田赋”制，即按田亩数量征兵、征赋，其对象主要是广大农民。生活在军事组织与地方行政组织相结合的制度下的农民，平时生产和参加军事训练，战时聚集成军，在太庙命将，发放车马、甲胄、兵器，战毕解甲归田，保留着寓兵于农的传统。

另外，春秋时期的作战方式，也从过去的车战变成了步战，车兵变成了步兵。战国时期步兵跃居为主要兵种，车兵地位下降。相对而言，没有经过训练的农民，比较容易适应步战步兵的需要。而到战国时期，步战已经成为普遍的作战方式，此时开始实行编户齐民制度下的普遍兵役制度，当兵成为各种徭役（服兵役、服劳役）中的一种，农民成为军队的主要兵源。

经过这些改革和变化，战国时期的农民就成为各国兵员的主要来源。但是，农民变成军队士兵，到底是形成职业兵，还是临时征兵，又成了一个难题。职业兵的优势是作战比较专业，有经验，战斗力相对较高，但维护的成本高；而临时征兵虽然成本低，但招募的士兵战力又较欠缺。真正从制度上解决兵源和兵赋问题的，还是商鞅的农战政策。农民即是军队士兵的主要组成来源，农业又是军队兵赋的主要来源。（这些内容见本书第九章。）

三、培养勇战风气

有了兵源和兵赋，不等于军队就能打仗，更不能保证军队能打胜仗。让军队能打胜仗，这是商鞅治军的根本目标。商鞅治军、强军的基本思路，就是充分调动军队打仗的积极性。打仗既是为国君，为国家，也是为自己。

能打仗的军队，一定得有高昂的士气。行军征战之事，士兵用心效命，国家就强大；打仗时军阵安排混乱，士兵不卖力，国家就会被削弱[①]。所以，要培养国民勇敢战斗的精神。

商鞅学派认为，“名尊地广，以至王者，何故？名卑地削，以至于亡者，何故？战罢者也”，有的君主拥有广阔的土地，能称王天下，而有的名望低微，土地减少，最后灭亡，这两者的原因都在于战争的胜败，打胜仗而不称王天下，打败仗而国家不灭亡，这是古今未曾有过的事。为什么有些国家打败，有些国家打胜？关键在于，“民勇者，战胜；民不勇者，战败”。所以，“能壹民于战者，民勇；不能壹民于战者，民不勇”，“民之见战也，如饿狼之见肉，则民用矣”。如果民众能积极投入战争，这个国家打胜仗就指日可期了（《商君书·画策》）。

商鞅死后二十年，到秦国为相的纵横家张仪也指出，倡导勇敢作战的风气，是秦国的一大优势。张仪认为，秦国赏罚严明，所以有功无功之人皆能为国死战。秦国的百姓从小在父母怀抱之中长大，生来没见过敌人，但一听说作战，就会痛下决心，敢于迎着敌人的刀枪，赴汤蹈火，在所不惜，抱定必死决心的人比比皆是。要知道，决定死和决定生是完全不同的，而秦国百姓都愿意决心死战，这是国君提倡勇敢的缘故。这样就可以一人胜十人，十人胜百人，百人胜千人，千人胜万人，万人胜天下[②]。

秦国是个与戎狄混居的国家，民风好勇逞强，私斗流行，一有纠纷，立刻拔刀相见，而且群斗盛行，常因小事而血流成河。要让秦军能打仗，必须禁止私斗，把民众的勇强之风引到为国而战的政治路径上来。商鞅指出，“凡战法必本于政胜，则其民不争，不争则无以私意，以上为意。故王者之政，使民怯于邑斗，而勇于寇战”（《商君书·战

① 原文参见《商君书·去强》：“千乘之国守千物者削。战事兵用曰强，战乱兵息而国削。”

② 房立中：《纵横家全书》，学苑出版社1994年版，第766页。

法》)，战争的策略必须以政治上的胜利为根本。有政治上的胜利，民众才不相互争夺。民众不相互争夺，才不逞个人的意志，而以君上的意志为意志。所以成就大业的国君的政策，使人民怯于私斗，却敢于和敌人作战。人民习惯于将力量用来攻打凶险的地方和强悍的敌军，所以不怕死。

商鞅认为，“凡用兵，胜有三等，若兵未起则错法，错法而俗成，而用具”(《商君书·立本》)，意思是说，用兵战胜敌人的方法有三：一是用兵之前推行法治，二是用法治形成民众积极从事农战的风气，三是让这种风气成为统一战争的工具。这三个方面的因素在国内都具备了，然后军队才能出征。实现这三点有两个条件，“一曰辅法而法行，二曰举必得而法立”。也就是说，一是君主辅助推行法治，法治才能实行；二是君主言行一定要合乎法度，法治才能确立。“赏壹则爵尊，爵尊则赏能利矣。……三者有论。故强可立也。是以强者必治，治者必强；富者必治，治者必富；强者必富，富者必强”(《商君书·立本》)，强大的国家一定要使军队具备勇敢顽强战斗的意志，有了斗志就能尽全力打仗，拼尽全力打仗，军队就会有无穷的潜力，才能无敌于天下。国家的政策法令实行了，财富就会积累起来，财富积累起来，那国家的奖赏就能增加。奖赏要专门发给有战功的人，君主颁发的爵位尊贵，国家的奖赏就会产生有利的效果。所以说军队诞生于政治，而又因政策的不同而有差异，风俗有法治的约束才能形成，而又随法治不断发生变化，取得胜利的优势在于民心，而又因武器的精良而增加。后来的《睡虎地秦墓竹简·法律答问》中记载，对能振作士气的人，应予赏赐。由将军酌情赏钱或黄金，没有固定数目。

四、军功赏罚

商鞅利用人皆好利的本性，从功利主义角度设计出了一套提高秦军作战能力的刺激机制，这就是军功制。凡作战有功者，奖；作战不努力者，罚。

“国无怨民曰强国。兴兵而伐，则武爵武任，必胜。”（《商君书·去强》）这是说，没有怨民的国家叫强国，如果它发兵去攻打别国，就要按军功的多少授予士兵官职和爵位，这样就一定会取胜。

治军、强军也必须增加吸引力。商鞅认为，“民勇，则赏之以其所欲；民怯，则杀之以其所恶。故怯民使之以刑，则勇；勇民使之以赏，则死。怯民勇，勇民死，国无敌者，必王”（《商君书·说民》）。民众打仗勇敢，那么国君就应该用民众想要的爵位来奖赏他们；民众胆小，那么就用他们讨厌的刑律消除他们的胆怯。因此，对胆小的民众用刑律消除胆怯，他们就会变得勇敢；对勇敢的民众给予奖赏，他们就会拼死效力。胆小的民众变勇敢，勇敢的民众拼死效力，这样国家一定能称霸天下，所向无敌。

商鞅又指出，“故为国者，边利尽归于兵，市利尽归于农。边利归于兵者强；市利归于农者富。故出战而强，入休而富者，王也”（《商君书·外内》）。治国的人，一定要把守卫边境的好处都给士兵。把好处给士兵，军力才能强大，再加上国家富足，就一定能成就一番大业。

打造一支能打胜仗的军队，不仅要让官兵勇于作战，还必须让官兵的勇战行为得到家属和民众的支持与理解。

商鞅治军、强军也讲民心、民气，既包括具体的利益和荣誉，也包括威逼与恐吓。商鞅认为，一般来说，战争是民众厌恶的东西，君主能让民众喜欢去打仗，他就能称王天下。强大国家的民众，父亲送他的儿子去当兵，哥哥送他的弟弟去当兵，妻子送她的丈夫去当兵，他们都会说："不能取下敌人的首级不要回来！"还会说："不遵守法律，违抗了命令，你死，我也得死。乡里会治我们的罪，军队中又没有地方躲，哪怕就是跑回家，我们想搬走也没有地方可去。"军队的管理办法是将五个人编成一伍，实行连坐，标记并区分他们，用军令来束缚他们。逃走了也没有地方居住，失败了就没有办法生存。所以，"是以三军之众，从令如流，死而不旋踵"（《商君书·画策》）。当然，必须指出商鞅这里强调的是以恐惧强迫、以暴力驱使民众作战的思想，完全把百姓视为君主的工具，这是商鞅思想的糟粕，是必须批判和摒弃的。

商鞅主张以法治国，落实到军队的管理上，就是要以法治军，以军功论赏，以军过行罚，"古之明君，错法而民无邪；举事而材自练；行赏而兵强。此三者治之本也"（《商君书·错法》）。赏罚，就是以法治军的具体体现。推行法治，民众就不会去犯罪；发动战争，能造就干练的人才；实行赏罚，军队就会强大。战争能造就人才，是因为功过分明，民众才会全心全意为国家出力；实行赏罚的军队力量强大，原因亦是如此。当然，赐予爵位俸禄必须遵循公开公正的原则。"人君之出爵禄也，道明。道明，则国日强；道幽，则国日削"，遵循公开公正的原则，国家就会一天天强大；遵循不公正的原则，国家就会一天天被削弱。所以赐予爵位俸禄的原则能做到公开公正，是决定国家生死存亡的关键。那些被削弱的国家和那些亡国的君主，并不是因为没有赐予爵位俸禄，而是因为赐予爵禄所用的方法是错误的。"三王五霸，其所道不过爵禄，而功相万者，其所道明也"，意思是说三王五霸使用的方法不过是授予爵位、奖赏俸禄，可是他们取得的成效与其他君主相比高一万倍，原因是他们奖赏爵禄的原则正确。因此，“功赏明，则民竞于功。为国而能使其民尽力以竞于功，则兵必强矣”（《商君书·错法》）。论功行赏原则明确，那么民众就会争着立功。能让民众争着立功，军队就强大了。

商鞅认为，一个国家的对外之事，没有比战争更危险的了。战争就是人的生死问题，这样的生死大事，如果不制定严格的办法，是没有人会轻易去打仗的，即“民之外事莫难于战，故轻法不可以使之”（《商君书·外内》）。如果奖赏不多，刑罚不重，不去打仗也能得到富贵，只会能言善道之人也能得到高位，不守本业、游散求官的人也能得到任用，传播各种思想也能扬名，就没有人会去打仗，国家的战事就会失败。

那么如何奖励军功呢？商鞅实行奖赏有两种方式，一种是军职晋升，一种是爵位升等。

军阶制就是士兵可以升为军官，下级军官可以晋升为更高级的军官。春秋时，军队最高单位为“军”，多数大国都编为上、中、下或左、中、右三军，只有晋国军队最高时达六军，中等国家只有一或二军。大体上，晋国实行《周礼》所说的军、师、旅、卒、两、伍 6 级编制。据《国语·齐语》所载，齐国按照 5 人为伍、50 人为小戎、200 人为卒、2000 人为旅、万人为军来编制军队。吴国步兵按十进位编制，以百人为彻行、十彻行千人为一族、十族万人为一方阵，分别由士、嬖大夫、将军率领。

秦军的组织与编制是在商鞅变法的基础上发展起来的，军队分地方兵和中央兵，地方兵由郡、县尉协助郡守或县令统率，平时维持地方治安，战时听中央调遣。边界地区的郡县另有边兵负责边郡戍守，由边郡郡守统领。

步兵是秦军主体。一般说来，步兵的编制分为伍（5人）、什（10人）、屯（50人）、二屯（100人）、五百（500人）、千人队（1000人）、曲（2000人）、部（5000人）、军（10000人）、三军等。相对应的军官有：伍长、什长、屯长、百将、五百主、千人、军侯、郎中、校尉、裨将、将军、上将军、国尉等。

秦国赏军，除了军阶晋级外，还设有赐予爵位的制度。军功爵位基本具备现代军衔的特点。秦二十级军功爵位制度是在商鞅变法中设立的，目的在于提高秦军战斗力。

秦二十级军功爵位是：公士、上造、簪袅、不更、大夫、官大夫、公大夫、公乘、五大夫、左庶长、右庶长、左更、中更、右更、少上造、大良造、驷车庶长、大庶长、关内侯、彻侯。[1] 公士及其以下的校、徒、操士、出公、公士，都叫小夫。上造、簪袅、不更，都叫卒。

商鞅规定，凡行伍中人，不论出身门第，一律按照所立军功的大小授予赏赐。军功就是将士在作战中的表现，以杀敌斩首数为标准。与爵位等级相关的，是包括人身自由、金钱、耕地、住宅、仆人、官职、司法特权等在内的各种物质和荣誉的奖励。

能够斩获敌人甲士首级一颗就赐给爵位一级，赏给田地一顷、宅地九亩，一律赐庶子一名，可以担任军队或行政部门的官员。[2]

如果一个士兵在战场上斩获两颗敌人甲士首级，他做囚犯的父母就可以立即被释放。如果他的妻子是奴隶，也可以转为平民，而且与他同伍的另外四个士兵也可免除刑罚。杀敌人五个甲士可拥有五户仆

---

① 汉代完全继承了商鞅时期秦国的爵位制度，班固在《汉书》中指出，汉代的二十等级“皆秦制”，不同的只有第十六级，秦为“大良造”（司马迁使用的也是“大良造”），而汉为“大上造”，见《汉书·百官公卿表第七上》。

② 原文参见《商君书·境内》：“能得甲首一者，赏爵一级，益田一顷，益宅九亩，除庶子一人，乃得人兵官之吏。”

人。打一次胜仗，小官升一级，大官升三级。爵位高的可获得三百家以上的税邑，如犯罪被判刑的，还可以获得减刑。

在攻城战中能够斩敌人首级八千颗以上，或者在野战中能够斩敌人首级两千颗以上，就算完成了任务；各级将吏都可得到赏赐，升爵一级。军官旧爵是公士的，就升为上造；旧爵是上造的，就升为簪袅；旧爵是簪袅的，就升为不更；旧爵为不更的，就升为大夫；旧爵为小吏的，就升为县尉，赏赐奴隶六人以及五千六百钱；旧爵为大夫且有行政职务的，升为官大夫；旧爵为官大夫的，升为公大夫；旧爵为公大夫的，升为公乘；旧爵为公乘的，升为五大夫，并赏给他三百户的地税；旧爵为五大夫的，升为庶长；旧爵为庶长的，升为左更；旧爵为三更的，升为大良造；庶长、三更及大良造都赏赐三百户的封邑，另赏赐三百户的地税；有了六百户的封邑和地税就可以养门客；将军、车夫、骖乘都赏赐三级爵位；原来是客卿辅佐军政的，完成了指标规定就升为正卿。

同时，那些过去的贵族被取消了世袭官职和优先晋升官职的特权。即使是国君的宗族，没有军功表现也不能列入公族的簿籍，不能享受公族的特权，“有功者显荣，无功者虽富无所芬华”（《史记·商君列传》）。

对于计算军功，《商君书》中也有具体的论述。比如，在围攻敌国城邑的时候，由军中的“国司空”去测量城的面积和城墙的厚度，国尉划分各队攻打的地点，定出攻下的期限，并规定最先完成的人立头功，最后完成的人斥为末等，两次被斥为末等就要被革职。一个队如能斩得敌人五颗首级，这个队的每个士兵就获得爵位一级。士兵先进城的评为先进，后进城的评为落后。①

商鞅规定的军功赏赐中有一个很麻烦的问题，就是如何确定斩首所得的军功。为了避免弄虚作假，《商君书》规定停战之后把所获敌人首级示众三天并加以核实。三天之后，将军认为无误，就按功赏给战士和大夫爵位。县里过了三天还没有落实，就要撤去该职位，由该县的丞、尉量刑。②但这样的规定也有问题，停战之后再来清点首级很容易产生混乱，敌人首级是谁斩获的也说不清楚。

《睡虎地秦墓竹简·秦律十八种·尉杂》中就有一个案例，说某里士伍甲、公士郑县某里人丙，一起送来一颗首级，报告称："甲、丙在邢丘城作战，这是甲、丙获得的首级，甲、丙互相争夺，就一起把首级送到这里了。"后来，长官派人进行了检验，也没能分清楚。因此，有些文章就说，秦军士兵为了保证自己杀敌的功劳不被人冒领，都把敌人的首级别在自己腰带上继续作战。这又会产生新的问题，把敌人首级挂在腰带上不利于继续作战。试想，如果一个士兵的腰带上挂着两三颗甚至四五颗人头，还怎么继续搏杀呢？

与奖赏相应的是惩处。没有军功表现的，或者作战中表现不好的，要受贬职、夺禄、降职等处分，甚至被杀头。军队一伍的五人中，只要有一人逃跑，就加刑于另外四个人。

军队中的百将、屯长在作战时，如果所带的兵得不到敌人首级，是

① 原文参见《商君书·境内》："其攻城围邑也，国司空訾其城之广厚之数。国尉分地，以校、徒分积尺而攻之，为期，曰：'先已者当为最启，后已者訾为最殿。再訾则废。'穴通则积薪，积薪则燔柱。陷队之士，面十八人。陷队之士，知疾斗，不得，斩首。队五人，则陷队之士，人赐爵一级。死，则一人后。……国尉分地，以中卒随之。将军为木台，与国正监、与王御史参望之。其先入者举为最启，其后入者举为最殿。其陷队也，尽其几者。几者不足，乃以欲级益之。"

② 原文参见《商君书·境内》："以战故，暴首三日，乃校三日，将军以不疑致士大夫劳爵。……罢其县四尉，訾由丞尉。"

要被斩首的；如果得到的敌人首级在三十三颗以上，则可以升爵一级。

国尉有卫兵一千人，大将有卫兵四千人。如果将官战死，卫兵要受刑罚；如果卫兵中有人能够得到敌人一颗首级，就可免受刑罚。[①] 如果怕死退避，就在千人围观之下，在城下遭受黥刑或劓刑。[②]

通过以上这些赏罚措施，秦军有了高昂的作战士气，被荣誉和恐惧的双重动力驱动，逐渐成为一支特别能打仗的军队。不管是善战的赵军、敢战的燕军，还是能战的魏军，都打不过勇战的秦军。

五、军队管理

商鞅治军，在对军队的管理方面也采取了严厉的措施，主要体现在以下方面。

第一，对调用军队进行严格管理。

1975 年在陕西西安出土的战国时期秦国青铜虎符被称为“杜虎符”，只有左半个虎符，刻有错金铭文共 40 个字：“兵甲之符，右才（在）君，左才（在）杜，凡兴士被甲，用兵五十人以上，必会君符，乃敢行之，燔燧之事，虽毋会符，行也。”

这证明了史书中关于秦国法律的记载是可信的。秦律规定，除了战争时期，调动 50 人以上的军队必须持有虎符。根据杜虎符上的铭文，我们可以知道，如果军情非常紧急，发出烽火警讯，统兵的

① 原文参见《商君书·境内》：“国封尉，短兵千人。将，短兵四千人。战及死吏，而轻短兵，能一首则优。”

② 原文参见《商君书·境内》：“不能死之，千人环规，黥劓于城下。”

将领不必等待两半符相合，可以立即调兵采取军事行动。虎符被分成左右两半，左符归统兵之将，右符由国君掌管，两半相合才能征调一支军队。虎符是军队指挥权的标志，它使秦军全部控制在国君一人手里。

第二，对军中市场的管理。军队的管理涉及方方面面，商鞅也注意到了军中市场对军队士气的影响，因此在《垦令》中专门有一节论述对军中市场的管理：法令要求军队的市场上不准有女子；内部市场上的商人要自己准备好铠甲兵器，时刻关注军事行动开始前的战斗动员；法令还要求军队内部的市场上不能有私自运输粮食的人，让那些奸诈狡猾的人没有办法找到隐藏粮食的地方，偷运粮食的人也就不能私藏偷运来的粮食；最后，法令要求那些轻浮懒惰的人不能到军中市场上游荡。[1]

《睡虎地秦墓竹简·秦律杂抄》中也有一些关于军队管理的规定，比如：军士回乡，声称服役期限已满，但是证明其服役期满的文券未到，这种情况与本人所说不符，要罚居边服役四个月。军中就最近攻城的功绩论赏，如有城陷时迟到而没有进入战场的，在围城作战中死亡而弄虚作假的，应处耐刑；屯长、同什的人知情不报，罚一甲，同伍的人罚二甲。在战争中英勇牺牲的，应将爵位授予其子，但如果后来察觉该人未死，应夺其子的爵位，并惩治与其同伍的人；那个未死的人回来后也要被罚为隶臣。

---

① 原文参见《商君书·垦令》："令军市无有女子，而命其商令人自给甲兵，使视军兴。又使军市无得私输粮者，则奸谋无所于伏，盗粮者无所售，输粮者不私稽，轻惰之民不游军市。盗粮者无所售，送粮者不私稽，轻惰之民不游军市，则农民不淫，国粟不劳，则草必垦矣。"

六、战略与战术

《商君书》中有许多关于如何打赢战争的分析。商鞅认为，行军打仗是非常严肃的事，必须高度务实，禁绝空谈，空谈会导致失败，国家喜欢空谈，谈到攻伐就会轻妄。国家用慎重的态度去攻打别国，用一分力气得到十倍的收获；国家用轻妄的态度攻打别国，出十分的力气，却会丧失百倍的利益。

国家用难以获得的实力去攻打其他国家，用一份力量能取得十倍效果；国家用容易做到的空谈去攻打其他国家，用一份力量会损失百倍的力量。国家喜欢实力，这叫用难以得到的东西去攻打别国；国家喜欢空谈，这叫用易于获得的东西去攻打别国。民众喜欢空谈，国家就难以役使他们从事农耕和作战。国家的法规督促民众做难以做到的事，战争中利用民众的实力去攻打别国，动用一份力量能获得十倍的收获；国家的法规督促民众做容易做的事，战争中用民众所难具备的东西攻打别国，那么出十倍的力量会损失百倍。[①]

商鞅对战争中的一些战术问题也有许多独到的见解，《商君书》有几章专门论述战略、战术、战法，下面试举一二。

（一）穷寇不追

如果看见敌兵像决堤一般崩溃，奔跑不停，那就放他们跑吧！兵法说："大仗打胜了，追赶败兵，不要超过十里。小仗打胜了，追赶败

① 原文参见《商君书·说民》："国以难攻，起一取十；国以易攻，出十亡百。国好力曰以难攻，国好言曰以易攻。民易为言，难为用。国法作民之所难，兵用民之所易，而以力攻者，起一得十；国法作民之所易，兵用民之所难，而以言攻者，出十亡百。"

兵，不要超过五里。”

（二）对敌国情况的了解是军队制定决策的基础

出动军队，首先要衡量敌国的实力。我们的政治赶不上敌国稳定，就不要和它作战；我们的粮食赶不上敌国多，就不要和它相持；敌兵比我们多，我们就不要做进攻的客军；敌国一切都赶不上我们，我们就可以向它进攻，不必犹豫。所以说，用兵的重要法则在于谨慎，研究敌情，考察双方兵力的多少，或胜或败，是可以预先知道的。[①]

（三）胜不骄，败不怨

称霸天下的军队，打了胜仗不骄傲，打了败仗不抱怨。打了胜仗不骄傲，是因为战术高明；打了败仗不抱怨，是因为知道打败仗的原因。[②]

（四）本国的将、政、民情况决定战争胜负

如果敌我双方军队实力相当，我方将领的水平超过敌人就能获胜，不如敌人就会打败仗。假如战前的决策超出朝廷的谋划，将领的能力超过对方会取胜，不如对方也能取胜。在政治上长期掌握获胜的战术，国家就一定能强大，直到称王天下。如果民众相信并服从君主的治理，那么国家就会富强，而且军队能打胜仗，执行这一原则，就一定能长

---

① 原文参见《商君书·战法》：“兵起而程敌。政不若者，勿与战；食不若者，勿与久；敌众勿为客；敌尽不如，击之勿疑。故曰：兵大律在谨，论敌察众，则胜负可先知也。”

② 原文参见《商君书·战法》：“王者之兵，胜而不骄，败而不怨。胜而不骄者，术明也；败而不怨者，知所失也。”

期称王天下。[1]

（五）用兵不冒进

轻敌冒进，使军队背靠险地，越过关隘，使众人疲倦而饥渴交加，再加上疾病流行，这是错误的用兵方法。将领役使民众，像骑一匹马一样，不能不小心啊。[2]

（六）地理位置与国家的攻守战略

四面受敌的国家重视打防御战，背靠大海的国家注重打进攻战。假如四面受敌的国家喜欢发兵进入邻国，国家就危险了。邻国一旦发起战争，自己就要四处派兵迎战，如果没有数以万计的军队驻守上万户的城邑，这个国家就危险了。所以说，四面受敌的国家务必要打防御战争。[3]

（七）守城之术

防守有城墙的城镇，不要让民众决一死战，与敌人的有生力量作战。就算城墙被攻下了，由于守军拼死抵抗，入侵者不能将城上的守军全部杀死，也就无法进入城内。这就叫用拼死抵抗的力量与敌人作战。假如城墙上的守军全部被杀死，入侵者打开进城的通道，那么他

---

① 原文参见《商君书·战法》："若敌强兵弱，将贤则胜，将不如则败。若其政出庙算者，将贤亦胜，将不如亦胜。持胜术者，必强至王。若民服而听上，则国富而兵胜。行是久，必王。"

② 原文参见《商君书·战法》："其过失，无敌深入，偕险绝塞。民倦且饥渴，而复遇疾，此败道也。故将使民者，若乘良马者，不可不齐也。"

③ 原文参见《商君书·兵守》："四战之国贵守战，负海之国贵攻战。四战之国好兴兵以距四邻者，国危。四邻之国一兴事，而已四兴军，故曰国危。四战之国，不能以万室之邑舍钜万之军者，其国危。故曰：四战之国务在守战。"

们一定极为疲劳，而城内的军队以逸待劳。用以逸待劳的兵力同疲惫的敌军作战，这就叫用精力充沛的有生力量同疲惫的敌人作战。因此人们常说："围攻城镇最担忧的是守军为守卫自己的城镇拼死打仗。"上述几种情况，如果将领考虑不周全，就是战术上的错误。

《商君书·兵守》中还指出，守卫城镇的基本原则是增强自己的力量。因此，假如有敌人来犯，就要马上整理簿册，发出征兵文告，招足人数众多的三支军队，根据入侵者数量分别抵抗。商鞅所谓的三军，不是晋国的上中下三军或左中右三军，而是根据守城军民的性别与年龄编组的，即"三军：壮男为一军，壮女为一军，男女之老弱者为一军，此之谓三军也"。这三支军队分别有不同的作用，壮年男子组成的军队是作战的主力军，主要职能是与敌拼杀，不能让他们去做其他的事情消耗体力；壮年女子组成的军队是辅助兵力，主要职能是为敌人制造难以通过的障碍，挖陷阱，毁坏桥梁，拆除房屋，使敌人无法顺利进军；年老体弱的人组成的军队，主要职能是保障后勤等。同时，"慎使三军无相过"，不要让这三支不同职能的队伍混杂，以免影响作战的情绪等。

由于商鞅时期形成了一整套有效的军队管理、军队作战的制度，秦军得以成为战国时期战斗力最强的军队。《汉书·刑法志》中记载，"故齐之技击不可以遇魏之武卒，魏之武卒不可以直秦之锐士"。自秦孝公起至秦统一天下的一百五十余年时间里，被称为"虎狼之师"的秦军与东方列国大小百余战，共计歼灭六国军队一百五十余万。从这个结果来看，商鞅不仅是政治家、改革家，而且是军事家、战略家，应名列春秋战国知名军事家之列。这不是因为商鞅指挥了多少次战役，而是因为他既有军事实践，也有一套如何打仗、如何管理军队的方法和策略。所以《汉书·艺文志·兵家》中收有《卫鞅》27 篇，《汉书·刑法志》又在批判春秋战国“作为权诈以相倾覆”，“争城杀人盈城，争地杀人满野”的现象时，将商鞅与吴孙子、齐孙子和吴起并列，说“吴有孙武，齐有孙膑，魏有吴起，秦有商鞅，皆禽敌立胜”；还有“孙、吴、商、白之徒”之说，把商鞅与孙子、吴起、白起并列；荀子在《荀子·议兵》中也将“齐之田单，楚之庄蹻，秦之卫鞅，燕之缪虮”，一起列为“皆世俗之所谓善用兵者”。总之，商鞅治军的才能不仅体现在用计俘虏魏公子卬等事迹上，更体现在他的军事管理思想上。

第十一章

商鞅治官：治邪官，常官迁

国家的治理，要依靠管理国家事务的官吏。一支专业的、高效的、严明守法的管理队伍，是衡量一个国家治理能力的重要指标，甚至也是区分现代国家与前现代国家的一个重要标志。官吏从何而来？如何管理官吏？如何让官吏具有良好的办事效率？这些是商鞅治官的重要内容。商鞅治官的主要思想有两点：一是“治法明，则官无邪”（《商君书·壹言》），即按照法律去治理官吏，政策法度清明，官吏就不会去做奸邪的事；二是“常官，则治”（《商君书·说民》），按法规来选用官吏，国家就能治理好。依法选用官吏，国家就能做到社会安定。这一思路就是把能干的人、有功绩的人、忠于法律的人提拔到管理岗位上，同时防备和惩治那些贪官、懒官。商鞅建立的官吏治理制度，打破了贵族集团对管理国家事务的垄断，给了农民、士兵、普通官员晋升的机会，并最早提出了“治邪官”的概念。商鞅治官的原则是只重才能，不看德行，论功升迁，不问出身、党派、亲疏、贵贱，只要能管事、管好事、能办事，就可以获得晋升。他奉行的其实是事功主义、功利主义。

一、商鞅建立官吏制度的标准：唯功是用

中国的官吏制度自何时建立？应该说，这是一个逐渐发展的过程。根据班固《汉书·百官公卿表第七上》的记载，黄帝时期已经逐渐形成一些管理国家的制度，有了一批处理国事的官吏。颛顼时期，“为民师而命以民事”，任用了“重黎、句芒、祝融、后土、蓐收、玄冥之官”。唐虞时，又有“羲和四子顺天文，授民时；咨四岳，以举贤

材”，任命了十二州牧，其中“禹作司空，平水土；弃作后稷，播百谷；卨作司徒，敷五教；咎繇作士，正五刑；垂作共工，利器用；益作朕虞，育草木鸟兽；伯夷作秩宗，典三礼；夔典乐，和神人；龙作纳言，出入帝命”。到夏、殷两朝，没有资料可述。后来成书的《周官》则对周朝的官吏制度记载较详，大体上是“天官冢宰，地官司徒，春官宗伯，夏官司马，秋官司寇，冬官司空，是为六卿，各有徒属职分，用于百事”，还有所谓三公即“太师、太傅、太保”，三公无官，没有具体管理的内容，但“盖参天子，坐而议政，无不总统，故不以一职为官名”。另外，“又立三少为之副，少师、少傅、少保，是为孤卿”，还有所谓“四岳”，即四方长老，提供咨询意见。但总的来说，到周朝时并没有形成所谓专业的、科层制的、制度化的官吏制度。

春秋战国时期，各国都在探索专业的官吏管理制度。商鞅入秦之后，在总结和吸取之前各国经验的基础上，结合秦国国情，逐渐建立起一套有秦国特色的官吏制度，为古代国家官吏制度的形成奠定了基础。

秦国的官吏制度有军队和地方两条线。军队长官包括伍长、什长、屯长、国尉、上将军。地方层级就是里、亭、乡、县、郡、中央。中央官职有三公，即丞相、太尉、御史大夫；三公之下有九卿，即郎中令、卫尉、太仆、廷尉、典客、奉常、宗正、少府、治粟内史。

现在没有史料直接记载商鞅时秦国官吏的管理制度，但班固的《汉书·百官公卿表第七上》却对汉代的官吏制度有详细记载，而且明确说“汉承秦制”，即汉代的官吏制度大部分继承了秦朝的制度，而秦朝的官吏制度又直接脱胎于商鞅时期。

根据《汉书·百官公卿表第七上》的记载，源于秦国的汉代官吏制度大体如下。

（一）中央机构职位

相国、丞相，皆秦官。丞，承也；相，相助也，协助君王日理万机。

太尉，秦官，掌武事，禄比丞相。

御史大夫，秦官，掌副丞相，禄比丞相，下级官吏为侍御史。

前后左右将军，周官，秦因之。

奉常，秦官，掌宗庙礼仪。

郎中令，秦官，掌宫殿掖门户，下级官吏为大夫、郎、谒者、期门、羽林。

仆射，秦始置。

卫尉，秦官，掌宫门卫屯兵。

太仆，秦官，掌舆马。

廷尉，秦官，掌刑辟，后世为大理。

典客，秦官，掌归义蛮夷。

宗正，秦官，掌亲属。

治粟内史，秦官，掌谷货。

少府，秦官，掌山海池泽之税，供应君王生活所需。

中尉，秦官，掌京师治安。

将作少府，秦官，掌治宫室。

詹事，秦官，掌皇后、太子家。

典属国，秦官，掌蛮夷降者。

内史，周官，秦因之，掌治京师。

主爵中尉，秦官，掌列侯。

护军都尉，秦官，属大司马，后名司寇。

（二）二十等爵

秦国的爵位主要是根据秦国的历史传统逐渐形成的。《春秋左传·成公十三年》记载秦国已经有了“不更”的爵位，《春秋左传·襄公十一年》记载秦国已有“庶长”。商鞅根据秦国历史上已经有的一些爵位名称进行了调整设计，制定了二十等级的新爵秩等。与爵等联系在一起的不仅有荣誉和地位，还有实实在在的政治经济利益：只有有爵位的人，才有资格晋升职位，成为军政长官；只有有爵位的人，才能享有君主为其配置的田宅、臣妾、服装、用人，还能享有减免刑罚的特权。世袭制下的爵等几乎是固定的，很难变化；但在新的爵等秩序中，爵位高低随个人的功劳而变化，有功者可升为更高的爵等，无功者、有过者，爵等被降低或被剥夺，一般不能由子孙继承。[①]

秦的二十级爵位分别是：一公士，二上造，三簪袅，四不更，五大夫，六官大夫，七公大夫，八公乘，九五大夫，十左庶长，十一右庶长，十二左更，十三中更，十四右更，十五少上造，十六大良造，十七驷车庶长，十八大庶长，十九关内侯，二十彻侯。

爵位是官员的一种待遇，与职位和权力既相关又分离。

《里耶秦简》第J1（9）12简和后来的张家山汉简《二年律令·户律》，对秦律的二十等爵受宅数有规定：彻侯150宅，关内侯95宅，大庶长90宅，驷车庶长88宅，大良造86宅，少上造84宅，右更82宅，中更80宅，左更78宅，右庶长76宅，左庶长74宅，五大夫25宅，公乘20宅，公大夫9宅，官大夫7宅，大夫5宅，不更4宅，簪

---

① 郑良树：《商鞅评传》，南京大学出版社1998年版，第124页。

袅3宅，上造2宅，公士1.5宅。其他还有公卒、士伍、庶人各1宅，司冠、隐官0.5宅。①

（三）地方管理

商鞅时秦国没有设郡，秦国是在商鞅之后才设郡的，但郡的设立延续了商鞅时设置的县级机构，郡官有郡尉、郡守、郡丞、监御史、邦司空和郡司空。

县设令、长，皆秦官，掌治其县。万户以上为令，秩千石减至六百石；减万户为长，秩五百石减至三百石。各县皆有丞、尉，秩四百石减至二百石，是为长吏。百石以下有斗食、佐史之秩，是为少吏。在令（万户以上）、长（万户以下）以及县丞、县尉等县级主官以下，设有县司空、县司马、库啬夫、田啬夫和亭啬夫等。

《里耶秦简》第J1（16）8简的内容反映了当时秦朝从商鞅时期开始实行的地方行政管理制度，说的是迁陵县这一后来设立的县，仅仓库、司空、少内三个部门的官员总数就有18人之多，从中可以看出当时秦的县级行政机构的实际规模。②

（四）基层组织

秦的基层组织的设置借鉴了周和齐国的做法，但主要还是根据秦国的国情决定的。周时虽然没有形成基层组织的历史，但有一些说法，如《汉书·刑法志》记载，周的基层组织是建立在井田制的基础上的，单位有里、井（10里）、通（10井）、成（10通）、终（10成）、同（10终）、封（10同）、畿（10封）。以军队为基础，则另有一套建制。《周

---

① 王焕林：《里耶秦简校诂》，中国文联出版社2007年版，第92页。

② 王焕林：《里耶秦简校诂》，中国文联出版社2007年版，第115页。

礼·地官·小司徒》有“九夫为井，四井为邑，四邑为丘，四丘为甸，四甸为县，四县为都”的说法，即井（9夫）、邑（4井）、丘（4邑）、甸（4丘）、县（4甸）、都（4县）。

《论语》中《公冶长》《雍也》《乡党》等篇也介绍了春秋时期基层设置的若干情况，有邻、里、党、邑、乡等行政区域，五家成为一邻，五邻成为一里，四里成为一族，五族形成一党，五党形成一州，五州形成一乡，一乡有一万二千五百户，即5户为邻（伍），25户为里，100户为族，500户为党，2500户为州，12500户为乡。

齐国的基层建制也有两套。一套是城外的野人之制，为家、邑（30家）、卒（10邑，300家）、乡（10卒，3000家）、县（3乡，9000家），其长官是家长、邑司、卒帅、乡帅、县长。另一套是城内的国人之制，家、轨（5家）、里（10轨，50家）、连（4里，200家）、乡（10连，2000家）、帅（5乡，10000家），设家长、轨长、里司、连长、乡良人、乡帅。齐国的军队编制是：五人为伍，轨长帅之；十轨为里，故五十人为小戎；二百人为卒，连长帅之；二千人为旅，乡良人帅之；万人为一军，五乡之帅帅之。

而秦在县以下设置里、亭、乡，这些名称显然也是吸收了周、齐的称呼，但具体设置又与二者不同。《汉书·百官公卿表第七上》记载：“大率十里一亭，亭有长。十亭一乡，乡有三老、有秩、啬夫、游徼。三老掌教化。啬夫职听讼，收赋税。游徼徼循禁贼盗。县大率方百里，其民稠则减，稀则旷，乡、亭亦如之，皆秦制也。”

秦国设置的里、亭、乡等基层单位有较大的自治权，这一制度后来也延续到了汉朝。《后汉书·爰延传》曾提到，爰延为乡啬夫，“仁化大行，人但闻啬夫，不知郡县”。《后汉书·循吏列传》也说，仇览“为蒲亭长。劝人生业，为制科令，至于果菜为限，鸡豕有数，农事既毕，乃令子弟群居，还就黉学……期年大化”。秦朝最有名的亭长就是刘邦，他是后来汉朝的开国皇帝。柳诒徵先生对此评价说：“秦汉之时，人民言论甚自由，而地方之事，多由人民自主，民治且盛于官治也。呜呼！秦以专制，为世诟病，而其时人民转有自治之权。”① 这是人们所不知道的。而值得注意的是，商鞅执政时期及后来的秦国，已经设置了专门管理经济事务的官员。根据出土的《睡虎地秦墓竹简》记载，经济管理机构如下。

中央机构。治粟内史，掌谷货，设两丞、太仓、大内等职，负责粮库物资管理；少府，设太官、右府、左府、右采铁、左采铁等职，掌管山海池泽之税。

县级机构。（1）县都官是中央机构派驻地方的官员；（2）县少内啬夫，负责全县财政，是掌管储存钱财的官职；（3）田啬夫，掌管全县授田和农牧业，设有啬夫和部佐；（4）厩苑啬夫，掌管县养马机构，设有厩苑啬夫（最高长官）、皂啬夫（负责饲料的官员）；（5）漆园啬夫，掌管种植漆树和生产漆脂，漆脂可用于装饰和保护建筑物及家具；（6）禁苑啬夫，掌管君主苑囿，负责保护君主苑囿及野生动植物资源；（7）仓啬夫，负责征收、保管以及分配粮食、饲料和种子，设仓啬夫、仓佐、仓史等职；（8）藏啬夫是负责收藏、保存皮革的官职；（9）库啬夫，管理全县武器生产和储存，设有啬夫、佐、史等职；（10）工室啬夫，管理全县的手工业，设有工室啬夫、工师、曹长等职；（11）采山啬夫，管理铁矿生产，设有啬夫、佐等职。②

商鞅打破了之前秦国的世袭贵族制，提出无功不受禄，旧贵族虽然可以继续保持贵族的尊位，但没有事功，不可以升爵，不可以做官。

---

① 柳诒徵：《中国文化史》（上），东方出版中心 2008 年版，第 284 页。

② 栗劲：《秦律通论》，山东人民出版社 1985 年版，第 405—414 页。

相反，无论是谁，只要有真本事，有真才干，能建立各种事功，则英雄不问出处，不管出身贵贱、贫富、文化高低、族属、诸侯国别、信仰等，都可以进入秦国的官吏队伍。

这一政策打开了秦国各个阶层上下流通的渠道。政功、军功、粮功，是商鞅治秦时提出的三条选拔官员的途径。

不管从哪条道路升迁，都必须依法而行，必须要“一”、要“平”，即公平公正，调动官吏办事的积极性。商鞅说，“故君子操权一正以立术，立官贵爵以称之，论劳举功以任之。则是上下之称平”（《商君书·算地》）。强调国君必须掌握大权，统一政策，进而确定方法；设置官吏、授予爵位要轻重相当，任用群臣要依据功勋讨论功绩，这样，衡量上下级的秤就会平衡了；衡量上下级的秤平衡了，臣民就能用尽他们的力量，国君也就能掌握自己的权力了。

《商君书·靳令》还指出，“国以功授官予爵，此谓以盛知谋”，根据战功授予官职，给予爵位。用官职、爵位增加智慧和计谋，用官职鼓励民众勇敢作战，这样国家一定无敌于天下。国家根据战功授予爵位，那么政务就会简明，空谈就会减少，这就叫用政务除去政务，用空谈去掉空谈，坚持让民众专一从事农耕和作战来治理国家，国家就会治理得好。

同时，商鞅也给不在军队中的农民进入官府的机会，这就是以粮功而爵，但不能无功授禄，他在《商君书·靳令》篇中说，“民有余粮，使民以粟出官爵，官爵必以其力，则农不怠”，“授官、予爵、出禄不以功，是无当也”。也就是说，下层官员做好自己的工作，士兵多杀敌立功，都有晋升机会。农民多种田，有了多余的粮食，就可以用粮食换取官爵。不凭功绩授予官职、爵位是十分不恰当的。

商鞅认为，“所谓壹赏者，利禄官爵抟出于兵，无有异施也。夫固知愚、贵贱、勇怯、贤不肖，皆尽其胸臆之知，竭其股肱之力，出死而为上用也。天下豪杰贤良从之如流水。是故兵无敌而令行于天下”（《商君书·赏刑》）。意思是说，官员的升迁选拔必须严格按照统一的奖赏制度进行，杜绝任人唯亲、走后门、论亲疏、买官等其他一切途径。统一奖赏，就是指利益、俸禄、官职、爵位都专一根据战功（和粮功、政功）赐给，没有其他的恩惠。因此聪慧、愚昧、富贵、低贱、勇敢、胆怯、贤德、不贤德的人，全部都用尽自己的智慧，竭尽自己的力量为君主尽职。天下的英雄豪杰会像流水一样追随君主，军队天下无敌，政令得以在天下贯彻实行。

秦国按官爵等级分配田宅，立有军功的士卒可加倍授田，并派无爵平民“庶子”前去助耕。如果土地田产能够世袭，那么秦国对外扩张得到的土地还不够犒赏士兵的。因此，这样的军功田要“身死田收”。商鞅明确宣布“明尊卑爵秩等级，各以差次名田宅，臣妾衣服以家次”的办法，军功贵族的田宅数量应与其爵秩等级相符，一旦失去官爵，也就不能保留田宅。

正所谓“常官，则治”，依法选用官吏，国家就能实现社会安定。治国，很大程度上其实就是治官。当时的官员已经被分为普通官吏和高级官吏。所谓高级官吏，《睡虎地秦墓竹简·法律答问》中说，就是“显大夫”。什么叫“显大夫”？“宦及知于王，及六百石吏以上，皆为‘显大夫’”，做官达到为王所知，以及俸禄在六百石以上的，都是“显大夫”。高级官员是由君王直接任命的。

二、商鞅治官的十条措施

第一，当天的事情当天做，不给官吏贪腐的机会。

商鞅从人性好利的思想出发，认识到官员始终会有以公权谋私利的私心，所以在秦国起草第一道政令《垦令》时，已经为秦国的官吏设置了一个笼子，把官吏装进去，不给官吏贪腐的机会。商鞅明确规定，“无宿治，则邪官不及为私利于民”（《商君书·垦令》），官吏必须尽快处理所有事务，当天的事情当天办，不允许官吏留下当日的政务不办，这样奸邪的官吏就没有空闲时间到百姓那里谋求一己私利了。假如官吏的政务不拖延，及时处理各种与农民、农业、农村相关的事务，那么农民就会有充裕的时间来耕田。奸邪的官吏没有时间到百姓中谋私利，农民就不会受到危害，就会有充裕的时间来从事农业生产，荒地就一定能得到开垦了。[①]

这条规定看起来很简单，但其实十分有效。因为如果没有规定处理一件事情的期限，那么办事的官吏多半会采取尽量拖延的办法，拖的时间越长，在这一过程中寻租的机会就越多，而且因为时间一长，机会成本增加，百姓想要尽快解决事情的愿望也就越强烈，向官吏行贿的可能性就越大。所以，商鞅这一条可以说从源头上堵住了寻租之口。

2002年出土的《里耶秦简》第J1（6）2简的内容，涉及秦国的治理能力和效率。该简公文部分已经烧毁难读，但可读部分能够让人

① 原文参见《商君书·垦令》：“无宿治，则邪官不及为私利于民，而百官之情不相稽。百官之情不相稽，则农有余日。邪官不及为私利于民，则农不败。农不败而有余日，则草必垦矣。”

明白这一公文的主要内容：在酉阳县办理狱案的过程中，酉阳县请求迁陵县给予帮助。迁陵县令根据当时的秦律，在文书送达的当天就批示，让县司空“听书从事”。这一公文说明了当时秦地方官员的行政风格，没有任何推诿拖延，说办就办，办事效率极高。这也可以从侧面说明，当时的秦国之所以能以一国胜六国，就是因为秦国的治理能力很强大。[①]

《里耶秦简》第 J1（8）134 简的内容，说的是迁陵县代理司空报告，竟陵县汉阴人狼借用了迁陵县一条公船，久久未还，司空命令手下的昌官，要他让借船人还船，昌官报告说，已将借船人狼逮捕，办理了一份校券，准备上报，请对船的下落予以查实，如果船已丢失，请协助办理一份责券移交迁陵县，如果船没丢，请告知下落。五天后，迁陵县丞收到了下级的请求，并退回了司空的报告，批复中严厉批评说，二月就把船借给了狼，为什么八月才报告，要求按当时的法律规定处理相关人员。从这一简来看，当时秦朝的商业行为较发达，两个相距 400 多公里的县之间可以异地借船，说明当时的秦朝法律对这些经贸活动有十分严格的规定，同样也反映了秦朝地方行政处理事务的效率。[②]

第二，建立明确的、公平的征税标准，减少官吏贪赃枉法的机会。

根据粮食的产量来计算田赋，那么国家的田赋制度就会统一，而百姓承担的赋税才会公平。国家统一了田赋制度，就会在百姓中有信誉，官员便不敢做不应做的事。

如果没有明确的征税标准，那么就会出现税收官吏主观决定的情况，谁该交多少由官吏说了算，官吏就会用自己的权力为所欲为，敲诈勒索，从中谋取私利。商鞅采取的办法就是赋税平，“訾粟而税，则

① 王焕林：《里耶秦简校诂》，中国文联出版社 2007 年版，第 35 页。

② 王焕林：《里耶秦简校诂》，中国文联出版社 2007 年版，第 165 页。

上壹而民平。上壹则信，信则官不敢为邪”（《商君书·垦令》），把收的税公之于众，大大减少了官吏腐败的机会。

第三，不准官吏在外居游。

秦要求国家的大臣和大夫们外出周游而寄居他乡之事一概都不准做，尤其不准到各县去居住、活动。官吏通常借到县乡出差的机会而对县乡的百姓进行骚扰、勒索，用各种理由耗费县乡百姓的钱财。不准官吏随便到外地居游，也就减少了官吏祸害百姓的机会。《睡虎地秦墓竹简·秦律十八种·传食律》中，对官吏出差时的公款吃喝也有十分严格的规定，防止官吏滥用公款吃喝。御史的卒人出差，每餐稗米半斗，酱四分之一升，有菜羹，并供给韭葱。如果是有爵位的人，爵为大夫、官大夫以上的，按其爵级供应饭食。出差者的随从，每餐稗米半斗；驾车的仆，粝米三分之一斗。爵为不更到谋人（簪袅）的，每餐稗米半升，有菜羹，并供应刍藁各半石。宦者与不更同例。“上造以下到官佐、史”，以及“卜、史、司御、寺、府”等，每餐粝米一斗，有菜羹，并供应盐二十二分之二升。

第四，对官吏的子女也有严格要求，让他们和农家子弟一样务农。

商鞅指出，秦国当时的第一要务是务农，增加粮食，因此，不仅要把寻常百姓的子女赶到田里去干活，官吏的子弟也不能例外，“均出余子之使令，以世使之”（《商君书·垦令》）。商鞅要求，必须发布与平民等同的有关卿大夫、贵族嫡长子以外弟子担负徭役赋税的法令，根据他们的辈分让他们服徭役，再提高他们服徭役的条件，让他们只能从掌管给服徭役之人供给谷米的官吏那里领取粮食，他们就不能逃避徭役，而且想做大官也未必能够成功，进而就不会再四处游说或依附权贵，而一定会去务农。

第五，官吏制度全国统一，控制官吏的人数，减轻百姓负担。

商鞅认为，“百县之治一形，则徙迁者不饰，代者不敢更其制，过而废者不能匿其举。过举不匿，则官无邪人。迁者不饰，代者不更，则官属少而民不劳。官无邪，则民不敖”（《商君书·垦令》），秦国各郡县的政令和统治措施必须一致，那么到期离任和升官的官吏就没有办法弄虚作假来粉饰自己，接任的官吏也不能隐藏自己的过错。错误行为不能隐藏，那么官吏中就会少一些奸诈之人。升迁的人不能粉饰自己，接任的官吏不敢更改制度，那么官吏的从属人员就会减少，农民的负担就不会过重。官吏中没有邪恶的人，农民就不用到外躲避邪恶的官吏；官吏的从属小吏少了，征收的赋税就不会增多。农民的负担不重，他们从事农业生产的时间也就增多了。

第六，不准官吏接受犯罪者的宴请。

商鞅认为，“无得为罪人请于吏而饷食之，则奸民无主”（《商君书·垦令》），不准许犯罪的人向官吏求情，请客送礼，那么奸民就没有了靠山。奸民没有了靠山，那么他们也就不敢再去做坏事了。做坏事的人没有靠山，那么农民就不会受到危害。这一条是针对地方上官匪勾结、官商勾结、为害百姓而采取的措施，不仅针对犯罪之人请客送礼的事，而且也是为了禁止官商勾结和官匪勾结，减少官吏与各种不法人员接触的机会。

第七，依法选用官吏，不给邪官升迁机会。

商鞅说，“善为国者，官法明……常官，则治；壹务，则国富。国富而治，王之道也”（《商君书·农战》），说的是善于治理国家的君主，任命官吏的法规严明，不任用那些喜欢卖弄、图谋不轨的人。民众不从事农耕和作战，那是因为君主喜欢虚伪的空谈，所以在选用官吏时失去了原则。依法选用官吏，国家就能做到社会安定；农民专心务农，国家就会富强。国家富强而又政治清明，这是称王天下之道。商鞅说的“常官”，就是指能够依法办事、为官廉洁而有效率的官吏。政治清明的国家就是要把这些好的官员提拔上来，而让那些喜欢吹牛拍马、不务实事、专擅空谈的恶官没有升迁机会。这就是商鞅在《商君书·去强》指出的，“常官治省，迁官治大”。一个官能把政事治理得很好，就升他的官级。所谓“举劳任功曰强”，任用有功劳的人，国家就强大。“常官，则治”，严格按法规来选用官吏，国家就能治理好。

除了政官升迁外，商鞅还提出了另外两条官员升迁的道路，这就是军功和粮功。“国无怨民曰强国。兴兵而伐，则武爵武任，必胜。按兵而农，粟爵粟任，则国富。兵起而胜敌、按兵而国富者王”（《商君书·去强》），发兵去攻打别国时，要按军功的多少授予他们官职和爵位，这样就一定会取胜。

第八，官吏办事必须讲效率，治理能力强弱决定国家强弱。

《商君书·去强》中指出，“十里断者，国弱；五里断者，国强。以日治者王，以夜治者强，以宿治者削”。就是说，政事在十里之内才能做出决断的，国家就弱；在五里之内能做出决断的，国家就强大。在当日就能处理好当天政务的，可以称王天下；在当夜能处理好当天政务的，国家就强大；第二天才能处理好当天政务的，国家就弱小。

商鞅分别分析了治理国家的几组不同的情况，即家治、官治和君治，宿治和日治，五里治和十里治。商鞅指出：“国治：断家王，断官强，断君弱。……器成于家而行于官，则事断于家。故王者刑赏断于民心，器用断于家。治明，则同；治暗，则异。同则行，异则止。行则治，止则乱。治，则家断；乱，则君断。治国者贵下断，故以十里断者弱，以五里断者强。家断则有余，故曰：日治者王。官断则不足，故曰：夜治者强。君断则乱，故曰：宿治者削。故有道之国，治不听君，民不从官。”（《商君书·说民》）

在民众的家中就能决断事情的国家能称霸天下，由官吏来决断事情的国家比较强大，由国君来决断事情的国家就很弱小。商鞅还指出，“行治曲断，以五里断者王，以十里断者强，宿治者削”（《商君书·靳令》），推行了法治，就能在下层决断政事，在五里之内就能做出决断的，国家一定能称王天下；在十里之内就能做出决断的，国家一定会强大；隔一夜才将事情处理好的，国家就会衰弱。

第九，爵位赏赐的三条原则。

首先，只按照实际功劳授予官爵。所谓“明主之所贵，惟爵其实而荣显之”（《商君书·错法》）。商鞅认为，依据实际功劳授予爵位，会使他们感觉到这份荣耀有含金量。假如爵位容易获得，那么民众就不认为君主赐给的爵位尊贵。其次，颁发爵位一定不能走歪门邪道。如果给予俸禄奖赏不遵循正常的渠道，民众就不会拼死争取爵位了。最后，要根据民众的好恶进行奖赏。民众的喜好和厌恶是实行奖赏或刑罚的根本原因。喜欢爵位俸禄而讨厌刑罚是人之常情，所以君主用奖赏或刑罚两种方式治理民众。民众用尽全力，就能得到爵位；建立了功绩，就能得到奖赏。君主如果能让他的民众都相信这一点，那军队就会天下无敌了。

第十，在官员之间建立相互监督的制度，检举者可以得到被检举者的待遇和职务。

《商君书·赏刑》中说：“同官之人，知而讦之上者，自免于罪，无贵贱，尸袭其官长之官爵田禄。”官吏周围的人如果知道官吏的罪过，能向君主揭发检举他们的罪行，自己不仅能免受刑罚，而且不分富贵贫穷，都能继承那位官吏的官爵、土地和俸禄。

三、管理官吏的法律制度

除了用前面的十条措施管理官吏以外，商鞅学派又拓展了管理官吏的法律制度。根据后来出土的《睡虎地秦墓竹简·秦律十八种》，人们可以找到相关的内容。

《置吏律》是关于任用官吏的法律，提到了县、都官、十二郡免除吏及佐的问题。另一部相关的法律是《除吏律》，对军官的任免做出了规定。

《除弟子律》是关于任用官吏子弟为官吏的法律，没有具体条文，但从后来与此相关的汉朝的《任子令》内容看，可能是规定官吏的子弟不能继任官吏所担任的职务。

《内史杂律》，内史是掌管对内事务的官职，具体负责粮食谷物的管理，其中包括如何抄写常用法规、如何注销和补充办公物品、如何写书面报告、如何检查度量衡、如何防范粮库起火等。

《徭律》是关于服徭役的法律，说明了如何强迫民众无偿服从劳役，对于失期的处罚规定最高为“过旬，訾一甲”。

《公车司马猎律》说明了如何使用公车司马进行田猎，以及使用公马后，如果公马有损伤，应当如何进行处罚。

此外，还有《傅律》《司空律》《军爵律》等。这些法律有些直接引用李悝的《法经》，有些经过了修改，有些则是商鞅之后秦国在商鞅之法上增加的内容，涉及官吏任免、军政、外交、社会治安、监狱管理、徭役、交通、通信、文化教育、粮仓守卫、宗教祭祀等多个领域，形成了一个比较全面的针对官吏的行政管理体系。条文明确指出应做什么、允许做什么、禁止做什么和要求做什么，反映了当时秦国在管理行政机构和官吏行为上的立法成熟程度，绝大多数是法律的规范性内容，为各级行政机构和官员直接而明确地规定了制裁尺度。[①]

对于办公秘书性质的官员，秦律也有专门规定：命书及标明急字的文书应立即传送，不急的当天送完，不准搁压，搁压的依法论处。传送或收到文书，必须登记发文或收文的日期与时间，以便及时回复。文书如有遗失，应立即报告官府。隶臣年老体弱及不足信赖的，不要派去送递文书。征召文书上写明加急的，送信人应该来而没来的，应加以追查。

对于公务中一些繁杂的事务，秦律也都尽量把它纳入法治管理的范畴。比如官府任免啬夫应该尽快处理，如超过两个月仍未任命，令、丞就违犯了法令。任命佐必须用壮年以上的人，不能任用刚傅籍没有爵位的人。苑囿的啬夫不在，由县安排代理其职务的人员也要依《厩苑律》行事。犯过罪而经赦免的吏不能再在官府供职。不是官吏的儿子不准在学室学习，违犯这一法令的有罪。下吏即使能够书写，也不准越级做吏的事务。侯、司寇以及众下吏都不准做官府的佐、史和禁苑的害盗。

四、问责官吏的法律制度：以仓库管理为例

在秦国的治理中，虽然没有对最高统治者的问责制，但是对各级官吏的职务、责任都有十分明确的规定，并对官吏是否履行责任做出了严格的规定。比如，《睡虎地秦墓竹简·秦律十八种·效律》对仓库

① 栗劲：《秦律通论》，山东人民出版社 1985 年版，第 351—353 页。

管理者有以下与问责相关的规定。

（1）官府中的佐、吏被免职或调任时，官府的啬夫必须同离职者一起核验贮藏的谷物，并向新任者交代。如果官府的啬夫被免职时已经核验，再发现不足数，由新任者和留任的吏承担罪责。原任的吏不进行核验，新任的吏在职不满一年，由离职者和留任的吏承担罪责，新任的吏不承担；如已满一年，虽未核验，也由新任的吏和留任的吏承担罪责，离职者不承担，其余都依法处理。

（2）粮仓漏雨而使粮食发霉或堆积的粮食腐烂，如果不能食用的粮食数量不满百石，斥责官府的啬夫；一百石到一千石，罚官府的啬夫一甲；超过一千石，罚官府的啬夫二甲，令该官府啬夫和众吏一起赔偿腐坏的粮食。粮虽腐坏然而还可食用的，应加以估量，根据所损耗的石数判令赔偿。

（3）谷物入仓，以一万石为一积而加以排列，设置仓门，登记为某仓贮有谷物若干石，负责人仓啬夫某、佐某、史某、禀人某。在该县入仓，由县啬夫或丞和仓、乡主管人员共同封缄，而给仓啬夫和仓佐各一门，以便发放粮量。谷物出仓和入仓时一样，也要记下出仓的人名。

（4）啬夫免职时进行核验，核验的人可根据仓上的封缄和题识核验，不必再量，只再量原由仓主管人员独自封印的仓。到年末应统计出仓总数：某仓已出谷物若干石，尚余谷物若干石。仓啬夫、佐和吏如有免职离任的，新任的仓啬夫和管仓的佐、吏必须根据仓的簿藉加以再量，如有问题应向县啬夫报告，由县啬夫令人重新再量，并参与一起出仓。谷物多过应有数的应交官，不足数的依法论处。

（5）谷物、草料贮藏在仓里，有超出或不足数的情况而隐藏不报的，以及移多补少、假作注销而用以补垫其他应赔偿的东西的，都和盗窃同样论处。大啬夫、丞知情而不加惩处，与罪犯同等论处，并和管仓者一起赔偿缺数。到每年上报账目的时候，应将仓的簿藉上报内吏。谷物入仓、出仓必须命长吏会同验视。

（6）贮藏谷物的官府要加高墙垣。有其他墙垣相连接的，可单独加高贮藏草料的仓和用茅草覆盖的粮仓，令人不得靠近居住。不是官府人员，不准在其中居住。夜间应严加守卫，开门时应灭掉附近的火，谨慎警戒。有违犯法令而造成粮食遗失、损坏或粮仓失火的，其官吏要被判重罪，大啬夫、丞也应承担罪责。不准把火带进收藏器物或文书的府库。吏将物品收好后，由官府的啬夫和吏轮流值夜看守。经检查没有火情，才可开闭门户。令史要巡察其衙署的府库。如果要新建吏的居舍，不要靠近收藏物品、文书的府库。

（7）核验官发现有器物超出或不足数，要按律论处或赔偿，律文没有规定的则加以估价。官有器物未加标记，该官府啬夫应罚一盾。衡石不准确，误差在十六两以上，罚该官府啬夫一甲；不满十六两而在八两以上，罚一盾。桶不准确，误差在二升以上，罚一甲；不满二升而在一升以上，罚一盾。

（8）定期审计官吏。秦国为了防止官吏滥用公款公粮，设有专门的官员，对各级官吏的财务进行审计，发现有问题的，追究相关官吏的责任。会计经过核对发现误差，错算数目在二百二十钱以下的，斥责该官府啬夫；二百二十钱到二千二百钱，罚一盾；超过二千二百钱，罚一甲。错算人口一户或牛马一头，罚一盾；错算两户或两头以上，罚一甲。会计账目不足或实有数超出了法律规定的限度，以及不应销账而销账了的，要估计其价值，不满二十二钱可免罪；二十二钱到六百六十钱，罚该官府啬夫一盾；超过六百六十钱，罚该官府啬夫一甲，并仍责令赔偿所销账的东西。错算人口一户或牛马一头以上是大错误，如系自行检查发现错误，可减罪一等。

五、防止官吏滥用权力的制度

商鞅之后，秦国制定了严格的法律制度来约束各级官吏，防止官吏滥用权力。秦律中有不少相关的硬性规定。

（1）不准擅自挪用公款：府中的公家金钱，若私自借用，与盗窃同样论罪。什么叫府中？只有县少内算作府中，其他不算。

（2）必须仔细检查文书。拆开伪造的文书，未能察觉，罚二甲。如咸阳开看伪造的通行证，没有察觉，就重加封印传给其他县，其他县也传给其次的县，一直到某地发现才被拿获，应该是只有咸阳受罚，还是其他县都应受罚？回答是咸阳和其他开看而未能察觉的县都应受罚。

（3）丢失官府的物品要受惩罚。丢失了记书、符券、官印、衡器已受论处，后来自己找到所丢失的东西，应否免除所论的罪？回答是不应免除。

（4）不作为的官吏要受惩处。甲迁居，请求吏迁移户籍，吏加以拒绝，不为他更改户籍，如甲犯了处耐刑并罚款的罪，问吏应如何论处？回答是甲罪有耐刑以上，吏应罚二甲。

（5）对滥发官府资源的，重罚。官吏因故应停止发放口粮却不加停止，仍全部发放，应如何论处？回答是应作为盗窃处罪。

（6）对私自用公车的，重罚。秦律规定，用其乘车载女、子，如何论处？回答是应罚二甲。用乘车的马驾私人的车去载女、子，则不予论处。

（7）对行贿的，重罚。《睡虎地秦墓竹简·法律答问》指出，逃亡出境的人向国内行贿，数目超过万钱，已得到宽免，后来回国，又因盗窃被捕获，应如何论处？回答是以行贿罪论处。

（8）对弄虚作假的，开除公职。《睡虎地秦墓竹简·秦律十八种·尉杂》规定，官吏弄虚作假，其罪在罚盾以上的，依判决执行，同时要撤职，永不再用。

（9）对不务正业的，处流放。《睡虎地秦墓竹简·秦律十八种·尉杂》规定，啬夫不以官职为事，而专干坏事，应如何论处？回答是应流放。被流放者的妻子应否随往流放地点？回答是不应随往。

六、《为吏之道》十条：如何做一个好官员？

《商君书》里对不务农战的文化事业比较反感，但在实践中并不排除用儒家的德行、君子之道来要求和选拔为官人员。这个矛盾实际上反映了商鞅学派中的两种不同的意见，一派是极端派，主张销毁一切文化书籍；另一派是温和派，主张以法为主，但并不排除吸收其他学说中的好的内容。在实践过程中，应当是从极端派向中间派倾斜，这一点在《睡虎地秦墓竹简·为吏之道》中可以得到印证。真正付诸秦国政治实践的，与《商君书》中极端派所讲的排斥一切文化完全不同，实际上是以法家为主流，大量吸收了道家、儒家、兵家的合理的内容。

《为吏之道》的要求相当高，有以下十条。

（1）官员要清白正直，慎重严谨如一，思想上没有私心，赏功罚过得当。（“凡为吏之道，必精洁正直，慎谨坚固，审悉毋私，微密纤察，安静毋苛，审当赏罚。”）

（2）要待人和气，与人相处诚挚而讲信义，要善于听取不同的意见。（“严刚毋暴，廉而毋刖，毋复期胜，毋以忿怒决。宽容忠信，和平毋怨，悔过勿重。慈下勿陵，敬上勿犯，听谏勿塞。”）

（3）要勤于政事，摒弃私欲杂念，多多反思自己。（“审知民能，善度民力，劳以率之，正以矫之。反赦其身，止欲去愿。”）

（4）要尊敬贤能，善待俊杰，无论在野为民还是在朝为官都始终如一。（“尊贤养义，原野如廷。”）

（5）要刚柔相济，仁义忍让，这样蛮横无理的人也对你无可奈何。（“刚能柔，仁能忍，强良不得。”）

（6）要审慎对待耳闻、目睹、口言之事，听说十遍不如亲自去看一看。（“审耳目口，十耳当一目。”）

（7）要戒除安逸享乐的念头，要忠诚，不为贪图富贵做官，要正行修身。（“安乐必戒”，“以忠为干”，“毋喜富，毋恶贫，正行修身，祸去福存”。）

（8）做官还要有五大善行，即“忠信敬上”，“清廉毋谤”，“举事审当”，“喜为善行”，“恭敬多让”。

（9）做官要避免十五大过失。第一类五大过失：避免过度骄奢淫逸，腐化挥霍；因富贵而骄傲自得，不可一世；独断专行，擅自做主；顶撞冒犯上司，不管后果与危害；藐视贤才，看重并捞取钱财（“夸以迣”，“贵以泰”，“擅裚割”，“犯上弗知害”，“贱士而贵货贝”）。第二类五大过失：看到百姓便傲慢起来；身在朝廷心里不平衡；任职期间特别能谋取地位、名誉和钱财；不听命令自行其事；心里只想着损公济私（“见民倨傲”，“不安其朝”，“居官善取”，“受令不偻”，“安家室忘官府”）。第三类五大过失：对所亲近的人加以袒护而不加以认真考察，造成种种怨恨；对部下不了解，造成他们以权谋取私利；兴办的事情不合乎国情民意，造成百姓不感兴趣，对法令、指示不重视；只会花言巧语而不办正事，造成贤才不和你亲近；非议上司，造成自身遭受伤害甚至引来杀身之祸（“不察所亲则怨数至”，“不知所使则以权衡求利”，“兴事不当则民傷指”，“善言惰行，则士毋所比”，“非上，身及于死”）。

（10）做官者要戒谨慎綦（忌），即戒财、谨谋、慎言、綦言。“戒之戒之，财不可归”，“谨之谨之，谋不可遗”，“慎之慎之，言不可追”，“綦之綦之，食不可偿”。做官为吏者若能审慎地照此行事，那就能胜任官职治理好一方，立下的志向就能够完全实现，为君主者（上司）仁德贤明，为臣子者（下级）恭敬服从。君主温和宽让，臣子仁义忠诚，父亲仁慈和蔼，儿子孝顺恭敬，这是为政的根本。君主仁德贤明，臣子恭敬服从，这是治理国家的关键。

《为吏之道》的内容完全颠覆了一般人对商鞅只讲严法酷刑、不讲仁义道德的刻薄寡恩的印象，虽然不是商鞅所写，但与商鞅当时制定的法律和官吏制度是直接相关的，也可以为人们全面认识商鞅及秦国的法律和官吏制度提供准确的参考。

《为吏之道》不仅写出了对所有官员的一般要求，还对如何成为一个优秀的好官员提出了更进一步的要求。

（1）善待百姓。要除害兴利，对百姓仁慈恩爱，不加罪于无辜者，也不加罪于可以赦免者。要救济孤寡贫穷百姓，扶助老弱病残民众，徭役均摊而赏罚分明，严厉打击凶悍残暴的恶人；人口增长是大事，应看重，老弱病残者应特别照顾，缺衣少食者应格外加以抚恤，对百姓有恩惠而不贪财，所推行的措施是老百姓喜爱的，要用恩惠来得到民心，以宽和治理一方，严格要求而不轻易治罪。和百姓一道按约定期限办事，如同车前导从的骑士，步履稳健，不能使百姓有恐惧心理。办事快捷但谨慎，举措简洁而不鄙俗。要做到遇事不懈怠，待人不骄横傲慢，对百姓不阻挠为难，改变民间不良习俗，自身有过错及时纠正。了解百姓疾苦，倾听他们的陈述，及时对错误和不当之处加以纠正。审时度势，推行善政，兴办善举。平时多看看百姓的劳作，明白民与官就像车轮与车厢一样关系密切。

（2）鼓励人们垦田自足，征收赋税适当而有限度。做事要依农时，既不缓令急征，也不贪赃枉法，图谋私利。

（3）城墙要按时修缮，关卡门户牢牢把守，道路桥梁时常维修，交通要道要畅通。

（4）信息按规定准时传送，公事当下就办不拖延，刻有标识的文书之类要妥善保存。

（5）不要轻易借债，起居要像斋戒一样庄重严肃，说出的话要像盟誓一样恪守诚信，出入应当谦恭有礼，不要丢掉应遵循的准则，言论行为要正直坦荡。

（6）粮仓要筑高墙来保护好，以应对紧急情况；疏通灌溉沟渠；保管好犀角、象牙一类的珍宝；皮革等包装物要防止虫蛀；管好公家的粮仓，时刻提防水火和盗贼；钱财之类要看轻；犯人服役期满就释放。

（7）兵器铠甲要齐备，城墙城楼要坚固，官印封泥要放好。

（8）按照规定去征发工匠，房屋破漏要及时修理，苑囿池塘要时常清理，放牧饲养牲畜不可放松，工作之余读书学习不可间断。

（9）勤于政事就能有政绩，做事要按期完成。想要治理好国家，一定要敬重并信赖老百姓，施政有方，平息他们的怨言，只要社会安定，百姓就会服从。

（10）做官为吏者处理政事要敢于坚守准则底线。要处处以身作则，只有这样百姓才会照着做。如果官吏本身就不端正，那么民心也会随之转移并且难以与官府亲近同心。

这十条标准放到今天，大部分内容都是一个好官员应该具备的，比如为民服务、廉洁奉公、宽厚平和、严格执法、勤于政务。以秦二世的暴政来代表整个秦国的历史，这是完全不对的，绝对是对商鞅改革及秦国一百二十年以法治国的误解。

七、徕官制度：吸引人才，不拘一格委以大任

大国竞争不仅是物质资源的竞争，也是人才资源的竞争，谁有人才优势，谁就能在大国竞争中脱颖而出。谁有优秀人才，谁能重用人才，谁能接受这些优秀人才的计谋，谁就能在大国竞争中占据优势。儒法两家如同水火，势不两立，但两家都重视人才，只不过儒家偏德，法家偏能。

《论语·泰伯第八》中记载，“舜有臣五人而天下治。武王曰：‘予有乱十人。’孔子曰：‘才难，不其然乎？唐、虞之际，于斯为盛。有妇人焉，九人而已。三分天下有其二，以服事殷。周之德，其可谓至德也已矣。’”这段话是说，舜有五位贤臣，才能治理好天下。周武王也说过：“我有十个帮助我治理国家的臣子。”孔子说：“人才难得，难道不是这样吗？唐尧虞舜以及周武王时期人才最盛。周文王得了天下的三分之二，仍然敬奉殷朝，周文王的德，可以说是最高的了。”

《国语》在总结齐桓公称霸的历史时也正确地指出，齐国之所以能称霸，归根结底就是“唯能用管夷吾、宁戚、隰朋、宾胥无、鲍叔牙之属”(《国语·齐语》)。没有管夷吾、宁戚、隰朋、宾胥无、鲍叔牙，就没有齐国的崛起。

同样，晋文公重用追随他流亡在外且德才兼备的人，没有赵衰、郤縠、狐偃、狐毛、栾枝、先轸等人，就没有晋国的崛起。

卫灵公是一个无道之君，按理早就应当亡国了，但为什么能支撑很久呢？孔子与季康子讨论这个问题时回答：“仲叔圉治宾客，祝鮀治宗庙，王孙贾治军旅。夫如是，奚其丧？”（《论语·宪问》）就是说，卫国是依靠这些人治理国家才得以维系的。

战国时那些有成就的统治者，如魏文侯、齐威王、齐宣王、秦孝公、梁惠王、燕昭王等，都曾经因为广揽人才而成为有名的国君。不仅国君招揽人才，甚至有些公子、大夫为了自立门户，也招揽天下士人。最著名的便是所谓战国四大公子，即孟尝君、平原君、信陵君和春申君。魏国的信陵君魏无忌是魏昭王的少子，他为人“仁而下士，士无贤不肖皆谦而礼交之，不敢以其富贵骄士。士以此方数千里争往归之，致食客三千人”。由于魏国信陵君门客众多，人又贤明，所以别国诸侯有十多年之久不敢轻易侵犯魏国。

魏文侯是战国时尚贤之风的首创者。战国初期，魏国是一个较为先进的国家，经济文化发展最早。魏文侯在当政时（公元前445年—公元前396年）任用了一批勇于改革的人。没有李悝、子夏、田子方、段干木、翟璜、翟角、魏成子、西门豹、吴起、乐羊子、魏挚等一批杰出人才，就没有魏国的崛起。

而在徕官方面，做得最好的是秦国。

在商鞅入秦之前，秦穆公时代就曾有过徕官的传统，李斯在总结秦国之所以强大的原因时说："昔穆公求士，西取由余于戎，东得百里奚于宛，迎蹇叔于宋，来丕豹、公孙支于晋，此五子者，不产于秦，而穆公用之，并国十二，遂霸西戎。"（《史记·李斯列传》）但这一传统曾一度中断，终由秦孝公重新恢复了这一传统，大胆起用了商鞅，并予以重任。商鞅主持秦国改革时，虽然没有直接提徕官，但与《商君书·徕民》的思想逻辑是一脉相承的。《商君书·徕民》讲了一个故事，说齐国有个叫东郭敞的人，宁愿他的弟子们离去，也不愿把他的钱财拿出来救济弟子，结果"其徒怒而去之宋"，实际上这是在批评东郭敞目光短浅，不知留住人才。

商鞅对人才持开放态度。商鞅时的有关法律，对其他诸侯国的人给予了与秦人同等的法律权利，如"邦客与主人斗，以兵刃、殳梃、拳指伤人"，与秦人一样，要"訾布"，如果罪行严重，《睡虎地秦墓竹简·秦律杂抄》里提到，"有为故秦人出，削籍"，就是说把秦国人伤得太厉害了，要受到削籍的处理。当然，对外来邦国人才也有严格的管理，游士居留而无凭证，所在的县罚一甲；居留满一年者，应加诛责。有帮助秦人出境或除去名籍的，上造以上罚为鬼薪，公士以下刑为城旦。邦客、游士和徕民同秦国百姓一样，拥有人身权利、财产权利、婚姻权利、立户权利，以及根据表现晋升官吏的权利。秦国的商人在进行登记并取得许可后才能进行合法经营，邦客未布吏就交易，罚一甲。什么叫"布吏"？把通行凭证送交官吏称为布吏。同时，秦对出使或出逃的秦国人也进行了管理，《睡虎地秦墓竹简·法律答问》指出，出使到诸侯国，臣服于秦的属国，随同出使的邦徒和伪使不归来，使臣不连坐。什么叫"邦徒"？什么叫"伪使"？与使臣一起出使的本国随从和吏，不是使臣自己的舍人的，称为邦徒或伪使。《睡虎地秦墓竹简·秦律十八种·尉杂》对逃亡出境的情况也有涉及。当时出境也是很严格的，有人为了偷偷逃亡，行贿数目能达到数万。

对于秦国所缺乏的农民，如果是三晋的徕民，根据《商君书》规定，还享有免税、减税、减役的权利。外来的商人得遵守秦国法律，不得从事非法贸易，但合法的贸易也受到保护。所以，在商鞅之后，不断有外来的人才到秦国谋求发展，并为秦国的发展壮大做出了很大贡献。秦国本国脱颖而出的王翦、王贲父子和白起等大才，与外来的甘茂、商鞅、公孙衍、张仪、司马错、魏冉、范雎、吕不韦、李斯、李冰父子、楼缓、蔡泽、蒙氏三杰（蒙骜、蒙武、蒙恬）等一批杰出人才，一同支撑秦国在大国竞争的局面中崛起。

商鞅学派关于官吏管理的制度，以及商鞅在变法改革中的政治实践，吸取了历代官吏管理的经验教训，并结合秦国的国情，开创了一整套对官吏的任用、考核、升迁、监督、赏罚的制度，建立了一个高效的、分工明确的、依法办事的官吏体系，使秦国拥有了强大的国家治理能力，并在与六国的激烈竞争中脱颖而出，最后一统中国。商鞅建立的官吏治理制度功不可没。这也形成了国家管理制度和治理能力的雏形，经过汉代儒家的改造和巩固，再经过隋唐两宋时期的发展，这一套官吏管理制度对后世产生了深远而巨大的影响。

第十二章

商鞅治商：限制商业、商人

商业本是一个国家的重要产业，但商鞅为了保护农业不被商业影响，采取了严厉的限制措施。这在当时有其必要性，但不能不说是商鞅治道的一大缺陷。结合历史和《商君书》的思想，人们也可以发现，如何对待商人、商业，在商鞅学派中也有不同的意见。极端派对商人、商业采取极其严格的限制甚至扼杀的政策，而商鞅的政治实践采取的是严格限制但不扼杀的政策。在商鞅治理下的社会，商人仍有合法活动的空间，而从后来秦国的历史来看，秦国的商业也是有很大发展的。

一、农、商、官三个阶层

班固在《汉书·食货志》中指出，“洪范八政，一曰食，二曰货。食谓农殖嘉谷可食之物，货谓布帛可衣，及金刀鱼贝，所以分财布利通有无者也。二者，生民之本，兴自神农之世。……是以圣王域民，筑城郭以居之，制庐井以均之，开市肆以通之，设庠序以教之，士农工商，四民有业。学以居位曰士，辟土殖谷曰农，作巧成器曰工，通财鬻货曰商”。可见，中国很早就产生了商业活动，而且商业被视为国家治理的八个基本领域之一。但中国历来是将农业放在首位的，在农业社会中，农业当然比商业具有更重要的作用，是国家最重要的产业，商业的发展应当在农业之后。因此，中国历朝历代的君主都把农业放在首位。虽然班固批评商鞅“急耕战之赏”的政策，但也承认“虽非古道，犹以务本之故”，到了西汉末年，商业发达导致的后果是商人越来越富，农民越来越穷。班固说，“庶人之富者累巨万，而贫者食糟糠”，又说“今法律贱商人，商人已富贵矣；尊农夫，农夫已贫贱矣”，对商业的畸形发展表示非常反感。他认为国家的当务之急还在于发展农业，“方今之务，莫若使民务农而已矣。欲民务农，在于贵粟”。所以，商鞅所提重农轻商在古代中国也不是什么特殊的政策。

秦国地处西陲，商业活动历来不发达，商人的影响力也很有限。《史记·秦始皇本纪》记载，秦献公时（公元前378年）实行了一条改革措施，允许进行商业贸易活动，即“初行为市”，让商人成为城市居民，具有合法的平民身份。

商鞅治秦时，在对商业和商人的治理上，既考虑到了秦国商业不发达的客观事实，又考虑到了中原六国商业发达和商人影响力增强后的一些消极后果，所以采取了两方面政策。一方面，商鞅时期提出，秦国的合法社会阶层只有农、商、官，所谓“农、商、官三者，国之常官也”(《商君书·去强》)。这是一个独特的现象，一方面，商鞅为了鼓励农业发展，对商业采取了严厉的限制，不允许商人到农村诱惑农民，扰乱农民的生活，不允许普通人过多从事商业；另一方面，商人又是排在农民之后的第二大阶层，这可能也是历史上从秦到清朝商人的最高地位了。

二、限商的三大原因

一个国家要想从贫穷走向富裕，一般都会首选发展商业。民间谚语说：“以贫求富，农不如工，工不如商，刺绣文不如倚市门。”但商鞅治理秦国时，为什么偏偏要走相反的道路？商鞅为什么要限制商业，而不是鼓励和发展商业？原因有三。

（一）从国家战略层面考虑，重农主义优于重商主义

国家的基本经济政策通常有两种，一种是重商主义，一种是重农主义。《商君书》则指出，重商主义和重农主义有很大的矛盾。重商主义会导致国家钱和粮食两无，唯一的出路是实行重农主义，粮食有了，国家就强大了，钱也就有了，粮食和钱双收。《商君书·去强》中说，“金生而粟死，粟生而金生”，“国好生金于竟内，则金粟两死，仓府两虚，国弱；国好生粟于竟内，则金粟两生，仓府两实，国强”，粮食这种东西价格低贱，而从事农耕的人多，买粮食的人就少，农民就贫困，奸诈的商人就活跃，这样的国家实力一定会被削弱直到灭亡。

（二）限制商业，农业才能发展

农业是一个苦行业，既辛苦又不能富。相反，商业又轻松又能赚钱。所谓“商贾之士佚且利”，说的就是有钱的商人生活安逸而且还能赢利。如果商业发展繁荣，那么百姓就会弃农从商，就会使从事农业的人口减少。同时，商人富了，农民就穷了，利益流入商人手中，农民种粮的积极性就会大大下降。所以《商君书·外内》指出，“其农贫而商富，故其食贱者钱重，食贱则农贫，钱重则商富”，“苟能令商贾、技巧之人无繁，则欲国之无富，不可得也”，就是说不约束商业和手工业，那么商人和手工业者获利，而游荡求食的人会增多。因此，农民最为辛苦而获利最少，不如商人和手工业者。如果能使商人和手工业者不那么多，国家想要不富都是不可能的。

（三）限制商业的政治原因

相对于农民来讲，商人不大好管理，因为“商贾之士资在于身。故天下一宅，而圜身资。民资重于身，而偏托势于外。挟重资，归偏

家，尧、舜之所难也”（《商君书·算地》）。农民离开了土地无法生存，所以被束缚在土地上；而商人逐利，流动性很强，商人的资本在于他自身。所以，这些人四海为家，商人所在之地，就是资本所在之地。如果民众把自己谋生的资本看得比生命还重要，而且都去投奔邻国，挟带资本归附私门，就是像尧、舜这样的贤明君主也难以管理。

因此，秦国要发展，必须限制商业。

但是，商业又是必不可少的，限商不是禁商。即使从《商君书》的内容来看，商人能从事的商业活动也是不少的。这些领域包括餐饮业、运输业、农业消耗品的供应、边防关口地区的边贸、旅馆业、服装行业，以及军需品的配给和销售等，而且有些政策还会给商人带来新的商机。因此，商鞅只是限商而不是禁商，禁止买卖粮食而不是禁止一切商品买卖。

三、限商政策的主要措施

为了限制商业，商鞅学派在《商君书》中提出了以下措施。

第一，禁止商人从事粮食买卖。

商鞅起草的第一道令就是《垦令》，其主旨在于鼓励农业，限制商业。怎么限制商业呢？最主要的就是限制粮食买卖。“使商无得粜，农无得籴”（《商君书·垦令》），农民不准买粮食，那么懒惰的农民就会积极从事农业生产。商人不准卖粮食，到了丰收年不能靠卖粮牟利了，那么饥荒之年也就无利可图。既然无利可图，商人就不会再想经商，而想去务农了。懒惰的农民努力从事生产，商人也想去务农，那么荒地就能够得到开垦了。

这一条既针对商人，也针对农民，但更主要的是针对商人。

农民不卖粮食，可能会带来生活不便，但不影响农民的基本生活，最起码吃饭没有问题。同时，如果农民有粮，不卖给商人，但可以用粮食向国家交换官爵，官爵能给农民带来其他物质资料。即使不卖粮食，放在家里储存也仍然是一笔宝贵的财富。之所以限制农民卖粮，是因为担心一些农民通过粮食得到一定收益后，离开农业去做别的事情，或者因此不愿再从事辛苦的农业而懒惰起来成为游民。限制粮食买卖，是为了让农民保持从事农业的需要；同时，禁止农民卖粮也是保护农民利益的一种措施，可以让农民避免受商人的盘剥。

所以，不准农民卖粮主要是对商人的严格限制。因为在当时，粮食是最主要的大宗商品，也是最有利可图的商品。粮食在当时是稀缺资源，商人可以在粮食买卖中获得巨大的差额利润。其获利的渠道如下。一是从农民手中低价收购粮食，等天时不好、粮食收成减少时再高价卖给农民，从农民手中获得粮食买卖的差价。这样就会出现种粮食的人不富甚至贫穷，而农民辛苦劳动的成果大部分被商人攫取。二是利用地域经济的不平衡，把粮食从丰产区向低产区倒卖，也可以获得较大的差价。而如果不允许从事粮食买卖，商人从中获利的机会就大大减少了。这样一来，一部分商人就可能不得不从事农业了。

商人不能从事粮食买卖，还能做什么呢?

第二，实行酒肉高价高税政策。

为了让更多的人从事农业，商鞅当时还想出了一个主意，就是抬高酒肉等高价消费品的价格，加重收取这些东西的赋税，让租税高出本钱十倍，这样的话，卖酒、肉等东西的商人就会减少，即“商贾少，则上不费粟；民不能喜酣奭，则农不慢；大臣不荒饱，则国事不稽，主无过举。上不费粟，民不慢农，则草必垦矣”（《商君书·垦令》）。商鞅是想通过这样一个限商政策，减少农民纵情饮酒作乐而耽误农时，避免官吏因吃喝享乐而荒废政事，然后把一部分商人从餐饮业中分离出来，迫使其改行去务农，那么荒地就一定能得到开垦了。

但是，商鞅没有想到的是，继续从事餐饮业的这一部分商人，因为竞争减少了，赚钱的机会也大大增加了。对酒肉的高价和高税收政策会减少人们的消费，但只要人们有这种需求，餐饮业就会一直存在，餐饮业会把高成本转移到消费者身上，继续从事餐饮业的一小部分商人仍会从中获得较大利润。

第三，加重关市之赋。

《商君书·垦令》中认为，加重关口、集市上商品的税，农民就不会喜欢经商，商人也就会对经商能否获利产生怀疑。农民讨厌经商，商人对自己所从事的产业产生怀疑而不愿意经商，那么荒地也就能得到开垦了。

这一条也说明了当时商鞅采取的政策是限制商业但不完全禁止商业的存在，因为有边界贸易，就可以增加国家的关税收入。商鞅没想到的是，虽然实行了提高关税的限制性措施，但只要有需要，就会有关市的存在，关市是各种商品集中交换采购的商业中心，在这里有门路的商人会想尽办法逃避高关税。因为秦国的物产有限，总是需要从关东六国获得秦国所不生产而又必需的商品。这样一来，越是高关税，就越容易产生从高税政策中获得暴利的商人。

第四，限制商人家中的非生产人员。

商鞅为了限制商业，把限制措施扩大到商人亲属。根据商人家中人口数量向他们摊派徭役，让他们家中砍柴的、驾车的使役和僮仆都要到官府登记注册，并且按名册服徭役，这样一来商人的负担就会加重，而农民的负担就会相对减轻。

第五，不准在各县及乡下提供享乐的音乐和奇异的服装。

《商君书·垦令》中说，“声服无通于百县，则民行作不顾，休居不听。休居不听，则气不淫；行作不顾，则意必壹”，意思是不准奇装异服和享乐性的东西流入农村，农民在外出劳作时就不会看见奇异服装，在家里休息时听不到使人丧失意志的音乐，那么他的精神和意志就不会涣散，他的心思一定会专心在农业生产上，荒地就能得到开垦了。

第六，废逆旅。

《商君书·垦令》中还提到，“废逆旅，则奸伪、躁心、私交、疑农之民不行。逆旅之民无所于食，则必农”。“旅”就是旅馆，“逆”是迎接客人之意，这里的“废逆旅”，是指废除私人开设的旅馆。废除旅馆，那么奸邪伪诈、不安心本职、私下交游、不愿意从事农业生产的人就不会外出周游，而且那些开旅馆的人也没有办法谋生，他们就会去务农。但这一条既限制商人，也限制农民，“使民无得擅徙”。同时，“国之大臣诸大夫……无得居游于百县”，限制国家的大臣们，不允许他们游居各个郡县。

按理来说，如果实行了“废逆旅”的法令，秦国就不应该有旅馆存在，但是《史记·商君列传》里却说，商君逃跑到边境关口，想住旅店，旅店的主人不知道他就是商君，说住店没有证件，店主要连带判罪。这也许能说明商鞅的“废逆旅”法根本没有完全实行，或者就是司马迁为了批评商君之法过于严苛而编了一个故事。

第七，限制商业运输。

前文也提到过，商鞅下令运送粮食的人不能花钱雇别人的车，更不准在运粮车辆返回时揽载私人货物。车、拉车的牛、车在运粮时的载重量一定要同注册登记时一致，以限制商业运输为代价提高运粮效率。

除了以上七点以外，在《商君书》和后来出土的《睡虎地秦墓竹简·秦律十八种》中，还有一些关于限制商业的内容。

第一，农村禁止售酒。

《田律》规定，“百姓居田舍者毋敢酤酒，田啬夫、部佐谨禁御之，有不从令者有罪”，即禁止农村卖酒，但对于其他商品却没有具体规定。

第二，规定商业专营。

非商业性机构不能进行经商活动，经商必须有许可。如果一定有东西要出卖，秦律规定只有得到国家许可的机构，才可以进行这些商业活动，没有得到许可的机构不能直接销售任何商品。比如，《厩苑律》规定，公家的马、牛如有死亡的，县里的机构要进行检查，才可以“杂卖其肉，即入其筋、革、角，及索入其价钱”，厩苑无权直接出售马、牛肉。同样，《金布律》规定，县级的都官不得直接出售府内要出售的东西，必须交派县的有关机构，或者直接送回京城。《睡虎地秦墓竹简·秦律杂抄》中还规定，如果发现有任何官员直接经商的，一经发现，即处流放。

第三，限制价格的政策。

《司空律》规定，合法买卖粮食的价格是每石卅（三十）钱。劳动力价格为“日居八钱；公食者，日居六钱”，但也允许有一定的非官定价，即市场价格。《金布律》规定，“有卖及买也，各婴其价，小物不能各一钱者，勿婴”，就是说合法出售东西，必须明码标价，但小东西低于一钱不便标价的，也可以不标价。

第四，对外贸进行管制。

《商君书·去强》中主张限制粮食出境，也不允许过多的黄金入境。因为一两黄金入境，就相当于十二石粮食出境，必须让粮食留在境内，国内的粮食多了，国家既会有黄金，也会有粮食，这样国家才会强大。因为粮食价格很低，而国家又必须鼓励种粮食，粮食多了，粮价就必然便宜，如果允许买卖粮食，农民就贫困，奸诈的商人就活跃，这样国家的实力一定会被削弱，直到灭亡。

秦律中也规定，“客未布吏而与贾，赀一甲”，就是禁止秦国百姓直接与外商交易。所谓“布吏”，就是要求六国客商向秦国官府呈验经营凭证，经批准之后才可以在境内从事贸易活动。而对国家非常重要的财物，如黄金珠宝，则不允许走私。秦律规定，“盗出朱（珠）玉邦关及卖于客者，上朱（珠）玉内史，内史材予购”，就是如果捕获走私珠玉者，珠宝要没收上交中央内史库，并且给捕获者以奖赏。[①]

四、官市与军市

《商君书·垦令》中提到了“军市”这一概念，是说军队内部也有自己的市场。军市是经过国家允许而特别在军队中设立的市场。军市的设立，说明商鞅学派虽然认为商业有各种不好，但仍然是无法完全取缔的。军市到底是什么状况，没有资料说明，《商君书》中也只有一处提到军市。军市应该是在军队驻地为军队官兵日常生活提供服务的内部市场。官府或军队向军市的商人征税，军市为军队提供作战使用的各种军需品，包括铠甲、兵器等。军市中的商人可能有两条渠道去

① 栗劲：《秦律通论》，山东人民出版社 1985 年版，第 438—439 页。

采购这些军需品：一是民间的手工作坊，二是从秦国以外购买。同时，《商君书·垦令》还特别强调，“令军市无有女子，而命其商令人自给甲兵，使视军兴。又使军市无得私输粮者”，军队内部的市场不能有私自运输粮食的人，也不能有游荡的闲散人员。估计当时军市上供应的物品相当丰富，甚至还提到了不准让妓女出现在军市中。

官府也会有一些东西必须进行买卖，于是形成了官市。官市是由官府指定的机构进行专营的。《睡虎地秦墓竹简·秦律杂抄》中记载，当时严格禁止官员经商，“吏自佐、史以上负从马、守书私卒，令市取钱焉，皆迁”，就是说，那些管理马匹而有机会从事与马业相关活动而获利的官员，如果从事这些获利的活动，将被处以流放的处罚。对官府所从事的合法的商业活动，《睡虎地秦墓竹简·秦律十八种·关市律》中规定，“为作务及官府市，受钱必辄入其钱缿中，令市者见其入，不从令者訾一甲”，就是说，出售官府产品赚来的钱，必须当着买者的面，把钱投入官府密封的缿器之中，而不能把钱直接交给官府的官员，如果不遵守，罚一甲。

五、商人的作用与地位

限商政策并非对商业的歧视。

人们谈到商鞅的限商政策，通常容易产生一种误解，似乎商鞅特别不喜欢商人，对商人有一种天生的歧视。其实，商鞅把农民、商人、官吏这三种人都看成固定职业的人。《商君书·去强》中说，“农、商、官三者，国之常官也。三官者，生虱害者六：曰岁、曰食、曰美、曰好、曰志、曰行。六者有朴，必削。三官之朴三人，六害之朴一人”。这三种职业各有其事，“农辟地，商致物，官法民”（《商君书·弱民》)，农民耕垦土地，商人贩卖货物，官吏治理人民。这三种人其实没有高低贵贱之别，是相对平等的，因为不仅商业会产生对社会影响不好的习气，其他两种职业也同样会有不良影响。农民是商鞅强国策略中最倚重的职业，官吏是商鞅治国依靠的基本阶层，但这两种职业和商业一样，都会产生不好的影响，商鞅把它们合称为“六虱”：第一是“岁”虱，农民游惰，使年岁歉收；第二是“食”虱，农民不务本业，白吃粮米；第三是“美”虱，商人贩卖华丽的东西；第四是“好”虱，即商人买卖稀奇物品；第五是“志”虱，指官吏营私舞弊；第六是“行”虱，官吏办事不积极。农、商、官这三种职业本身都有好有坏，商鞅学派认为君王应该发挥其积极作用，限制和防止坏的风气。不让这六种虱害生根，否则国家就一定会被削弱。

所以，商鞅学派也认为商人和其他两种职业的地位在一定程度上是平等的，秦国也对商人合法的经营给予法律保护。例如，《睡虎地秦墓竹简·法律答问》中有一个例子说，“今盗盗甲衣，卖，以买布而得，当以衣及布畀不当？当以布衣及其他所买畀甲，衣不当”。这个案例说的是，一个小偷把甲的衣服偷了，并卖给了另一个人，用卖衣所得的钱去买了布，问如何处理，是否要把甲衣和小偷买的布一起还给甲？《睡虎地秦墓竹简·法律答问》的回答是：小偷用卖衣服的钱去买布，买甲衣者不知是赃物，小偷卖东西的行为非法，但买者的行为合法，而且是合法身份，所以买者所得的甲衣已经不是赃物，不应该还给甲。从这个例子我们就可以看出，秦国对合法的商业行为还是提供法律保护的。

六、历史的矛盾：限商政策与秦国商业的发达

前文在解释“废逆旅”时提到，商鞅的政策和历史事实有一点矛盾的地方，按理说秦国在商鞅的严格限制下，商业应当不发达，但司马迁在《史记·货殖列传》中，却向人们描述了一个商业发达的秦国。

司马迁指出，秦国咸阳地处陇、蜀货物交流的要道，四方人物集中于此，商业也比较发达，“陇蜀之货物而多贾”，“北却戎翟，东通三晋，亦多大贾”。就是说，当年秦国有很多商人，而且还有不少大商人。

经过多年的整治，“巴蜀亦沃野”，并且物产丰富，有栀子、生姜、朱砂、石材、铜、铁和竹木等，西边的邛、笮等地出产马和牦牛，虽然巴蜀四周闭塞，但有千里栈道，与关中无处不通。此外，秦国还有西部的广阔地区，北面有戎狄的牲畜，畜牧业居当时首位。因此，司马迁不无夸张地说，“故关中之地，于天下三分之一，而人众不过什三；然量其富，什居其六”（《史记·货殖列传》）。可见秦国的经济在华夏体系中也是相当发达的。

从当时华夏体系中巨富商贾的人数也可以侧面看出秦国经济发达的情况。司马迁在《史记·货殖列传》和其他篇章中记载了二十几位巨商富贾，其中影响比较大的有七八位，秦国就占了四位。这看起来很矛盾，因为商鞅变法时把商业视作与农业相对立的行业加以打压。但实际上秦孝公之后秦国的政策已有变化，因此在秦国也产生了多位大商人，尤其是在秦始皇当政时，秦国的不少巨商富贾都与秦国官府有密切关系。秦国的大商人有以下四位。

第一位是吕不韦，阳翟（今河南省禹州市）的大商人，往来贩贱

卖贵，家累千金，成为战国末年的著名商人，后入秦国为相，以奇货可居的战略思想，辅佐秦庄襄王登上王位，并组织门客编写了著名的《吕氏春秋》，其门客有三千人。在秦期间，他对秦国商业的发展有所推动。

第二位是在秦始皇时发展起来的巨商乌氏倮，秦国乌氏族（今甘肃平凉）人。他是在西戎背景下成长起来的畜牧业主、大商人。据司马迁记载，“乌氏倮畜牧，及众，斥卖，求奇绘物，间献遗戎王。戎王什倍其偿，与之畜，畜至用谷量马牛。秦始皇帝令倮比封君，以时与列臣朝请”（《史记·货殖列传》），说的是乌氏倮经营畜牧业，等到牲畜繁殖众多之时便全部卖掉，再购求各种奇异之物和丝织品，暗中献给戎王，戎王以十倍于所献之物偿还给他，送他的牲畜多到以山谷为单位来计算。到秦始皇时，乌氏倮或许积累了巨大的财富，所以才会得到秦始皇的重视并大大提高了地位，可以享受秦国封君。

第三位是中国历史上独一无二的女性大商人，即巴郡（今重庆长寿，另一说为涪陵）的寡妇清。据记载，“巴（蜀）寡妇清，其先得丹穴，而擅其利数世，家亦不訾。清，寡妇也，能守其业，用财自卫，不见侵犯。秦皇帝以为贞妇而客之，为筑女怀清台……清穷乡寡妇，礼抗万乘，名显天下，岂非以富邪”（《史记·货殖列传》）。她的先祖可能因为生产和经营当时官府用的朱砂而获巨利，到她那一代，家族已经积累了巨大的财富，后来曾出巨资修长城，并为秦始皇陵提供了大量水银。晚年十分为秦始皇所看重，专为其修筑女怀清台，可见其地位不一般。

第四位大商人是先在赵国起家、后迁入蜀的蜀卓氏。“蜀卓氏之先，赵人也，用铁冶富。秦破赵，迁卓氏”，由于长年经商，卓氏对四川的情况很了解，他主动提出迁到较远的汶山附近，因为“汶山之下，沃野，下有蹲鸱，至死不饥。民工于市，易贾”，可见当时的四川商业气息也很浓，后卓氏“致之临邛，大喜，即铁山鼓铸，运筹策，倾滇蜀之民，富至僮千人”，他在临邛找到了发挥长处的地方，在那里大炼铁并熔铁铸械，经过用心筹划，其财势压倒滇蜀地区的居民，成为当地巨富，是中国最早的“钢铁大王”。

从上面四大巨商的例子来看，秦国之所以能在战国七雄中一并天下，与秦国的商业和经济发展分不开。

总之，商鞅在秦国采取的限商政策，其主旨是保护和发展农业，减少商人对农民的剥削，让农民尽可能多地获得种庄稼的利益。商鞅对商业和商人也采取了种种限制政策，但并不完全禁止商业。商鞅在改革实践中采取的是限商但不禁商的政策，对合法经营的商人和商业还有严格的法律保护措施，所以不应认为商鞅的商业政策禁止一切商业活动。同时，商鞅的限商政策其实并不是商鞅独创的政策，在之前的周朝，商业的地位也在农业之下，商业的发展是以不损害农业发展为前提的。之后的汉朝对商业过度放松，导致了贫富两极分化，所以班固认为汉应当回到以农为本的道路上来，对商业应当适当限制。

第十三章

商鞅对国家的治理：强国家模式与六个统一

商鞅对秦国的治理，除了对农、商、官、军、法等领域的治理外，对整个国家和社会的治理也是其重要组成部分。这包括中央与地方的关系、国家与社会的关系、国家与民众的关系及国家对民众的文化教育等。商鞅为此提出了以中央集权为核心的强国家治理模式，建立了以政府为中心的社会治理模式。这一模式从上到下垂直管理，涵盖了社会管理的方方面面，与农、商、官、军、法等领域的管理一起，构成了一个比较系统和全面的治理体系。

一、强国家模式

“圣人治国也，审壹而已矣”，“圣人之为国也，壹赏，壹刑，壹教”（《商君书·赏刑》）。准确地说，商鞅的治理模式是壹权、壹军、壹法、壹税、壹衡、壹教，这就是商鞅的强国家模式。壹权、壹军、壹法、壹税、壹衡、壹教是强国家模式的六根支柱，这就是政权统一、军队统一、法律统一、税收统一、度量衡（货币）统一、（文字）文化统一。强国家模式，就是把国家的大部分权力和资源收归国家所有，由以君主为首的国家政权机构统一支配，以国家的强制力和大量的资源对国家方方面面的事务进行全面治理。

二、政权统一

商鞅入秦之前，秦国的统治集团实际存在着两个权力体系，一个是以君主集团为核心的权力中心，另一个是以秦国大贵族集团为核心的权力中心。名义上秦国国君是最高权力中心，但实际上经常受到大贵族集团的限制和摆布，甚至国君的废立也经常被大贵族集团左右。

商鞅入秦后，为秦孝公设计了一切权力归国君的制度，并通过两次变法逐渐确定。在公元前 359 年的第一次变法中，秦国颁布了一系列法令，其中几条对于建立统一的中央集权制具有重大意义：

（1）令民为什伍；

（2）有军功者，各以率受上爵；

（3）宗室非有军功论，不得为属籍；

（4）有功者显荣，无功者虽富无所芬华。

第一条法令看起来似乎与中央集权制没有关系，其实是最重要的一条，相当于割断了贵族集团的根，把基层的百姓都控制在中央政权手中。过去相当一部分被大贵族集团控制的基层民众从这时起转到了中央权力体系中。

第二、第三条法令，名义上是建立军功、军爵等级，实际上是针对大贵族集团的，等于剥夺了大贵族集团的世袭权力，没有军功的大贵族，不能享受过去的特权。

第四条法令实际上剥夺了大贵族集团进入国家政治权力中心的资格。过去的贵族可以按照声望和资历担任一定的官职，而且可以世袭，子子孙孙可以继承下去。现在虽然大贵族还可以享受荣华富贵，但在政治上丧失了直接进入国家权力中心的通道。大贵族集团也得和平民百姓一样，凭军功才有资格进入以国君为中心的权力体系，而且这与过去由国君集团和大贵族集团组成的权力中心不一样。从今以后，国家权力中心多了一个受国君支配和控制的新成员，即由平民上升成为军功贵族这一新的阶层。这个新阶层在利益上与国君一致，有利于国君牢牢控制国家权力中心。

公元前350年的第二次变法，颁布了新的法令：

（1）筑冀阙宫庭于咸阳，秦自雍徙都之；

（2）集小（都）乡邑聚为县，置令、丞，凡三十一县；

（3）为田开阡陌封疆，而赋税平。

第一条法令完全是釜底抽薪，进一步切断了大贵族集团影响国家权力中心的渠道。过去大贵族集团比较集中，并且势力雄厚的雍城不再是权力中心，而新的中心咸阳只有一小部分贵族可以搬迁过去，这大大削减了大贵族集团直接影响秦国政治的能力。

第二条更直接，在什伍法令的基础上，直接宣布将秦国全部的基层乡邑都聚集为县级行政区。县制，人们常说它最早出现在楚国，它不同于以前的卿大夫封邑，是由国君直接统治的地方政治经济军事组织，有行政权、军权和征税权。但实际上，在秦国立国初期的扩张过程中，已经有了县的建制。秦国每占有新的一地，都由国君或庶长设县进行直接统治。《史记·秦本纪》记载，秦国在公元前755年（秦文公十年）已“初为鄜畤”，这里的“鄜”或为最早的县。公元前688年、687年（秦武公十年、十一年）又“伐邽、冀戎，初县之。十一年，初县杜、郑”。在公元前456年，秦国又在频阳（今陕西富平东北）设置县级单位，以加强边境管理。

商鞅时期的改革举措，主要是把县级建制推广到全国，把原来较小的乡邑和村落聚在一起，合并为新的县，便于国君的直接管理。商鞅在全国置 31 县，县设县令、县丞，由国君直接任命，县令、县丞（后加设县尉管军事）只受命于国君，大贵族集团没有权力插手；县以下，商鞅时有乡、邑、都、什、伍的设置，后来在县级单位又增设了县啬夫、县司空、县司马、治狱、令史等职。这样，在商鞅时代，秦国已经形成了中央—县—乡—邑—聚—什—伍这种自上而下的全国组织和管理体系。

郡的设立最早从晋国开始，赵简子在与敌人作战时动员部队说："克敌者上大夫受县，下大夫受郡。"当时县制在郡制之上，后来才演变成郡统县。魏国时的上郡有十五县。在商鞅时，秦国的郡制还没有形成。公元前 316 年，设巴郡、蜀郡，公元前 312 年，设汉中郡。此后秦国的郡越来越多，形成了中央—郡—县—乡—亭的全国政权制度体系。①

第三条抽掉了大贵族集团的经济基础。过去被大贵族集团控制的井田制，现在被废掉了，一部分被大贵族集团控制的土地被交到了国君手中，并由国君授给农民，一部分作为赏赐给了有功之臣。官僚等级制也逐步建立。二十级爵等实际上是官僚制度的雏形。当时设有大良造、左更、中更、左庶长、庶长、内史、师、傅等。商鞅入秦后，先是担任左庶长，后担任大良造，是当时最高的军政、行政长官。商鞅死后不久，秦惠王仿造魏国制度设置了相，大良造成为专职的武将。再后来到秦昭王时，又设置了将军的职位。与官职相应的俸禄制度也逐渐形成，以粮食多少石来形成职等俸禄，大约五十石为一等，六百石的官职要由国君直接管理。官吏的升迁主要由功勋论用，上级官员

① 杨宽：《战国史》，上海人民出版社 2015 年版，第 244—249 页。

也可以推荐下级官员任更高职务，但“任人而所任不善者，各以其罪罪之”（《史记·范雎列传》）。

商鞅对当时的官吏开始实行年终考核制，《商君书·禁使》中提到，“十二月而计书已定。事以一岁别计，而主以一听”，就是说，到了年终时，中央和地方的各级官吏都要把一年重要的统计数据上报给上级和国君，国君则比对年初分发的任务书——“右券”与官吏所执任务书——“左券”，检查官吏是否完成了任务。国君通过这种考核，大大强化了对官吏的控制。

还有一个加强国君对官吏控制力的措施是建立官吏监督制。当时的功绩制，不仅要军功、粮功、政功（常官迁），也要“告功”，这个“告”，主要是指官员的内部监督制，就是指官员之间应当互相监督，如果发现官吏有违法行为，则可向上级举报，如举报属实，则被举报的官吏要受到相应的处罚，而举报者可以因此告功而获得被举报和被惩处官员的职位与待遇。当然，如果举报不实，举报者也会受到相应的惩处。

三、军队统一

商鞅治下的秦国，国家军队由以国君为中心的权力体系直接掌握。在二十等爵的基础上，实际上形成了军队管理体系，由国君和他任命的高级军官垂直掌握，过去由贵族掌握的部分军权完全交归国君。后来秦国明确规定，甲兵之符，右半归王掌握，左半归将军掌握，凡用兵五十人以上，必须合王符，只有外敌入侵时，将军才有一定的机动用兵权。这样，秦国贵族既不能自己拥有军队，又不能左右军队的使用，兵权就完全掌握在国君手中，贵族完全失去了与国君对抗的实力，不会再像过去那样出现大夫、上卿、贵族通过建立自己的军队或掌握国家的军队来左右诸侯的局面。

四、法律统一

商鞅两次变法，形成和建立了一整套法律体系，推行一切断于法、非法不行、非法不言、非法不动、法律面前人人平等、君主带头守法的法治思想、制度和风俗习惯。

五、度量衡统一

第二次变法颁布了“平斗桶权衡丈尺”的制度。公元前 344 年，商鞅任大良造时颁发了标准量器。后来出土了“商鞅升”，这是商鞅在改革实践中推行的方斗的实物，全长 18.7 厘米，纵 7 厘米，横 12.5 厘米，深 2.3 厘米，重 0.69 千克，容积 202.15 立方厘米，称为商鞅方升，上刻有铭文，写着“大良造鞅，爰积十六尊（寸）五分尊（寸）之壹为升”，“法度量则不壹，歉疑者，皆明壹之”，是国家一级文物。

六、统一税收

第二次变法颁布了“为田开阡陌封疆，而赋税平”的政策。赋税平，就是赋税标准的统一和公平。

这在社会层面带来了赋税制的变化。过去的赋税制，基本上都是按照土地面积征收的，商鞅入秦后，虽然也还有照田征收的旧制度，但同时又通过分户制，把秦国的赋税制改造成了按人口征收的分户征收制。所以，后来董仲舒虽然批判商鞅变法野蛮粗暴，但也承认商鞅之法使秦国的“田租口赋，盐铁之利，二十倍于古”(《汉书·食货志》)，商鞅之法使秦国税收大增，至于是不是增长了二十倍，倒是有待进一步的考证。

到公元前338年，秦惠文王虽然车裂了商鞅，但仍然继续推行商鞅的统一政策，并在商鞅死后的第二年统一了货币，坚决禁止私人铸钱，违者给予严厉处罚。

七、“壹教”与文教

在文化思想上，商鞅放弃了魏国采用的道儒法多元文化并重的政策，而采取了以法家思想为核心的文化思想政策，实际上实行罢黜百家、独尊法家、以法为教、以吏为师的政策。

商鞅认为，“所谓壹教者，博闻、辩慧、信廉、礼乐、修行、群党、任誉、请谒，不可以富贵，不可以辟刑，不可独立私议以陈其上”(《商君书·赏刑》)。这实际上就是法家所说的，以法为师，以吏为师，只有“农战”才能荣耀，只有重刑才有教化，重刑是为了预防犯罪，使人们不敢犯罪，严明教化到一定程度就会化于无形。

商鞅来自魏国，是魏国道儒法多元文化并重政策的受益者，但他从秦国的实际出发，比较了道儒法思想的长短，认为在大国竞争的情况下，只有法家思想才能促进秦国发展。

商鞅的思想明显受到师从儒家的法家学者李悝的影响，但他对儒家很不客气，进行了尖锐批判，特别指出儒家最大的弊端在于不务农战。《商君书》提出的五士（五民）、八者、十者、十二者等概念都是针对儒家的，把农战政策与儒家思想尖锐对立，二者水火不容。商鞅说，“农战之民千人，而有《诗》、《书》辩慧者一人焉，千人者皆怠于农战矣。农战之民百人，而有技艺者一人焉，百人者皆怠于农战矣”，“《诗》、《书》、礼、乐、善、修、仁、廉、辩、慧，国有十者，上无使守战。国以十者治，敌至必削，不至必贫”(《商君书·农战》)，又说“辩慧，乱之赞也；礼乐，淫佚之征也；慈仁，过之母也；任举，奸之鼠也……国无八者，政胜其民”(《商君书·说民》)，“六虱：曰礼、乐，曰《诗》、《书》，曰修善，曰孝弟，曰诚信，曰贞廉，曰仁、义，曰非兵，曰羞战。国有十二者，上无使农战，必贫至削”《商君书·靳令》)。他将儒家提倡的东西全部予以批判。

从当时秦国的实际情况来看，这一思想政策有一定的实用性，农战是适应当时大国竞争背景的产物。从国家管控的角度看，即使在现代，每个国家也都会塑造一种主流意识形态，这种做法有一定的合理性。

但从长远来看，一个国家不可能永远以农战为根本。一个国家可以有一种主导思想和意识形态，但不应当只有一种思想、一个声音，一个思想专制的国家不可能长期繁荣和发展。因此，“壹教”政策也是倒退的，还为后来董仲舒“罢黜百家，独尊儒术”开了一个很坏的先例。在笔者看来，商鞅其实没有必要采取这种极端的政策来建立法家的主导地位，他完全可以以法家为主，兼取道儒，一样可以实现秦国的强大，而且可以做得更好。

商鞅变法后，法家学派成了主流，名义上不容许其他学派合法存在。但实际上这一条实行起来并不严格，到后来也发生了变化。吕不韦当政后，对文化采取开放政策，不同学派的人先后进入秦国。甚至在秦始皇统一全国初期，对各家学说都采取了宽容政策，召集文学方术之士甚众，设博士七十余人，其中也有不少儒家，只是后来卢生、徐福等方家欺骗秦始皇可以长生不老，又在朝廷上批评秦始皇的政策，最终招致“焚书坑儒”。但即使在“焚书坑儒”之后，也仍然有叔孙通等儒家代表在朝谏言。

对于民间宗教，秦实际上也是采取默许态度。《史记·封禅书》记载，“及秦并天下，令祠官所常奉天地名山大川鬼神可得而序也”，所以当时民间设有许多庙宇，仅雍地就“百有余庙。西亦有数十祠”，祭祀最多的是“上帝为尊”。

后来秦国一统天下，其实也没有遵从商鞅的壹教思想，而是诸家兼用，以法为主。商鞅是法家，后来担任秦相的张仪、范雎是纵横家，白起和王翦是兵法家，吕不韦是杂家。秦始皇当政后，实际上采取的也是以法为主、兼采各家的政策。制度层面是法家为主，伦理层面是儒家为主，哲学层面有道家的内容，操作层面则有阴阳家、名家的影响，生活层面还有各种民间宗教、方生术士的影响。秦始皇甚至没有宣布以法家为主，只不过如此实行而已。

《睡虎地秦墓竹简·为吏之道》这一篇反映出来秦国的思想倾向也与人们从《商君书》中读到的禁《诗》、《书》等极端思想不一样。《睡虎地秦墓竹简·为吏之道》中的不少内容与儒家经典《礼记》《大戴礼记》相似，有的与《老子》和道家思想相似。这说明后来秦国没有实践《商君书》中极端排斥儒、道文化的思想，而是在一定程度上体现了秦国的制度以法为体，以儒、道为用的特点。

《为吏之道》中“临难见死，不取苟免”这一句，与《礼记·曲礼上》“临难毋苟免”句义相同；又如“安乐必戒，毋行可悔”一句，与《大戴礼记·武王践阼》中“安乐必敬”以及“无行可悔”的意思近似；“强良不得”一句，马王堆帛书《老子》甲本作“强良”，与《睡虎地秦墓竹简》写法相同；“君子不病也！以其病病也”一句，《老子》作“圣人不病，以其病病”，可见法家传本的《老子》可能确实存在。《为吏之道》提出的“吏有五善：一曰中（忠）信敬上，二曰精（清）廉毋谤，三曰举事审当，四曰喜为善行，五曰龚（恭）敬多让”，其中第一条、第五条与儒家的思想也有近似之处。吕不韦当相国时，法家仍然是占主导地位的，但道、儒、墨、名、医都在秦国传播，吕不韦令人编著的《吕氏春秋》就是一部合儒墨、兼名法的著作。

秦统一天下后，李斯又推进了文字的统一，在秦国原来的文字——大篆的基础上进一步简化，发展成了稍微简单一点的小篆，实现“书同文”，将文教事业的发展提升到了一个新的高度。

商鞅对国家的治理，是以加强中央集权和加强王权为方针的，在这一基本原则下，又实行了统一政权、统一法律、统一军队、统一度量衡、统一税赋、统一文化思想的“六个统一”措施，夯实了国家大一统的基础，也奠定了秦至清乃至当今中国的国家统一的基础，在中国历史上影响极为深远。历史表明，“六个统一”对于维护中国的大一统制度起到十分重要的作用。如果没有这“六个统一”，可能中国早就解体为若干个小国家了。

第十四章

商鞅对社会的治理

社会是个体、个体单位、社会实体的相互关系的集合，也是个体与国家之间关系的集合，其中最基本的是个体与群体，个体、群体与国家的关系。

商鞅对社会的治理主要集中在对个体、家庭、群体与国家之间关系的处理上，可以概括为国家对个体、家庭和群体的集中统一的管理，主要表现为户籍身份制度、对山泽资源的管理以及对社会治安的管理等方面。

一、户籍与身份制度

对人口进行管理的记录历史悠久，商代的甲骨文中就有所谓“登人”，应当是登记人口的意思，不过有“口”、“人”等字，但却很少出现“户”和“家”。《周礼·地官·大司徒》记载，周朝“令五家为比，使之相保；五比为闾，使之相受；四闾为族，使之相葬；五族为党，使之相救；五党为州，使之相赒；五州为乡，使之相宾”，这里提到了设置家、比、闾、族、党、州、乡等基层单位。《周礼·秋官·司民》记载，“司民，掌登万民之数。自生齿以上，皆书于版……异其男女，岁登下其死生”，也提到了人口登记的说法，但这只是一种说法，而且《周礼》的成书有可疑之处，不能作为明确人口统计的历史，只能说可能在周朝已经有了户籍登记的思想。

《管子·小匡》中也有“五家以为轨，轨为之长；十轨为里，里有司；四里为连，连为之长；十连有乡，乡有良人”，“卒伍之人，人与人相保，家与家相爱”的说法，其意义与上同，说明春秋时期齐国可能也进行过户籍登记和管理。

但从史料来看，只有秦的户籍制度是比较可信的，根据《史记·秦始皇本纪》的说法，“十年，为户籍相伍”。这应当是最明确的进行户籍登记的历史了，但是尚不彻底。

因此，户籍起源虽然很早，但史料有明确记载且规模比较大的，还是从商鞅变法开始实施的。

商鞅变法时，在公元前359年公布了什伍连坐法，“令民为什伍，而相牧司连坐”（《史记·商君列传》），其实质是加强国家对社会基层的管理，作用相当于现在的户籍管理制度。商鞅在秦孝公的支持下，把这一制度重新推行开来，并严格实行。这里的伍，应当是“伍家”，但这里的“什”却有不同理解，一是理解为十家为“什”，即两个伍家为“什”；还有一种理解，是说十个伍家为一个“什”，即五十家为一“什”。

郑良树所著《商鞅评传》认为，应当理解为五家为一保，十保即五十家为一什，或许商鞅汲取了管子的说法，即五家为轨、十轨为里、里有司，把什的单位扩大了。从出土的秦简中，也只看到伍，不见有“什”，但却出现了“里”,“士五居某里”，又常称“某里士伍”。[①]所以，可能“什”理解为五十家更合理。

《商君书·境内》中记载，“四境之内，丈夫女子皆有名于上，生者著，死者削”，凡在国境内的所有男女，都要在官府登记上名字；有新生的人就注上，过世的人就注销。

《商君书·去强》也有“举民众口数，生者著，死者削”的内容，并增加了连坐的内容。可能当时登记户口后，官府也要给登记者凭据

① 郑良树:《商鞅评传》，南京大学出版社1998年版，第114页。

作为证件，相当于今天的“身份证”，可以凭证件入住旅店或进出关口。《史记·商君列传》中就说，商鞅逃亡至边境，想住店却因为没有证件而没住成。

户籍管理是国家管理社会的一个重要方面。户口登记对官府计口授田、征收地租、征发徭役、收取口赋、治安管理、相互监督等来说，是一个极其重要的大数据库。

《睡虎地秦墓竹简·秦律十八种》中的《傅律》，其实讲的也是户籍登记和管理。“傅”，就是“附”，即成年人口登记制度，规定男子满十五岁就要登记名籍，从此就要承担成年男子应兵役、服徭役、交户赋的责任。后来登记的范围从成年男子扩大到了所有男子。《傅律》规定，要登记人口数、成年男子的姓名和年龄，户籍由乡里的官吏掌握，还规定了对隐匿、伪造证件的惩处等。民户徙居应该报告官吏，重新登记户口，即“更籍”，如果户口登记数字出现了错误，有关官吏也要受处罚。

当年秦人口登记的结果现在没有资料可查，但汉朝不仅继承了秦的人口登记制度，而且留下了明确的统计结果。《汉书·地理志》记载西汉的人口数据为户千二百二十三万三千六十二（12233062 户），口五千九百五十九万四千九百八十七（59594978 人）。

二、移风易俗与分户制

商鞅不仅从政治、经济、军事等方面对秦国进行了巨大的改造，而且也从社会层面对秦国的旧风俗、旧习惯进行改造。公元前 359 年的法令说："民有二男以上不分异者，倍其赋。"公元前350年进一步宣布："令民父子兄弟同室内息者为禁。"

《史记·商君列传》记载的这两条法令，一般人不太关注，其实它们对于商鞅治理秦国具有重大意义。

从社会层面上说，秦国的旧风俗、旧习惯影响巨大。秦人居住的环境与中原国家相比要落后许多。秦当地的风俗是"始秦戎翟之教，父子无别，同室而居"，这里的重点不在父子无别，而在于男女同室而居，因为戎狄的风俗就是男女无别，子可妻其后母，孙亦得妻其后祖母；祖父虽未死，孙亦得妻其后祖母；叔父死，侄得妻其叔母；兄弟死，得妻嫂，所以男女关系非常复杂，这是与华夏习俗大异的风俗，对秦国也有很深的影响。秦律中的内容表明，秦国后来普遍开始实行小家庭制，如《睡虎地秦墓竹简·法律答问》说，"贼入甲室，贼伤甲，甲号寇，其四邻、典、老皆出不存，不闻号寇"，可知甲所在的是一个小家庭。《睡虎地秦墓竹简·封诊式》一则说，"以某县丞某书，封有鞫者某里士伍甲家室……子大女子某，未有夫。子小男子某……"，可以看出描述的也是一个小家庭。所以商鞅匡救秦国风俗，促进了秦国习俗的进化，故自以为有大功。[①] 商鞅变法，第一次是限制父子、兄弟同居，只说要"倍其赋"，但还是允许的；第二次则说父子、兄弟不可以同室而居，对此进行了禁止。

通过这两次变法，官府强力改造了秦国境内的旧风俗、旧习惯，使秦国与中原六国的文明差异缩小，秦国向先进文明国家迈进了一大步。所以商鞅特别以此为治秦的一大成就，并向赵良自夸说："始秦戎翟之教，父子无别，同室而居。今我更制其教，而为其男女之

① 郑良树：《商鞅评传》，南京大学出版社1998年版，第144、158页。

别。……子观我治秦也，孰与五羖大夫贤？”（《史记·商君列传》）虽然赵良并不以为然，但从客观上说，商鞅以分户制治理秦国，方法虽然比较粗暴，但其实是一大文明举措，应给以充分肯定。

《里耶秦简》也能证明秦严格实行了商鞅的分户制。第 J1（16）9 简中记载，始皇二十六年五月二十日，迁陵县启陵乡都乡守嘉报告说，渚里居民劾等 17 户从异地迁居到都，没有迁移登记年龄的簿籍，按相关法律规定，需要移交他们的簿籍并上报，但经查问，没有相关的资料，无法确切知道这些人的年龄，请求县命都乡自行询问这些人的年龄。县守批示，根据相关律令处理。到二十四日，启陵乡便送来了文书。这一条简说明，当时秦朝是严格按照商鞅制定的户口律令来进行户口管理的。①

从传统的父子之大家过渡到夫妻之小家，从宗族之家过渡到经济之家，对于刺激经济生产力，增加家庭劳动力，提高国家的经济收入，也是很有意义的。②

现代的家庭都是以小家为单位的，以此来看，商鞅对秦风俗的改造不得不说是一种进步。

三、开山泽与盐铁之利

开山泽（开发利用森林、山地、湖泊）还是禁山泽，在《商君书》各篇中的说法互相矛盾，反映的也是两派的不同意见。《商君书·垦令》

① 王焕林：《里耶秦简校诂》，中国文联出版社 2007 年版，第 117—118 页。

② 郑良树：《商鞅评传》，南京大学出版社 1998 年版，第 118 页。

说“一山泽”，即由国家统一管理山泽之利。但怎么个“一”法，是统一由国家管理开发，还是像授田制一样，土地属国家所有，但由官府授权农民耕种，农民按照亩数给国家交税？

从《商君书·垦令》的内容来看，商鞅似乎倾向于不准百姓经营利用山林湖泽。他说，“壹山泽，则恶农、慢惰、倍欲之民无所于食”，这样会减少农业人口，而且会对已经从事农业的劳动力产生消极影响。

但《商君书·算地》表述的却是另一种倾向，即官府必须充分利用山泽之利以备国用民给，其中说道：“山林、薮泽、溪谷足以供其利，薮泽堤防足以畜。故兵出，粮给而财有余；兵休，民作而畜长足。此所谓任地待役之律也。”这段话大意是说，如果不开发利用国家的山林湖泽，国家的财力、物力就不能得到充分利用。放弃自然资源，任民众放荡、游手好闲，这是君主在事业上的过失。又说，过去君主统治国家使用土地的比例是：山、森林占国土面积的十分之一，水少而草木繁茂的湖泊沼泽占国土面积的十分之一，山谷、河流占国土面积的十分之一。最好的办法是让国家可耕种的土地足以养活那里的民众，山地、森林、湖泊、沼泽、山谷足够供应民众各种生活资料，湖泊、沼泽的堤坝足够积蓄水源。因此，军队出征作战，粮食供应充足而财力有余；军队休息时，民众都从事农耕，而积存时常富足，这就是利用土地备战的规则。

董仲舒曾说，商鞅变法后，秦国“盐铁之利二十倍于古”，秦律中也出现右采铁、左采铁的官名，可见秦国当时利用山泽之利，有冶铁的地点。桑弘羊的说法似乎也支持他。桑弘羊指出，商鞅“外设百倍之利，收山泽之税，国富民强，器械完饰，畜积有余”（《盐铁论·非鞅》）。

也有可能两者都有，即开发一般的山林湖泽，捕鱼打猎拾柴，开放给百姓，官府收山泽之税；而秦国强军所需要的军需物品，如盐矿、铁矿之类的重要战略资源则由官府直接开发经营。所以桑弘羊又说，“盐、铁之利，所以佐百姓之急，足军旅之费，务蓄积以备乏绝，所给甚众”（《盐铁论·非鞅》）。最后一种可能是，先禁山泽，以支持并鼓励实行垦草令，后来逐渐放松了对山泽的禁令，以利用山泽之利。

四、社会治安管理

一个国家的治理的好坏，首先反映在社会治安上。社会治安指的是社会的秩序，主要针对如何处理偷盗、抢劫、打架、斗殴、杀人、放火等违法犯罪现象，保障人们的基本生命和财产安全，使社会活动基本有序。

秦国从商鞅时开始设立一套管理社会治安的官吏体系，这个体系的主体由县、乡两级官吏构成，县一级是县令、县丞、县尉、县啬夫，乡一级是亭啬夫、游徼、亭长和里长。其中承担主要司法责任的是游徼（巡逻警察）、求盗（刑事警察）、害盗（治安警察）和司寇（侦探）。

《睡虎地秦墓竹简·法律答问》中首先对维护社会治安的游徼、求盗和害盗做了相当严格的约束。比如，徒卒不到岗位值宿警衔，署君子、屯长、仆射不报告，各罚一盾。宿卫者已上以殿阶警衙，擅自离岗，每人罚二甲。把所捕的人转交他人，以骗取爵位的，处以耐刑。不准命求盗去做送迎或其他事务，有命求盗做送迎或其他事务的，罚二甲。

《睡虎地秦墓竹简·法律答问》中规定，要严厉处罚官吏知法犯法的行为，有一条是问：求盗盗窃，应刑为城旦。但是否当加罪？回答是应当。司寇盗窃一百一十钱，先已自首，如何论处？回答是应耐为隶臣（一说是应訾二甲）。

秦律中对于一些小偷小摸的行为也是作为犯罪行为来对待的，但相对处罚较轻，或者不进行处罚。比如，工匠偷出来东西，赃不满一钱，其同班工匠应否笞打？回答是不应笞打。如果是针对家庭内部的案件，秦律规定，家里父亲盗窃儿子的东西，不视为盗窃。但如义父盗窃义子的东西，应作为盗窃。

如果偷盗对社会有重大影响的东西，那么即使这些东西不值钱，秦律也视情况进行重罚，比如《睡虎地秦墓竹简·法律答问》中有一条说，公室祭祀尚未完事，有人盗窃了供品牲畜的一个肾，肾作为赃物不值一钱，但它作为供品具有特殊意义，所以秦律就规定，盗窃了这个不值钱的肾，应耐为隶臣。

秦律中规定，如果碰上有贼进入民家并伤民，被害者呼喊有贼，其四邻、里典、伍老都外出不在家，没有听到被害者呼喊，四邻如果确实不在家就不应论处，但是作为基层负责人的里典、伍老虽不在家，仍应论罪。这实际上是让里典（相当于居委会）、伍老（相当于居民小组）承担起了维持社会治安的责任。

秦律也鼓励见义勇为，认为百姓面对杀人行为，有义务提供力所能及的帮助，比如有人在大道上伤人、杀人，旁边的人不加援救，其距离在百步以内，应罚二甲。对于主动维护社会治安的百姓，在官方捉拿犯罪分子时进行协助的，将给予高额奖金，有的甚至可以领取二两黄金。

秦律中对于火灾防范也做了规定。《睡虎地秦墓竹简·法律答问》中说，要重点防范粮仓，粮仓与草仓要分开，粮仓要修高墙，粮仓内不得居住闲杂人员，关门时要灭掉火种，夜间加强守卫，如果失火，官吏有重罪，大啬夫和县丞都要承担领导责任。对文书档案库也要加强防火，不准把火种带进库里，令史要按时巡察，确定没有火灾危险才能闭门，晚上也要轮流守夜。对于一般百姓因失火而殃及他处的，也要进行处罚。

秦律规定，对家庭暴力行为也要进行处罚，比如殴打祖父母，应黥为城旦舂，如殴打曾祖父母，也与殴打祖父母同样论处。

秦律甚至对于社会上一些奇奇怪怪的事情，也从社会秩序角度进行了管理，比如擅自兴造奇祠，罚二甲。怎样算作奇祠？王室规定应加祭祀的已经有了，此外擅自设立神位，就是奇祠，私自祭祀也是犯罪。

秦律竟然还有入境检疫的内容。《睡虎地秦墓竹简·法律答问》指出，诸侯国有来客，用火熏其车上的衡轭。为什么要用火熏？倘若诸侯国不处治马身上的寄生虫，寄生虫都附着在车的衡轭和驾马的皮带上，所以要用火熏，然后给外国人发一个凭证，如果丢失契券而造成危害，就会受到处罚。

由此可见，商鞅时期对于户籍人口登记、社会风俗、山林湖泽、社会治安的治理，秦国的法律做出了比较全面而具体的规定。这些规定虽然维护的是统治者的利益，但同时也对秦国社会秩序、民众的生命财产安全，以及国家资源的合理使用起到了积极的作用。其中的许多规定与现代社会的治理方式也是相通的。比如，任何一个国家的公民住宿旅店，都要出示自己的身份证明；许多国家对于山川湖泽资源的利用都有严格的规定；现代国家的家庭也大多是小家庭制；现代国家对于偷盗、杀人、抢劫等危害公共安全的行为，也都采取严格的管控措施等。这些都说明商鞅时期的社会治理是基本合乎社会治理的客观规律的。

第十五章

商鞅对民众的治理

治国理政，治民是其中重要的组成部分。当然，价值观不同，治民的方式方法也不同。商鞅治民，并不把“民”视为一个整体，而是把“民”分成不同的群体分别进行管理。商鞅治民虽然也有以法保护百姓和利民的思想，但总的来说是服务于君主统治的，保护民众权利的意识比较淡薄，这是商鞅治道的一大弊端。

一、一大弊端：有“治民”，无“民治”

商鞅关于“民”的思想，既有宏大叙事，把民众和百姓看成一个整体，也有“利民”和“爱民”的思想，但是不同于老子“以百姓心为心”，儒家“民惟邦本”、“民为贵”、“得乎丘民而为天子”等思想。在这一点上，商鞅的思想是倒退的，他的整个思想体系是建立在以君为本、以君心为心的基础上的，偏离了政治发展的主线和规律，应当受到批判。

商鞅的思想，只有“治民”，而没有“民治”。

与民相关的“治”有三种形态：一是民自治（自己管理自己），二是民治（参与治理国家事务，民是治理主体），三是治民（民是治理对象客体）。

《商君书》大量提到的是如何“治民”。仅有两次提到“自治”，就是在《定分》篇中提到以法治国可以让民众“定名分”，“名分定，则大诈贞信，巨盗愿悫，而各自治也”。商鞅希望百姓以法为行动规则，知道什么能做什么不能做，这样“万民皆知所避就，避祸就福，而皆以自治也”（《商君书·定分》）。

但《商君书》没有一处提到“民治”。虽然军功、粮功、织功、告功等，在客观上也有让民众参与国家事务的效果，但主观上没有这样的意识。这是商鞅法治思想的根本缺陷，出现了“体系的倒置”：法治本应体现民众的主体地位，体现民众对国家事务的参与，体现民众对官吏的监督制约，但商鞅的法治思想却主要成了治民的体系。在商鞅的思想中，法只是治民之本。这当然不仅是商鞅个人认知水平的问题，而是体现了思想的历史局限性。不仅商鞅没有提出民治的思想，法家的其他人物也没有提出过，儒家也没有提出过。在当时出现的诸子百家中，只有老子的“民四自”（民自富、自正、自朴、自化）包含了民治的思想。

“民本，法也”（《商君书·画策》），商鞅的“民本”不是儒家的民本思想（民惟邦本、民为国本），而是治理民众的根本；他的“法治”主要是治民之法，就是治理民众的根本。《商君书》中有《说民》篇，专门论述如何治民。商鞅的“治民”思想把“民”分门别类，对不同的“民”采取不同的政策，这一点从国家治理的角度来说，既有站在统治者立场为君主制服务的局限性，又有其相对合理的地方。而且，《商君书》中的“民”，许多时候又与我们今天理解的内涵不同，仅仅从字面上理解，容易产生各种误读，这一点也是阅读《商君书》时应当特别注意的。

“法者所以爱民”，以及“苟可以利民，不循其礼”，是商鞅思想中的闪光点，它把“爱民”和“利民”提高到衡量国家治理是否成功的程度。所谓“爱民”，就是只有法治最有保护百姓的权利，只有法治才能使官吏不敢扰民、害民，“法令者，民之命也，为治之本也，所以备民也”（《商君书·定分》）。所谓“利民”，就是国家的变革必须以是否有利于百姓为根本。这两点虽然在《商君书》中不是很突出，但也是商鞅治理思想的组成部分。所以，谈商鞅的思想，不能光谈《商君书》如何弱民、使民、愚民、制民、贫民，也应当客观全面地理解其中的爱民、利民思想。

二、一大争议：复杂的“治民”体系

治民是《商君书》的一个重要思想。

任何社会都有对民众和百姓进行治理的问题，即使是现代民主国家，也少不了对民众和百姓进行治理，治民是国家治理的重要组成部分。“治民”原本是一个中性概念，本身没有褒贬之意，问题在于如何治、为什么治、以什么方式治。《商君书》一书多处明确提出“治民”，如《算地》篇“治民而不审数”，《靳令》篇“治民有至要”，《弱民》篇“以刑治民”等。此外还有其他一些与民相关的概念，如《更法》篇“使民”，《农战》篇“劳民”、“教民”，《算地》篇与《靳令》篇“使民”，《开塞》篇“正民”，《画策》篇“制民”、“胜民”、“塞民”、“壹民”，《弱民》篇“弱民”、“法民”等。对这些治民的思想和概念要进行具体分析，不能一概而论，不能以为只要治民皆是与民作对，也不能只从其中找出一些概念，就到处批判商鞅的驭民五术。

商鞅对民众的态度和立场也是复杂的，既有利民、爱民、护民的思想，又有弱民、制民、愚民的思想。一方面，他看到了民众是国家强盛的根本，国家强大必须发挥人民的作用，必须要让人民与政府同心。但另一方面，商鞅又十分冷峻地认为，民众并不只是一个复合概念，民众是由不同的群体构成的，既有良民，又有奸民，既有朴素、诚实、勤劳之民，又有各种消极之民。

《商君书》的《垦令》篇指出了“百姓”中的这些乱现象，使用了“惰民”（懒惰的人）、“倍欲之民”（贪婪的人）等词来形容，还特别提出了所谓坏的“五民”，即“狠刚之民”、“怠惰之民”、“费资之民”、“巧谀之民”、“恶心之民”，分别指民众中暴躁强悍的人、懒惰的人、喜欢挥霍的人、花言巧语的人、心怀不良的人，这“五民”就是治民中要重点加以管制的对象。与《商君书》一贯重农战而轻其他的思想一致，《算地》篇又提出了另一个“五民”，即“谈说之士”、“处士”、“勇士”、“技艺之士”、“商贾之士”，认为“五民加于国用，则田荒而兵弱”。如果说《垦令》篇的“五民”观还比较客观，那把《算地》篇中的“五民”认为是国家穷和弱的根源，就是一种偏见与谬误了。

三、商鞅的陷阱：任奸治善

商鞅后学在《商君书》中，为那些批判商鞅的人，尤其为儒家设了一个大陷阱。结果许多人没有留神，都掉进了这个陷阱，这个陷阱就是所谓“任奸治善”。“任奸治善”受到许多人的尖锐批判，以此指责商鞅用“奸民”治“良民”，任“奸”不任“良”。

其实，“奸”和“奸民”，在《商君书》中的大部分用法，都是贬意的，也是商鞅要重点防治的对象。什么是“奸”？《垦令》篇第一次提到“奸”是说“奸民无主，则为奸不勉”，“奸”指的是“邪恶之人”，是要进行管制打击的对象。

《开塞》篇提出了“利民去奸”，认为“夫利天下之民者莫大于治……胜法之务莫急于去奸”，这里的“奸”，也是邪恶之事、之人。《兵守》篇提出“奸民有纵谋，而国亡”，奸，指做邪恶之事之人。《画策》篇讲得更清楚，什么是“奸民”，“不作而食，不战而荣，无爵而尊，无禄而富，无官而长，此之谓奸民”。这里的奸民，也是指被打击制约的对象。

《慎法》篇中的“奸诈”也是商鞅批判的对象，说“使污吏有资而成其奸险”，使“吏民奸诈之本”，国家就没法治理了。

所以，《商君书》从头到尾都在批判、打击、惩处“奸官”和“奸民”。“奸”，是以法治国的对立面。商鞅又怎么可能会依靠和利用这种“奸民”去治理国家呢？

但是，许多批判商鞅的人说商鞅任用奸民治国，也不完全是胡编乱说。因为《商君书》的《去强》篇和《说民》篇中的确有这种表述。

《去强》篇说，“国以善民治奸民者，必乱至削”，“国以奸民治善民者，必治至强”，从字面意义上理解，的确是任用“奸民治善民”，国家就会治理得好并且强盛。

《说民》篇也重复了这一观点，说“以良民治，必乱至削”，“以奸民治，必治至强”，认为良民治国，国家必定混乱并被削弱，用奸民治国，国家就会强大。

但是，到处鼓吹商鞅“任奸治良”观点的人，不是故意歪曲商鞅的思想，就是没有认真阅读《商君书》，只知其一，不知其二。

原来，《商君书》中的“奸”，同一个字有两种完全不同的用法。第一个“奸”是人们普遍接受和使用的意思，也就是邪恶之意。商鞅当然不会用这种邪恶的人治国，相反，以法治国要惩处的就是这种奸人邪官。

但是《商君书》的“奸”还有第二个用法，所谓“奸”，是借用儒家的“奸”与“善”（良）的用法。高亨先生专门对此解释过，所谓“善”与“奸”，有其特殊含义，亲亲而掩盖别人罪恶的为“善”，不亲亲而告发别人的为“奸”。“善者”兼顾他人之利益，从而掩盖他人之罪恶者也。“奸”者只顾自己之利益，从而告发他人之罪恶者也。商鞅所下定义甚明确。此自儒者观之，前者为“善”，后者为“奸”，然《商子》言治，则主张不利用此种善民，因其爱护其亲人而不肯告奸也；只利用此种奸民，因其护国之法度而肯告奸也。[①]

《商君书·说民》还专门解释说，“用善，则民亲其亲；任奸，则民亲其制。合而复者，善也；别而规者，奸也。章善则过匿，任奸，则罪诛。过匿，则民胜法；罪诛，则法胜民。民胜法，国乱；法胜民，兵强”。就是说，用所谓“善民”治理民众，那么民众就只爱那些不说他们不好的人，相互隐瞒违法的行为；用所谓“奸民”治理民众，那么民众就会遵守国家的法治。把别人的过错和罪恶隐藏起来，遮盖起来，这就是所谓的“善”；把别人的过错和罪恶公开，采取行动使其合乎法规，这就是所谓的“奸”。表彰所谓“良民”，人们的罪过就会被掩盖起来；任用所谓“奸民”，人们的过错就会受到惩罚。民众违法的行为被掩盖，这部分人就会凌驾在法律之上；民众违法的罪过受到惩罚，国家的法规就能管制这部分民众。民众凌驾在法规之上，国家就会混乱；民众受到法律限制，国家就会强大。

从国家治理的角度说，没有哪个国家会任用这种所谓“善民”来管理国家。让这种人管理国家，相当于国家无法，有法不依，睁一只眼闭一只眼，实际上就是纵容各种为非作歹的邪恶行为，这样一来，国家怎么可能治理得好？所以，商鞅所谓“任奸治善”，实际上说的

---

① 张觉：《商君书校疏》，知识产权出版社 2012 年版，第 63、76 页。

是要“任法治国”，要任用那些能够依法办事、严格执法、不怕得罪人、敢于坚持维护法治的人来治理国家，而不能任用那些对违犯法律法规睁一只眼闭一只眼、不敢得罪人、一味讨好别人的所谓的“好好先生”。

四、普遍的误读：贫者富，富者贫

《商君书》中另一个被普遍误读的观点是，许多人以为商鞅变法是要把所有人都变成被强迫劳动的奴隶，以饥饿驱使百姓耕战。这种解读最大的问题是：如果商鞅变法的结果是使广大民众不仅不能从中获利，反而还丧失了过去的利益，又有谁会支撑这个政权的存在？如果仅仅使用强迫的方法逼迫民众去耕战，这样的奴役制能有效率吗？如果奴役制能解决问题，商鞅又何必大费周章并冒着生命危险去和整个贵族阶层作对、与商人作对呢？因此，说商鞅变法只是奴役和强迫民众卖命的观点，实际上是经不起推敲的。

认真解读《商君书》，我们会发现书中的内容有不一致甚至相互矛盾的地方。这其实也反映了商鞅学派中两种不同的声音，极端派与温和派表达了不同的立场。

《商君书》的第一种观点是温和派的观点，为了让广大民众从事耕战，必须让人们从耕战中获得切实利益，这些切实利益具体来说有两种，一是农民种田可以得利，二是农民成为士兵作战可以得利。

农民种田有什么好处？（1）奴隶之身可以获得自由；（2）农民普遍有田种，可以获得一定的剩余粮食；（3）可以通过自己的辛勤劳动解决生存和温饱；（4）可以通过出售余粮获得官爵，摆脱农民身份成为官吏。

农民成为士兵作战有什么好处？（1）通过军功获得爵位，成为军官和官吏；（2）通过军功爵位可以获得土地、房子和特权；（3）社会地位提升。

不管是当农民还是当士兵，商鞅给广大民众的诱惑就是：努力耕作，努力作战，可以摆脱贫困。如果当农民或当士兵结果是所有的粮食都被拿走了，只剩下饥饿，那么还有谁会去当农民和士兵呢？

《商君书》表达的观点如下。

种田获利，就能吸引更多的人种田，种田的人就会越来越多。参见《商君书·外内》。

把贸易的好处给农民，农民就富庶。参见《商君书·外内》。

发展农业来富国，就必须提高粮价，这样农民才能从中受益。参见《商君书·外内》。

但是，《商君书》中也确实有另外一种表达与前面的观点有所不同。这是极端派的立场，例如：用刑罚约束穷人，让他们去务农，穷人就会变富；对富人使用奖赏，让他们用钱粮买官，富人就会变穷，这就是所谓“贫者使以刑，则富；富者使以赏，则贫”（《商君书·去强》）。

“治国能令贫者富，富者贫，则国多力，多力者王”（《商君书·去强》），治理国家能让穷人变富，富人变穷，那么这个国家就会实力雄厚、称王天下。

“国不蓄力，下用也；家不积粟，上藏也。”（《商君书·说民》）国家不储存实力，是为了调动民众的力量；民众的家中不存粮食，是国家要把粮食储存在官仓中。

这几段话都包含使贫者富、富者贫的意思。也可以理解为，贫穷的人，以法律强迫其从事农业，有了粮食就有了饭吃（富），有饭吃（富）就不会种地了，所以就得把粮食拿走，这样又变穷了，再以刑法强迫他们重新种田。谁也贫不了，谁也富不起来。这样就走入了一个死循环，一切都没有改变。

如果商鞅变法是要达到这个目的，那么变法就没有任何意义了。所以，关键是如何理解这几段话里的两个“贫”和两个“富”。仔细品味，这两个概念的含义是不同的。“贫者富”中，第一个“贫”是“赤贫”，贫得连生存都成了问题，对国家当然也没有利用价值。因此必须强迫那些没有从事农业而贫穷的人都去从事农业，通过自己的劳动致富。但这第一个“富”是“小富”和“小康”，并不是指非常富裕，而是相对的富，是说穷人不能太穷，因为太穷了连生存都不能保障，无法为国效力。“民众而不用者，与无民同”（《商君书·算地》），脱贫致富就是使这些赤贫者变得有饭吃，能为国效力，这里的“富”，只能是“小富”，不是说让贫者成为富人，本质上只能说是脱离“赤贫”进入生活有着落的状态，也可以说是温饱状态，而不可能让他们成为真正的富人。因为真正的富人就是指那些不用劳动也能奢侈地生活的阶层。在《商君书》的观点看来，这种真正的富人同样也是有问题的。他们非淫即虱，所以不可能让穷人从一个对国家有害的状态，进入另一个同样对国家有害的状态。因此，贫者富，是指让不劳动的赤贫民通过从事农耕而摆脱赤贫状态，变成通过劳动有饭吃的相对不那么赤贫的人。

“富者贫”中的“贫”和“富”，与第一个“贫”和“富”的含义是不一样的。第二个“富”，不是第一个脱离赤贫而达到温饱的那个“小富”，而是指富人的“大富”，是指拥有丰富的生活物资的状态，第二个“贫”也不是第一个赤贫的“贫”，而是指从拥有较丰富生活资源，变成只能维持温饱的相对的状态，是程度不太高的“富”，其实也就是第一个“富”的状态。

什么是富人的“富”呢？在《垦令》篇中已经指出，就是指那些能雇用工人的有钱人和那些“禄厚而税多，食口众者”，即自己不劳动而且养一群不劳动的闲人的人。《垦令》中说，“无得取庸，则大夫家长不建缮。爱子不惰食，惰民不窳，而庸民无所于食，是必农”，就是不准雇用佣工，那么卿、大夫、家长就没有办法建造自家府院的房屋，他们那些娇生惯养的儿女就无法不劳动光吃闲饭，懒惰的人也不能偷懒，那些靠给人当佣工生活的人就没有地方混饭吃，这样他们就都会去务农。这就是所谓“富者贫”。

因此，《商君书》实际上说的是：一个国家不能有太多的赤贫者，也不能有太多的大富豪，富者不能太富，贫者不能太贫，因为无论太贫，还是太富，对国家都是有害的，太贫、太富都会生淫意、生虱，都相当于国家无人可用。所以，太贫而又不劳动的人，以强迫手段让他们去务农，就不会太贫；太富而又不劳动的人，强迫他们以粮食换爵位，就不会太富。

《商君书》的《壹言》篇和《靳令》篇说得比较准确。《壹言》篇说：“治国者贵民壹，民壹则朴，朴则农，农则易勤，勤则富。富者废之以爵，不淫；淫者废之以刑，而务农。”治理国家，贵在使民众努力的方向一致，民众专一那么就淳朴，淳朴就会务农，民众务农就会变得勤劳，勤劳就会富裕。让富人用钱买官爵，消耗他们的财产，他们就不会放荡；用刑罚制止他们放荡，就会去务农。《靳令》篇说：“民有余粮，使民以粟出官爵，官爵必以其力，则农不怠。”民众有了多余的粮食，用粮食换取官爵，得到官爵必须要靠自己的力量，那么民众就不会懒惰了。

民众贫穷就会努力致富，而太富了就会变得放纵，变成国家的虱、虮。所以，“民富而不用，则使民以食出官爵，官爵必以其力”，人民太富裕了就不易役使，那就让他们以粮谷顶替外出服役，使他们每人都出力，那样民就不怠惰。民不怠惰，“六虱无萌”，六种弊端就不会产生（《商君书·弱民》）。

还有一个角度可以帮助人们准确理解“贫者富”和“富者贫”，就是从商鞅变法的过程以及《商君书》从头到尾都一致强调的法治精神去理解，秉持法治的精神，就是一切按法办事。既然变法中已经强调“赋税平”的原则，强调“吏不敢以非法遇民，民不敢犯法……”（《商君书·定分》），那么在农民用多余的粮食换取官爵之后，如果还有余粮，这些余粮是农民可以依法自己保存的，而所谓官府以强迫手段强行拿走农民手中的所有粮食，则是违反“赋税平”原则的，是公然的“非法遇民”。拿走农民所有的粮食，就相当于没有赋税可言，完全就成了奴隶劳动。

因此，《商君书》也讲了官府要善待民众的问题，说“民，善之则亲，利之用则和；用则有任，和则匮；有任，乃富于政”（《商君书·弱民》）。国家善待民众，民众就与国家亲近；国家合理地使用他们，他们就与国家同心。国家任用他们，他们就全力以赴。他们与国家同心，国家就不贫乏；他们全力工作，国家的政令就会取得好的效果。

所以，不能把《商君书》中“贫者富，富者贫”的思想，以及用刑罚驱使懒惰者务农、以官爵换取粮食的政策，理解为逼迫农民进行奴隶劳动和以暴力手段抢夺农民的余粮。

商鞅变法在实践中执行的是温和派的观点，不能把商鞅变法中的实践与《商君书》中极端派的观点混为一谈。

五、“愚民”与法治启蒙

商鞅的“愚民”思想是最常被用来全盘否定他的政策的论据，而且人们也很难对这种批判进行反驳：难道商鞅没有愚民思想吗？难道愚民思想不应该被批判吗？

但这其实是一个似是而非、以偏概全、望文生义的话题，对人们的误导也最大。否定商鞅的人说《商君书》是噩梦的开始。秦朝以后，国人变成了只知道盲从和顺服的另类民族和大国愚民。

把愚民论归于《商君书》正是一种错误的观点。商鞅确实非常明确地提出了“愚民”思想，但这里的关键在于商鞅所提的“愚民”是何意？针对谁？是否反智？是否只论愚民？

“愚”这个概念，老、孔、商三家都提出过，但里面的含义差别很大，并不都是愚昧无知或百依百顺之意。

老子之“愚”是褒义词，是纯朴、自然、不失本真之意，得道者才会“愚”，不失道才会有愚，老子曾以“我愚人之心也”自谓，也指出“古之善为道者，非以明民，将以愚之”（《老子》20 章、65 章）。老子把道法自然视为最高的智慧，人应学习顺应和效仿天道，以天道事人道，这种智慧就是“愚”，即大智若愚。批判老子的人也多喜欢攻击老子制造的愚民政策，其实完全是风马牛不相及。

孔子“唯上智与下愚不移”（《论语·阳货》）中的“愚”，则指的是“困而不学”之人。所谓“下等”智力的人，具有愚笨、愚蠢之贬义，与现代汉语意义上的愚类似。但说孔子有愚民思想，也是歪曲孔子原意，孔子一生的目标正是要通过诗书礼乐的文明教化，化育人品，培养人格，使人脱俗脱愚，成为君子。

商鞅所说的“愚”，则有三种不同的含义。

第一，不读书，不研究学问，没有文化的人，它的对立面是好礼乐诗书教化的儒生，所谓“六虱亡国”和“国有十二者则亡”，说的就是儒生。愚，就是让人不贵学、不知、不好学问（主要是不学儒家思想）、不擅游。这的确是教导人愚昧无知，是商鞅思想的糟粕，应该批判。但因此说商鞅反智就不准确了，因为“智知”并非儒家独有，对法学、农家、兵家之智知，商鞅不但不反，还大力提倡，并以法为学，以吏为师。商鞅也不绝对反对贤义德信等，他反的是儒家的仁义德信，主张的是法家的贤义德信，认为德生于刑，以刑去刑才能使“至德复立”，并把信与法、权并立为治国的三大法宝，变法也是以南门徙木取信于民的表演开场的。

第二，商鞅之“愚民”带有纯朴、务本（农）之意，针对的重点，是秦国大量的“不愚之民”。秦国是当时文化落后的野蛮之国，没有几个读书人，不少是带有戎狄野蛮习气之民，商鞅说的“五民”（实际上有十多种）就是指这些人。这些人与愚民一样，不学问，不读书，但不同之处在于这些人比愚民更愚，他们不务农，不劳动，是一些褊急之民、狠刚之民、怠惰之民、费资之民、巧佞之民、游手好闲之民、蛊惑之民、邪僻之民。因此，让这些“不愚之民”从不劳动之民，变成务农务本的“愚”民，虽有便于统治者统治之意，但也含有开明进化之意，不能完全否定。

第三，商鞅之“愚民”、“弱民”、“强民”和“制民”等概念都与是否守法相关，守法即“愚民”、“弱民”，不守法就是“强民”。守法的“愚民”并非今天我们说的那种唯官是从的奴才，所谓“愚民”，它一方面强调守法，另一方面也使百姓能依法自治，避祸就福，与官吏发生矛盾时，他们可以依法抗争，让吏不得欺压平民。

因此，商鞅的“愚民”思想，第一种是我们今天应该批判的，第二、第三种在当时的秦国则有一定的合理性、进步性，不能一概而论。所以，愚民该批，也看你站在什么立场。

同时，商鞅的思想并非全是愚民，也含有启蒙进化的意义。

商鞅批儒家是极端的，但另一方面他的变法也有开启文明之蒙的社会改革内容，比如使秦民知男女之别，男子成年分立，改变父子兄弟共妻等落后习俗等。

更重要的是，商鞅是中国历史上的政治启蒙家。

中国政治最大的蒙昧，是人治、权治和君主不受约束的独裁专制。商鞅法治改革是中国历史上第一次比较彻底，也比较成功的以法治国的实践，实际上也是中国历史上唯一一次大规模的政治启蒙，打破了人治、权治、君治的蒙昧，其主要内容有四点。

第一，商鞅打破了君主专制独裁之蒙昧，第一次对君权进行了约束，提出“为天下位天下”和“为天下治天下”(《商君书·修权》)，君主不得以私害公，应带头守法，不中法不行、不言、不听。他还提出“治不听君”和“缘法而治”，并在政治制度设计上对君权进行约束，要求君主虽独有立法权，但立法应该以强国、利民、因循国情和民情为原则，不得随意立法；刑赏断于民心；君主有人事任命权，但君主不能随意任命官吏，只能依法论功任命，人事权被虚化；君主的行政权下放到各级长官，行政权被虚化；君主有司法权，但司法权由君主任命的各级法官、法吏独立行使，司法权也被虚化。这些已经形成了初步的分权治理的框架。在实践中，商鞅对违法的秦孝公的太子、兄长、秘书长等最亲近的人进行了制裁，实际上是把君权装进法治笼子的一种尝试，在商鞅的法治中，君主只是实行法治的工具，而不是法治的目的。

（二）商鞅打破了贵族世袭的政治蒙昧，以事功主义开启平民政治、上下流动、机会平等、能力平等的大门，军功（武爵武任）、粮功（粟爵粟任）、政功（常官者迁，以法治理有功的官员应升迁）、告功（下级官员监督揭发上级官员违法有功者可代其职）等政策使下层的平民百姓获得了凭本事、凭业绩升迁进入国家上层的机会，这比后来儒家开启的凭六经考试成绩获得进入上层的机会的办法更直接，通道更广泛，也更有用。

（三）商鞅打破了刑不上大夫的蒙昧，开启了壹刑、刑无等级以及从卿相、将军至庶民百姓在法律面前一律平等的新气象，包括功臣与平民平等，名人与普通人平等，行善与行恶平等，官民平等，富人与穷人平等。这些法律上的平等思想已经超越了希腊民主制下的法律平等。希腊的法律平等，实际上是富人与穷人不平等。苏格拉底被判刑后，本来也可以用钱赎买免死，但苏格拉底放弃了，只愿意出很少的钱，于是被激怒的法庭以藐视法庭将他处死。

而商鞅变法中的法律平等，是即使家有千金，也不能花钱减刑。尤其难能可贵的是，政敌与政友在法律面前也是平等的，不因你反对我的政见就法办，也不因你拍马屁拥护我就不法办。在公庭上反对变法属于合法的公议，所以商鞅的政敌甘龙、杜挚等活得好好的，而那些开始说改革不好，后来又说改革好的人，虽然表示拥护改革，但仍属于私议违法，被商鞅处刑流放外地。这种刚直、平等的法治精神在中国历史上几乎是独一无二的了。

（四）商鞅打破了先王以德而治的人治的蒙昧，开启了法治的治国新模式。愚民是一种文化蒙昧，而政治最大的蒙昧就是人治，愚民是人治的必然产物，人治就是以愚民为基础的，二者有必然的逻辑关系。商鞅虽然也错误地提倡了一些愚民概念，但愚民本质上与法治精神是冲突的，最后终将被摒弃，同时也只有法治才能终止愚民的产生。法治当然要治民，要塞民以法，但商鞅之法并不是如一些不读书的批判者所言，只是塞民以法，商鞅之法治邪民，也治邪官。有蛮横任性不受约束的权力，才会有唯唯诺诺、唯官是从的愚民。

为了打破权力官吏对百姓的蒙昧，商鞅在法治改革中，设计了许多环节来治邪官，比如《垦令》规定了公务及时处理，不得过夜，不给官吏以任私的时间；官吏的人数要少，减少官吏欺民的可能性；官吏不得公费游玩等；并让法官专任独立，与行政长官并行，听命于最高权力，行政官员不得干预司法；法吏要（相当于公派的律师、书记员）辅助法官行使司法权，必须及时公开下达所有的法律，语言必须让所有老百姓明白易懂，同时还有义务帮助解答百姓所有的法律问题，如果出错必须负法律责任。

商鞅提出弱民、制民、胜民的概念，主要目的是让百姓守法。同时，商鞅也提出了利民、爱民的概念，“法者，爱民之本”，认为最好的利民、爱民的方式，莫过于以法律保护老百姓，“错法而民无邪”，“法明而民利之”(《商君书·错法》)，凡是合法的，都应受到法律保护。利民、爱民的思想也要通过法律制度实现，商鞅时代提出的军功、粮功，本质上都是利民的。

人治，是最大的愚民。

法治，是最大的爱民。

商鞅治民，虽然受时代的局限，没有也不可能提出民治的概念，甚至也没能达到儒家提出的“民本”、“惠民”的高度，但以法治民、民以法而自治、不同群体实行不同的政策、考虑民众利益、法律面前人人平等等思想，在今天也依然具有积极的现实意义。

第十六章

商鞅治秦的结局：一个强国家的诞生

商鞅治秦的主要目标，是在战国时期大国竞争的环境中，大幅度提高秦国的综合实力，夺回被魏国占据的河西地，使秦国能与山东六国相抗衡。秦国最大的敌人是魏国，而当时魏国仍然是华夏体系诸国中最强大的国家。为了实现这一战略目标，秦国需要的不仅是增强国家的力量，更要成为诸强中的强国。在没有达到这一目标之前，秦国不能轻易对魏用兵，而应把主要的精力放在国内建设上。同时，秦国也在密切关注华夏体系的变化，抓住有利时机，对魏展开决战。

一、河西地，秦国之痛

河西之地大体位于今陕西东部的洛河与黄河之间，范围相当于今华阴、华县、大荔、蒲城、澄城、白水、合阳和韩城八地，南北自华山直抵禹门口，东西自蒲城直抵黄河西岸。因为地处黄河以西，而被称为河西。春秋初期，该地原本属于晋国，与秦国没有关系。但在秦缪公时，秦晋关系发生变化，河西归属有了变化。

公元前 651 年，晋献公去世，他的儿子奚齐继位，没几天就被晋国大臣里克杀了，另一个大臣荀息立卓子，里克又杀死了卓子和荀息，晋国大乱。晋献公的另一个儿子夷吾，当时在秦国做质子，请秦国帮他回晋国继位。秦缪公答应了，派百里奚率兵护送夷吾。夷吾对秦国人说，他如果真能登位，愿意割让晋国河西的八座城给秦国。后来事成了，夷吾回到晋国登上了君位，是为晋惠公。但他违背了诺言，没有给秦国河西八座城。

公元前 646 年，秦国发生饥荒，请求晋国援助。晋惠公就此事征求群臣的意见。大臣虢射说："趁着秦国闹饥荒去攻打它，可以大获成功。"晋惠公听从了他的意见，在公元前645年发动军队攻打秦国。秦国之前曾经在晋国饥荒时救助过晋国，对晋国有恩，后来又帮助现在的晋惠公登上君位，可现在晋国不但不报恩，反而趁秦国有难来攻打秦国，这大大激怒了秦国军民，他们上下一心，全力抵抗晋国的侵略。曾经被秦缪公赦免的三百游牧民，听说秦国要去攻打晋国，都要求跟着去。在作战时，他们发现秦缪公被敌包围，都高举兵器，争先死战，以报答被秦缪公赦免的恩德。于是秦国得胜，秦缪公俘虏了晋惠公回到秦国，向全国发出通告，说要用晋君祭天。

周天子听说此事，替晋君求情。夷吾的姐姐是秦缪公的夫人，她听到这件事，也穿上丧服，光着脚，跑到秦缪公面前求情。于是，秦缪公网开一面，跟晋惠公订立盟约，送他回到了晋国。这次晋惠公夷吾才献出了晋国河西的土地，并派太子圉到秦国做人质，秦国也把同宗的女儿嫁给圉。这样，公元前645年河西地被晋国划给了秦国，河西由此成了秦国的土地，秦国的地盘向东扩展到了黄河。①

公元前637年，晋惠公去世，提前从秦国逃回的太子圉继位为晋怀公，秦对公子圉的逃离十分恼怒，就从楚国迎来晋公子重耳（重耳是晋惠公之兄，晋怀公之叔）。公元前636年春天，秦国派军队送重耳回国成为晋文公，晋文公派人杀了晋怀公。

秦晋维持了几年友好。公元前627年，晋文公重耳死后，两国关系因为伐郑而破裂。晋文公的太子继位为晋襄公后，在崤山发兵阻截背盟攻晋的秦军，把秦军打得大败，两国交恶。公元前624年，秦缪公派兵进攻晋国，为崤山战役报了仇，自此两国战争不断。从公元前

① 原文参见《史记·秦本纪》："十一月，归晋君夷吾，夷吾献其河西地，使太子圉为质于秦。秦妻子圉以宗女。是时秦地东至河。"

620年—公元前389年的两百多年里，秦和晋发生了十多次规模较大的战争，秦军败多胜少。到了公元前408年，秦国频繁更换君主，君臣之间关系不和睦。同时，魏国的力量又强大起来，吴起率魏军夺去了秦国河西的土地。[①]公元前389年，秦50万大军试图夺回河西，再次被吴起的魏军击败。

对秦国来说，河西地十分重要，是秦国进入中原的必经之地。公元前374年，周朝太史儋拜见秦献公说："周与秦本来是合在一起的，后来秦分了出去，分开五百年后又合在一起，合在一起十七年后，将会有统一天下的人出现。"[②]所以，秦孝公时的秦国，不仅是要收回河西地，更有继承周朝一统天下的使命。要完成统一六国的大业，河西地就具有更加重要的战略意义。河西地，秦国势在必得。

二、专事耕战则民强国强

要想从魏国这个强大的国家手中夺回河西地，就必须建设一个强大的秦国。民强则国强。如何使民强？让民众从事能使国家强大的事业，才是真正的民强国强。当时商鞅所认定的唯一能使秦国强大的方法就是耕战。商鞅认为，"民之所欲万，而利之所出一。民非一，则无以致欲，故作一。作一，则力抟；力抟，则强"。所以秦国要想强大，

---

① 原文参见《史记·秦本纪》："出子二年，庶长改迎灵公之子献公于河西而立之。杀出子及其母，沈之渊旁。秦以往者数易君，君臣乖乱，故晋复强，夺秦河西地。"

② 原文参见《史记·秦本纪》："周太史儋见献公曰：'周故与秦国合而别，别五百岁复合'"。这段预言吉凶祸福的谶语在《史记》中出现四次。

必须使民众一心从事耕战。

商鞅又强调，“强而用，重强。故能生力能杀力，曰攻敌之国，必强”，为了专心与魏国作战，就必须“塞私道以穷其志”，堵塞谋求个人私利的门路，用来断绝民众试图通过其他途径获取利益的念头，只开放奖励民众专心从事农耕和作战这一条路，用来满足民众的需要。

这的确有创造条件主动对外用兵的意思。所以常有批评者说《商君书》鼓吹军国主义思想，也不是没有道理。但应当把这些观点放到秦国必须对魏国这样一个强国用兵才能夺回河西地的历史背景之下，才能准确理解《商君书》的用意。

三、吸引三晋民众到秦国耕地

此外，商鞅提出了开放秦国土地，以优惠政策吸引三晋民众到秦国耕地的办法。

徕民就是招徕民众。当时秦地广人稀，三晋人多地少，民众缺少田地。因此商鞅建议秦孝公，对外来移民采取优惠政策，吸引三晋民众到秦国，以便开垦荒地，达到富国强兵的目的。

秦王发布重大的优惠政策，凡是各国来归附的人，立刻免除他们三代的徭役赋税，也不用参与作战。秦国四境之内，岭坡、土山、洼湿的土地，十年不收赋税，这些都写入了律法，足够招徕上百万从事农业生产的人。商鞅说，“今利其田宅，而复之三世，此必与其所欲而不使行其所恶也。然则山东之民无不西者矣”（《商君书·徕民》），就是说赐给他们田地住宅，又免除他们三代的徭役赋税，给他们想要的，这样秦以外六国的民众没有不想来秦国的。实际情况也是如此，各国来秦的民众开垦了荒芜的土地，新增上百万人从事农业生产，从而使秦国不断变得强大。

四、选择有利时机对魏用兵

商鞅在变法前就给秦孝公确定了秦国的战略目标，一定要打败魏国，收回秦国的河西地。商鞅对秦孝公说："秦之与魏，譬若人之有腹心疾，非魏并秦，秦即并魏。"为什么要这样说呢？因为魏国地处山岭险要的西部，建都安邑，与秦国以黄河为界而独立据有崤山以东的地利，形势有利就向西进犯秦国，不利时就向东扩展领地。

而秦国什么时候可以对魏国用兵，则要视当时的格局变化而定。在条件不成熟之前，秦国还得与魏国进行必要的外交往来，同时采取和谈与开战两手政策，与魏国打打停停，边谈边打。一旦条件成熟，秦国就将对魏国展开战略攻势。商鞅佐秦不久，这一战略时机很快就到来了。

公元前354年，战国形势发生重大变化。这一年，以魏赵争战为标志，魏国进入了霸权衰落期。

魏国的霸权衰落与齐国的崛起及争霸相关。尽管当时魏称霸一时，但齐作为东边的大国，并不甘心沦为二流，因此，齐国积极开展破坏魏国霸权的行动。公元前356年，齐威王继位后，任用邹忌为相，改革吏治，强化中央集权，国势日渐壮大。齐国深知，要削弱魏国的霸权，除了拉拢其他小国之外，还要破坏和瓦解三晋之间的战略联盟，因此，齐就首先对赵展开了外交战，拉拢赵国一起开展破坏魏国霸权的行动。

一个要挑战魏国霸权的齐国，和一个不甘做魏阴影下的跟班的赵国，很快就找到了利益的结合点。

赵国对魏国的积怨有两方面。一方面是在三家分晋的过程中，赵起了主要作用，而且也是韩赵魏三家中实力最强的，但现在赵国不仅没有成为老大，反而受制于魏国，在三晋联盟中充当魏国跟班的角色。在三晋的联合行动中，赵国每次出力都不小，但受益最大的却是魏国。另一方面是，赵对魏国支持卫国这个小国而损害赵国的利益十分不满。卫国是周武王弟康叔的封地，定都朝歌（今河南鹤壁市淇县）。春秋时期的卫国是一个二流国家，一度被狄人所灭，后在齐桓公的帮助下复国，晋文公重耳流亡国外时到过卫国，孔子流亡时在卫国待的时间最长，次数也最多。有意思的是，卫国这个春秋战国时的小国却成为存在时间最长的诸侯国之一，立国前后共计 838 年，传 35 君。秦二世元年（公元前 209 年），卫君角被废为庶人，卫国才灭亡。卫国是诸侯国中最后一个被秦灭亡的国家。

战国初期，卫国投靠了魏文侯，后在魏赵争战中，因得到魏国的支持，不仅能在赵国这个大国的多次进攻下不被灭亡，反而还依靠魏国的支持多次侵入赵国境内，让赵国这个大国脸上无光，创造了小国侵略大国的先例。所以，赵国对魏国的怨气就出在卫国身上。公元前 354 年，赵国在齐国的支持下，对卫国展开进攻，卫国请求魏国支援。

面对突变的局势，魏国并无长远谋划，一开始就陷入了齐国设下的战略陷阱。魏国为了支持卫国，决定再次牺牲三晋联盟，与赵国决裂，遂派庞涓率兵八万伐赵，围困赵国首都邯郸。赵军不支，急向齐求救，齐以田忌为主将，孙膑为军师，领兵八万救赵。著名的战略家孙膑立下了围魏救赵的战略方针，认定齐军应趁魏国国内防务空虚，直趋大梁，迫使魏军回师自救，并于归途截击，以达到既援救赵又打击魏的目的。田忌采纳孙膑围魏救赵的计谋，一部分兵力围攻魏于大梁东南的魏邑襄陵（今河南睢县），主力则进至大梁东面的军事重镇平陵（今山东定陶东北）附近，又故意派能力低下的齐将齐城、高唐攻平陵，结果齐军大败，齐城和高唐二将战败身死，让魏军产生了齐军很弱的错误判断。田忌、孙膑再派轻车锐卒直扑大梁城郊，魏王急令庞涓回师。庞涓军在桂陵（今河南长垣西北）突遭齐军截击，仓皇应战，终致惨败，庞涓被擒。

但桂陵之战并不是魏国霸权衰落的标志，仅仅只是衰落的一个信号，如果此时魏国能采取合宜的措施，那么魏国霸权还有可能维持一段时间。因为齐国在公元前354年的桂陵之战中虽给魏以重创，但是后来魏国逐步扭转战局，依然攻破了赵都邯郸，并且于公元前352年打败齐、宋、卫三国联军。在西线，魏军同时还打败了秦国，收复了秦军占领的少梁和安邑。

公元前354年，秦国配合齐国对魏国的攻势，在西线开辟了对魏国的战场，并与魏国在元里交战，取得胜利。

公元前352年，秦孝公任命商鞅为大良造，让商鞅掌握了秦国的军政大权，又派商鞅率兵包围了魏国过去的首都安邑，使安邑投降。当然，这个胜利虽然看起来很辉煌，但其实并不是什么大的战果。因为魏国早就想迁都了，迁都的直接原因就是魏都安邑（今山西夏县西北）靠魏秦前线太近，离当年少梁之战战场（今陕西韩城县南）的距离不过一二百里。据魏国史《竹书纪年》记载，魏惠王九年，即公元前361年，魏迁都内陆大梁城（今河南开封市）。[①] 魏惠王迁都大梁，

① 关于魏迁都有三种说法，分别是魏惠王六年、九年、三十一年，参见古本《竹书纪年》和《史记》卷四十四《魏世家》。第二种说法似乎更合理。

便于对东部广大地区的统治，同时也加强了对东方诸侯的控制，以削弱齐国在淮、泗诸侯中的影响。因此，商鞅率军包围安邑不能算是重大战果。而且，当时的魏国虽遭马陵之败，但仍然有强大的力量。所以，当魏军前来收复安邑时，商鞅又撤回了秦军。

在变法时期，秦国的战略是集中精力发展国内经济，整顿政治，训练军队，对魏采取了温和的外交方针。在公元前 351 年—公元前 342 年的九年时间里，秦魏没有大的战争。这一时期，秦国的改革还没有完成，国力增强并不明显，魏国也需要相对和平的国际环境来巩固国内的安定。

商鞅还建议秦孝公主动向魏求和，于公元前 350 年与魏惠王会盟，停止两国战争，又将秦国从魏国夺回来的部分地区交还魏国。

魏国实力仍然强大，华夏体系各国也还承认魏国的霸权。公元前 344 年，魏国派军队进攻秦国，商鞅认为时机不到，不能与魏国开战，于是亲自到魏国谋和，劝魏君称王。商鞅领秦孝公命游说魏惠王，魏惠王居然接受了秦国的这一建议。魏惠王摆出周天子的场面，试图以此提高自己的地位，并在诸侯间发号施令。魏惠王邀请宋、卫、邹、鲁等国君主及秦公子少官在逢泽（今河南开封市南）会盟，参加会盟的共有十二个诸侯国，除淮泗一带的小国外，还有赵肃侯和秦公子少官参加，会后还一同去朝见了周天子。史料记载，梁君伐楚胜齐，制韩、赵之兵，驱十二诸侯以朝天子于孟津”[①]，这就是历史上记载的逢泽之会。春秋时期有过多次盟会，但在战国时期这却是唯一一次大规模的盟会。

但是，逢泽之会的荣光并不能挽救魏国霸权衰亡的命运。

---

① 原文参见《史记·秦本纪》：“二十年……秦使公子少官率师会诸侯逢泽，朝天子”。

公元前342年，魏国再起战端，将矛头对准了昔日的三晋盟友，战国七雄中最弱的韩国。如果说魏赵邯郸之战起因于赵攻魏的附属国卫国，是赵对魏的挑战，魏出兵是迫不得已，那么这一次魏攻韩就完全是魏国的战略失误。韩国面对强大的魏国的攻击，请齐相救。齐威王采用孙膑“深结韩之亲而晚承魏之弊”之策，一方面与韩结盟，鼓励韩坚持等援的信心；另一方面又不急于发兵，让韩魏互耗，等韩军五战五败无法坚持而魏军也实力大损时才发兵救韩。孙膑再施上次“围魏救赵”的战法，率兵直驱魏都大梁。魏惠王也再犯上次的战略错误，又将攻韩的部队召回，以太子申为主将，庞涓为将军，率兵十万迎击齐军，齐军在马陵（今山东范县）之战中再败魏军，庞涓战败自杀，魏国太子申被俘。

马陵之战的结果与桂陵之战大不相同，桂陵之战只是伤了魏军的皮毛，马陵之战则是伤了魏军的筋骨。魏军的主力遭到沉重打击，士气大降，此后魏军转入战略防御，再也无力发起主动的攻击，开始丧失霸权国的锐气。马陵之战也使孙膑战略家的地位得以确立，同时，两次大败霸权国魏国的齐国开始崛起，成为华夏体系中新的主导国家。

公元前341年，齐在马陵全歼十万魏军主力，沉重打击了魏国。就是在这样的历史背景下，秦国拉开了战略攻魏的帷幕。商鞅再次开辟西部战线，对魏国用兵。

商鞅率领军队攻打魏国。魏国派公子卬领兵迎击。两军相拒对峙，商鞅派人给魏将公子卬送来一封信，邀请他会面。魏公子卬赴会时，商鞅埋伏下的士兵突然袭击并俘虏了公子卬，并趁机攻打他的军队，彻底打垮了魏军后，押着公子卬班师回朝。《史记·商君列传》记载：“卫鞅既破魏还，秦封之于、商十五邑，号为商君。”

商鞅因在此战中使诈，被后来的批判者斥为不讲信义，没有道德。

但实际上，既然是两军对垒，不是你死就是我活，魏公子卬在战场上还讲私人交情，轻信敌军统帅之言，不进行任何防范，已经违反了战争的基本常识，失败也是一种必然。《孙子兵法·始计篇》云："兵者，诡道也。"战争本来就是虚虚实实，真真假假。虽然商鞅胜得不怎么光彩，但其实也是合乎战争规律的。

当然，此战虽然秦军大胜，但也没有如《史记·商君列传》所说，"魏惠王兵数破于齐秦，国内空，日以削，恐，乃使使割河西之地献于秦以和"。《史记·秦本纪》上记载的"八年，魏纳河西地"更为准确。另外也不是"魏遂去安邑，徙都大梁"，因为前面提过，魏在公元前361年左右就已经决定迁都了，而公元前354年商鞅围安邑时，魏国已经迁到大梁了。

但是，这次战役对魏国来讲确实是落井下石，在魏国马陵之战战败后，秦国再次给予魏国以沉重打击。此后，秦国距收复河西地的目标越来越近。

五、魏国把河西之地交还秦国

公元前338年，秦国与魏军在岸门作战，俘虏了魏国将军魏错。这一年秦孝公去世，商鞅被诛杀。但秦军的战车仍然按照商鞅的设计滚滚向前，势不可当。

公元前332年，魏国将阴晋（今陕西华阴东）献给秦国，阴晋改名为宁秦。

公元前331年，秦与魏作战，俘虏了魏将龙贾，杀了八万人。

公元前 330 年，魏国把河西之地送给了秦国。

这样，经过商鞅改革变法后的秦国，在短短的二十多年里由弱变强，由败转胜，终于实现了秦孝公和商鞅的战略目标，击败强国魏国，收回了河西地。秦国从改革变法前的弱国一跃成为战国七国中的强国。

商鞅第一次变法的百年后，即公元前 255 年，秦灭周。

秦收复河西地的百年后，即公元前 230 年，秦灭韩国。

公元前 225 年，秦灭魏国。

公元前 223 年，秦灭楚国。

公元前 222 年，秦灭燕国、赵国。

公元前 221 年，秦灭齐国。秦王嬴政吞并天下，设三十六郡，真正实现了华夏国家的政治大一统。

商鞅设计的变法强国的方案，完全取得了胜利。

以收复河西地和秦国称霸为标志，商鞅以法治为核心的国家治理学说经受住了实践的检验，以六个统一为标志的强国家治理学说也深刻影响了此后中国历史的走向。

第十七章

商鞅治道的历史评价

商鞅以身殉法之后，历朝历代皆行秦制，即以统一的中央集权为核心的强国家制度。但创建这一制度的商鞅，不但没有受到应有的尊敬，反而一直被以儒家为主流的思想文化所贬斥。极端的人把他说成中国专制制度的根源，是中国政治的魔鬼和恶梦，商鞅的思想和实践没有什么值得肯定的。但也有相当一部分的人肯定商鞅，在批判商鞅思想弊端的同时，认为商鞅的变法改革思想和实践是中国政治史上一笔宝贵的财富。还有人认为，商鞅创建的强国家模式，开创了第一个现代意义上的国家制度。

一、谁在贬斥商鞅？秦二世而亡的根本原因

秦二世而亡，许多人把原因归于商鞅之法。自太史公以下，皆诋商鞅，故其学不显。儒家更是直接把商鞅贬入“冷宫”，耻于提商鞅之名。

贾谊在《新书》卷三《时变》中说：“商君违礼义，弃伦理，并心于进取，行之二岁，秦俗日败……悲夫！”

汉儒董仲舒贬低商鞅，说秦国“用商鞅之法，改帝王之制”（《汉书·食货志》），祸国殃民。汉武帝听取董仲舒的建议，禁申、商、韩、苏秦、张仪等乱国政之书。

班固具有强烈的儒家正统思想，以儒家的价值观为判断是非的标准，对商鞅的评价基本上是批判性的、否定性的，在《汉书·刑法志》中说商鞅是“雄桀之士”，只知“权诈以相倾覆”，“苟任诈力，以快贪残，争城杀人盈城，争地杀人满野”。

宋朝大诗人苏轼，诗词一流，但政治上偏保守，他在《论商鞅》

中说："商鞅用于秦，变法定令，行之十年，秦民大悦"，这都是"战国之游士邪说诡论，而司马迁阇于大道，取以为史。吾尝以为迁有大罪二，其先黄、老，后《六经》，退处士，进奸雄，盖其小小者耳。所谓大罪二，则论商鞅、桑弘羊之功也。自汉以来，学者耻言商鞅、桑弘羊，而世主独甘心焉，皆阳讳其名而阴用其实，甚者则名实皆宗之，庶几其成功，此则司马迁之罪也。"在《商君功罪》中，他又说："故帝秦者商君也，亡秦者亦商君也。"[①]

南宋理学家朱熹曾经批评商鞅："欲致富强而已，无教化仁爱之本，所以为可罪也。"(《朱子语类》)

还有很多人贬斥商鞅。有些人评价商鞅时，明确说商鞅没有一点可以肯定的东西，甚至断章取义，故意抹去司马迁在《史记·商君列传》中对商鞅使"秦民大说"的评价，只引商君"天资刻薄"之类的话，还有人在编纂法治资料时，实在没法从儒家学说中找到可选的法治资料，就大量编选西方思想家的言论，只字不提商鞅的法治思想。

"汉代儒家化的法制思想严重破坏了罪刑法定原则，从而导致律条之滥、刑名之繁及罪刑擅断现象之多比秦朝更甚，这在法律发展史上是严重的倒退。"[②]许多儒家思想的继承者不愿面对的事实是，汉朝表面上去除了秦朝的苛法酷刑，但实际上酷刑比秦朝更甚。《史记》《汉书》都曾记载，汉朝有夷三族、具五刑、腹谤，严重时株连者达三万多人，汉武帝时，"律令凡三百五十九章，大辟四百九条，千八百八十二事，死罪决事比万三千四百七十二事"；汉成帝时，"大辟之刑千有余条"(《汉书·刑法志》)，远超秦朝。

现在的史学家一般不认同商鞅的法治思想。他们虽然承认法家提

① 张觉：《商君书校疏》，知识产权出版社2012年版，第389、390页。

② 张分田：《秦始皇传》，人民出版社2003年版，第450页。

出“以法治国”在当时具有历史进步性，法家的法治理论并非一无是处，但与西方近代的法治精神相差何止十万八千里，因为古希腊的法治是公民大会制定，法治越彻底，民主权威就越得到加强，而法家的法治越彻底，君主的权力就越得到强化，专制程度就越发深厚，法家不追求法本身的良恶，只要是君主的意志就执行，只为君主利益服务，法家理论为历代封建君主专制统治提供了理论基础，为古代文化专制主义和反智开了先河，是古代法律虚无主义的渊源。[①]

批判和否定商鞅的变法改革，否定商鞅以法治国观点的，基本上都有一个共同点：都以秦帝国在秦始皇时的暴政作为批判的依据，并把秦二世而亡的原因归咎于商鞅。因此，厘清秦二世而亡的根本原因与商鞅变法的实践及思想的关系，有助于人们正确评价商鞅。

表面上看，秦帝国的灭亡的确与商鞅变法和商鞅思想分不开，因为秦帝国的制度基本上是商鞅的制度。但实际上，秦二世自取灭亡的根本原因，恰恰在于秦帝国虽然实行了商鞅制度，但却背离了商鞅以法治国、顺时变革、以法治权、公私分明的思想路线。

秦王政（秦始皇）对商鞅治理制度和法治精神也有四大严重背离。

第一，是变革创新，还是历史终结？

商鞅的观点是，“苟可以强国，不法其故，苟可以利民，不循其礼”，“三代不同礼而王，五霸不同法而霸”，“治世不一道，便国不必法古。汤、武之王也，不循古而兴；殷、夏之灭也，不易礼而亡”，“故圣人之为国也，不法古不修今，因世而为之治，度俗而为之法”。每个国家都要依据时代的变化改变自己的政策法令，而不要拘守前人的制度。

而秦始皇虽然对商鞅时期的法律做了一些改变，但没有依据统一后

① 何勤华：《中国法学史》，法律出版社 2006 年版，第 106、109、111、115、116、117 页。

的情况，对商鞅之法进行适时的改变。有些法律本来在过去是较为宽松的，但在秦始皇后期和二世时甚至变得比过去更残酷。比如，陈胜吴广起义的直接原因是超期未到达徭役地点。过去的秦律上写的是："御中发征，乏弗行，訾二甲。失期三日到五日，谇；六日到旬，訾一盾；过旬，訾一甲。"说的是为朝廷征发徭役，如耽搁不加征发，应罚二甲。迟到三天到五天，斥责；六天到十天，罚一盾；超过十天，罚一甲。所征发人数已足，应尽速送抵服役处所。降雨不能动工，可免除本次征发。而《史记·陈涉世家》写的是："二世元年七月，发闾左適戍渔阳，九百人屯大泽乡。陈胜、吴广皆次当行，为屯长。会天大雨，道不通，度已失期。失期，法皆斩。"这一点如果司马迁没有记错，那么只能说明是秦二世时期把这一法令修改得更加严苛残酷了。

商鞅之法主要是为适应"马背上环境"产生的，而不能照搬于"马背下环境"。秦始皇依靠商鞅之法打下了天下，却不能在下了马背之后实行新的变革。秦始皇是"历史终结论"的始作甬者，他认为他创建的制度达到了极致，可以一世、二世至百千万世传承下去，因此他的帝号叫"始皇帝"。他以为马背上的东西，马背下也可以照着用，这样就可以使他的江山，"二世三世至于万世，传之无穷"，他不但不根据形势的变化修改不合时代发展的法令，反而"于是急法，久者不赦"(《史记·秦始皇本纪》)，把法令搞得极为严酷。

后来贾谊写《过秦论》总结秦朝灭亡原因的时候，说得十分清楚。秦国自秦孝公后，因用商鞅之法而强，对内建立法令制度，致力于农耕和纺织，修治防守和攻战的器械设备；对外实行连衡，挑起诸侯之间的争斗，于是秦国人仅以举手之劳就取得了河西以外的土地。这段论述中，贾谊对商鞅之法是相当肯定的。

秦用商法很快得到了天下，但夺取天下跟守住天下的形势大不相同。贾谊《过秦论》说："夫并兼者高诈力，安定者贵顺权，此言取与守不同术也。秦离战国而王天下，其道不易，其政不改，是其所以取之守之者无异也。孤独而有之，故其亡可立而待。"这是说，战争兼并时，要靠诡诈和实力；安定国家时，要靠顺时权变。夺天下和保天下不能用同样的方法。秦经历了战国到统一天下，它的路线却没有改变，它的政令也没有改变，夺天下和保天下所用的方法没有什么不同，这才是秦二世而亡的重要原因。

第二，是一切事断于法，还是一切事断于君？

商鞅固然也主张"权制独断于君则威"，但治国不能靠个人权力，更不能靠君王个人独裁专断。《商君书·说民》说："国治：断家王，断官强，断君弱。……治，则家断；乱，则君断。"商鞅的结论是，国家大权应当掌握在国君手中，但实行法治的国家，"治不听君，民不从官"。君主的大权主要是制定法律、监督法律的实行，"以法治者，强；以政治者，削"。

秦始皇虽然到处在石刻上宣扬秦的法治、法式，但实际上正是秦始皇破坏了商鞅一切缘法而治的精神，把法治变成了君治和人治。秦始皇精力充沛，喜欢到处巡视，显示其权威。他南巡到衡山、南郡，逢大风，几不得渡江，听说湘君神乃"尧女，舜之妻，而葬此"，大怒，使刑徒三千人皆伐湘山树，使山变成赭红色。

他也喜欢日理万机，独断一切。司马迁在《史记》中借侯生、卢生之口批评说，"始皇为人，天性刚戾自用，起诸侯，并天下，意得欲从……上不闻过而日骄，下慑伏谩欺以取容。秦法，不得兼方，不验，辄死。……天下之事无小大皆决于上，上至以衡石量书，日夜有呈，不中呈不得休息。贪于权势至如此"（《史记·秦始皇本纪》）。这段话的意思是说，秦始皇自以为是，为所欲为，丞相和各位大臣都只是接受已经决定的命令，按皇上说的办事。皇上认识不到自己的过错，因而一天更比一天骄横。臣子们由于担心害怕，只好欺骗他，屈从讨好他。天下的事无论大小都由皇上决定，皇上甚至用称来称量各种书写文件的竹简的重量，日夜都有定额，阅读达不到定额，就不能休息。他贪恋权力竟到了如此地步。由于朝中无人敢说他不喜欢听的话，所以甚至无人敢向他提病重之事，“至平原津而病。始皇恶言死，群臣莫敢言死事”，而这正是商鞅所批评的“断君弱”、“乱，则君断”的现象。

有学者认为，“事断于法”与“事断于上”是统一的，“事断于法”必然就导致“事断于上”。[①] 这是一种误解。商鞅法治思想中十分明确地表示“事断于法”，就是各级官吏都按照法律规定的职能和权限办事，不用事事请求君主，只有重大的事项才需要君主决断。这就是商鞅所说的“民不听官，治不听君”，与君主掌握一切大权不矛盾，也与“事断于上”不矛盾，因为各项法律都是由君主颁布的，体现的实际是“事断于上”。但“事断于上”与一切大小事情都要由君主亲自决断的“事皆决于上”是两回事，大小事情都要由君主亲自决断的“事皆决于上”，不是法家主张的法治，而是一种典型的人治、权治，国家大事小事何其多，什么事都要决断于君主，既没有可能，也没有必要。

如果像秦始皇那样，天下大小事都要决断于上，还要法治做什么？这就是商鞅强调的“国治：断家王，断官强，断君弱……治则家断，乱则君断”。“事决于上”还是“事决于法”，实际上体现的是两种路线，结果也完全不一样。

第三，君王是带头守法，还是带头坏法？

商鞅认为，“得天下者，先自得者也；能胜强敌者，先自胜者也”。

① 栗劲：《秦律通论》，山东人民出版社 1985 年版，第 57 页。

又说，“故明主慎法制。言不中法者不听也，行不中法者不高也，事不中法者不为也”。就是说，国君是否是明君，其中的一个标准就是是否遵守自己制定的法律，明君守法，无道之君则舍法而行私。不仅臣民要守法，而且“法者，君臣之所共操也”。

商鞅和后来秦国制定的秦律，实际上奉行的是现代的“罪刑法定”原则，没有证据，不能定罪，而且秦律对证据的要求十分严格。秦律有一个案例，说有一对兄弟，哥哥因为盗牛被抓，弟弟想让哥哥免罪，而主动承担了所有责任，但法官不听他的，只根据证据办案，最后判哥哥有罪受刑，弟弟无罪释放。

而秦始皇不仅喜欢决断一切，又常常喜欢不以法办事，只按照个人的喜怒好恶决断各种事情，为秦的灭亡埋下了隐患。

处理嫪毐集团谋反的事情时，秦始皇在对这一事件的实际祸根——赵太后的处理上，人伦压倒了政治，亲情压倒了法治。《史记·秦始皇本纪》记载：“‘秦方以天下为事，而大王有迁母太后之名，恐诸侯闻之，由此倍秦也。’秦王乃迎太后于雍而入咸阳，复居甘泉宫。”虽然出于亲情，原谅赵太后也情有可原，但作为一国之君，对赵太后处罚太轻，比当年秦孝公为推行法治而处罚太子集团的格局低了太多。

秦始皇在攻赵国时，下令把所有当年在赵国时得罪过他们母子的人统统杀害。还有一次，秦始皇巡视梁山宫，从山上望见丞相李斯的车马随从众多，很不高兴。宦官近臣里有人把这件事告诉了李斯，李斯以后就减少了车马数目。秦始皇发现这一变化后很生气，下令严查宫中是谁泄露了这一秘密，经过审问没有人认罪，就“诏捕诸时在旁者，皆杀之”，这明显违犯了当时的秦律。

焚书坑儒案也是秦始皇一时的好恶之心引起的。本来他追求所谓长生不老之术就十分荒唐，后来向他蛊惑长生不老之术的侯生、卢生潜逃，秦始皇听说后十分恼怒，把怨气发泄在儒生和方士身上。秦始皇亲自干涉案情的审问，直接把与此事毫无关系的四百六十多名儒生方士全部坑杀在咸阳。这是赤裸裸的残暴，与商鞅非法不行的精神完全背离。

秦始皇在出巡过程中，因为发现一块陨石上刻了形似“始皇帝死而地分”的字样，就下令把住在附近的人都杀死。

秦始皇以权干预法治造成的最严重的后果，就是出于私心，把触犯刑律当处死刑的赵高救了下来，免除了赵高的死刑。《史记·蒙恬列传》中记载，“高有大罪，秦王令蒙毅法治之。毅不敢阿法，当高罪死，除其宦籍。帝以高之敦于事也，赦之，复其官爵”，而赵高正是后来导致秦帝国崩溃的罪魁祸首之一。

第四，是“为天下位天下”，还是“为天下治天下”？

君主制国家都是家国一体，家就是国，国就是家，国家的资源，国家的利益，名义上都属于君主，公就是私，私就是公，公私一体。但商鞅的法治理论严格区分了君主制下的公与私。

商鞅明确指出，公私应分明。法家所谓的“私”，指君主、宫廷甚至朝廷权贵的利益；法家所谓的“公”，指的是国家与社会的共同利益，非君主一人一家之利益，而是包括了天下百姓的生存和发展以及国家的存亡等。凡是法律规定的都是公，与法相反的行为都是私，私应当服从于公。一般民众有公私之分，国君也有公私之分。如果一国国君不能明辨公私，那么就会引起国家混乱。这就是所谓“公私之交，存亡之本也”，“故尧、舜之位天下也，非私天下之利也，为天下位天下也……故三王以义亲天下，五霸以法正诸侯，皆非私天下之利也，为天下治天下”（《商君书·修权》）。

而秦始皇明显是公私不分，把君王一人一家之所欲置于国家、社会和天下百姓的生存和发展之上。他修长城、修驰道、修灵渠等，虽然是出于维护统治者利益的需要，但毕竟客观上可防御匈奴入侵，使民间交通便利，有利于南部地区开发，可以算是公私兼顾。但发七十万人修阿房宫和骊山墓，以大量资源让徐福寻找长生不老之药等行为则是典型的荒唐之举，纯粹是为了满足个人的私欲，也正是法家所批评的以私害公之举。

秦始皇这四种严重背离商法的行为，如果及时得到纠正，也并不一定会导致秦帝国二世而亡。但由于秦始皇死后，秦帝国的大权落在赵高、胡亥集团手中，秦帝国便失去了自救的机会。对秦始皇死后，赵高、胡亥如何篡夺政权，司马迁在《史记·秦始皇本纪》中也写得很清楚：秦始皇病重，写信欲召回公子扶苏继位。信封好后没有交给使者，而是放在了他信任的赵高那里。赵高偷偷拆开了秦始皇赐给公子扶苏的那封信，看到内容后因为怕公子扶苏继位后自己无法继续掌权，就和公子胡亥、丞相李斯密谋，在秦始皇死后谎称接受了始皇遗诏，立皇子胡亥为太子。同时，又伪造了一封圣旨给公子扶苏、蒙恬，列举他们的罪状，命他们自杀。①

赵高、胡亥既昏庸无能，又胡作非为，再加上丞相李斯在历史的关键时刻背叛法家信念，出于私利的考虑站在了赵高、胡亥集团一边，使秦帝国完全丧失了调整政策的机会和可能。历史确实有许多偶然，可以这样发展，也可以那样发展。如果当时李斯出于公心，坚持实现秦始皇的遗诏，秦帝国的历史确实有可能大不一样。

贾谊在《过秦论》中也直接清楚地写道，秦帝国直接亡于秦二世

① 原文参见《史记·秦始皇本纪》："上病益甚，乃为玺书赐公子扶苏曰：'与丧会咸阳而葬。'书已封，在中车府令赵高行符玺事所，未授使者。……高乃与公子胡亥、丞相斯阴谋破去始皇所封书赐公子扶苏者，而更诈为丞相斯受始皇遗诏沙丘，立子胡亥为太子。更为书赐公子扶苏、蒙恬，数以罪，（其）赐死。

的无能昏庸。他说秦二世“重之以无道，坏宗庙与民，更始作阿房宫，繁刑严诛，吏治刻深，赏罚不当，赋敛无度，天下多事，吏弗能纪，百姓困穷而主弗收恤。然后奸伪并起，而上下相遁，蒙罪者众，刑戮相望于道，而天下苦之。自君卿以下至于众庶，人怀自危之心，亲处穷苦之实，咸不安其位，故易动也。……秦本末并失，故不长久。由此观之，安危之统相去远矣。……是二世之过也”。

明朝冯觐是历代释注《商君书》的研究者之一，他曾大声呼吁为商君平反。他在《读商子后叙》中评论说：“故秦之帝，帝以商君；秦之亡，不亡以商君，而亡于背商君之法。”[①]

民国政治思想家萧公权先生在谈到秦二世而亡的原因时指出：“我们应该说秦亡于胡亥任情纵欲，破坏孝公所立法治的规模；亡于李斯逢迎上意，诬蔑管商所传学说的精神；亡于赵高盗弄国柄，违犯韩非八奸的教训。”[②]

所以，其实秦朝成于商法，亡于背离商法。

二、谁在褒扬商鞅？

也有不少历史学家、政治家、学者能够客观地评价商鞅的功过。

秦国相国蔡泽评价商鞅说：“夫商君为秦孝公明法令，禁奸本，尊爵必赏，有罪必罚，平权衡，正度量，调轻重，决裂阡陌，以静生民

① 张觉：《商君书校疏》，知识产权出版社 2012 年版，第 308 页。

② 萧公权：《圣教与异端》；载张允起编：《中国近代思想家文库》（萧公权卷），中国人民大学出版社 2015 年版，第 81 页。

之业而一其俗，劝民耕农利土，一室无二事，力田稸积，习战陈之事，是以兵动而地广，兵休而国富，故秦无敌于天下，立威诸侯，成秦国之业。”（《史记·范雎蔡泽列传》）

荀子曾游历秦国，虽然批评秦国没有文教，缺乏儒家的人才，有远忧，但对商鞅变法的结果却大加赞扬，称“观其风俗，其百姓朴，其声乐不流汙，其服不挑，甚畏有司而顺……其百吏肃然，莫不恭俭敦敬忠信而不楛……观其士大夫，出于其门，入于公门；出于公门，归于其家，无有私事也；不比周，不朋党，倜然莫不明通而公也，古之士大夫也。观其朝廷，其朝闲，听决百事不留，恬然如无治者……故四世有胜，非幸也，数也……治之至也”（《荀子·疆国》）。这个评价是相当高的。

司马迁之父司马谈批评商鞅说：“商君，其天资刻薄人也。……卒受恶名于秦，有以也夫！”而司马迁虽然批评商鞅刻薄寡恩，但在《史记·秦本纪》中也承认秦国法令顺利实行，治理得很好。

他还大赞商鞅变法，“行之十年，秦民大说，道不拾遗，山无盗贼，家给人足。民勇于公战，怯于私斗，乡邑大治”。司马迁如此肯定商鞅的治效，即使对孔子的政绩也没有这样高度的评价。他在《史记·孔子世家》中对孔子在鲁为政五年的评价仅是“为中都宰，一年，四方皆则之”，“与闻国政三月，粥羔豚者弗饰贾；男女行者别于途；途不拾遗；四方之客至乎邑者不求有司，皆予之以归”。管子是政治大家，在齐任相四十多年，但司马迁的评价也只说管子“修齐国政，连五家之兵，设轻重鱼盐之利，以赡贫穷，禄贤能，齐人皆说”（《史记·齐太公世家》），使齐人“皆说”，低于商鞅的“秦民大说”。

王充在《论衡·书解》中说：“商鞅相孝公，为秦开帝业。”

桑弘羊称赞商鞅：“昔商君相秦也，内立法度，严刑罚，饬政教，奸伪无所容。外设百倍之利，收山泽之税，国富民强，器械完饰，蓄积有余。”“夫商君起布衣，自魏入秦，期年而相之，革法明教，而秦人大治。故兵动而地割，兵休而国富……功如丘山，名传后世。”“秦任商君，国以富强，其后卒并六国而成帝业。及二世之时，邪臣擅断，公道不行，诸侯叛弛，宗庙隳亡……以赵高之亡秦而非商鞅。”（《盐铁论·非鞅第七》）

汉朝刘向缉录的《战国策·秦策》中也对商鞅有一段很高的评价，说“商君治秦，法令至行，公平无私，罚不讳强大，赏不私亲近，法及太子，黥劓其傅。期年之后，道不拾遗，民不妄取，兵革大强，诸侯畏惧”。

宋代的改革家王安石在进行变法时遭遇种种困难，深知改革者的艰辛，所以对商鞅深表同情，吟诵出“自古驱民在信诚，一言为重百金轻。今人未可非商鞅，商鞅能令政必行”的诗句。

明朝冯觐在《读商子后叙》中评论说：“故秦之帝，帝以商君；秦之亡，不亡以商君，而亡于背商君之法。”①

明朝吕胤礽在《商子序》中说：“秦卫鞅者，激烈豪伟士也……先秦之文杰也，商君之行事未可尽非矣。使商君生于唐虞之际，安知不为皋、夔、伊、吕之良弼也耶？”②

1918年，尹桐阳出版《商君书新释》，直呼“因治而终始之天下大治也。此法治国也。商君其为之先河乎”，并在评论中说商君之行事为人，《战国策·秦策》谓其“公平无私，辞禅不受”，《史记》则谓其“天资刻薄”，两种评价天地之别，夫无私者，则直称商君为完人，何来天资刻薄之有？商君辞禅不受，固不失巢许之高，谓为谋反，其谁

① 张觉：《商君书校疏》，知识产权出版社2012年版，第308页。

② 张觉：《商君书校疏》，知识产权出版社2012年版，第314页。

信之？[①]

1921 年，朱师辙在《商君书解诂》序中说：“两汉以降，人主假崇儒之名，行专制之实，治理罔遵法度，诛赏率由好恶……然有国家，则不能无法治，故言治者莫能废其学，窃其实，遗其名……方今华夏共和，荡涤积秽，崇尚法治，远则西欧，而不知商君已倡于二千年前，数典忘祖，得无傎乎？”[②]

1928 年，简书著《商君书笺正》，其中有胡汉民序言，说：“首以措诸事实期完成真实之法治者，商君是已……商君政治思想之中心为农本主义与战利主义。农本主义之目的在富国，战利主义之目的在强兵。富国强兵，实适应于当时时代之政策……欧洲诸国，其法律之公开，率皆经人民几许流血而得；而我国法家如商君者，其公开法律之主张乃诚恳而坚决如此，此其贯彻主义之精神盖犹足尚已……自汉以来，人治之说盈天下，莫能自拔，远逊于欧美之一日千里者也。今后中国欲求基础之稳定，首在法治阐明。”[③]

章太炎也反驳历史上儒家对法家和商鞅的批判，在《商鞅》等文章中讴歌了商鞅的历史功绩，批判人治，倡导法治，用近代西方的法治理论解释商鞅以法治国的思想。他说：“商鞅之中于谗诽也二千年，而今世为尤甚。”他认为，汉以来夺民权，君王专制，这都是董仲舒、公孙弘之徒造成的，而把它说成是商鞅法家学说，是“惑于淫说也甚矣”[④]。

梁启超在《中国六大政治家》中将商鞅与管仲、诸葛亮、李德裕、

① 张觉：《商君书校疏》，知识产权出版社 2012 年版，第 337 页。

② 张觉：《商君书校疏》，知识产权出版社 2012 年版，第 341 页。

③ 张觉：《商君书校疏》，知识产权出版社 2012 年版，第 344 页。

④ 张觉：《商君书校疏》，知识产权出版社 2012 年版，第 401—402 页。

王安石和张居正同列为中国历史上伟大的政治家。梁启超高度评价法家，推崇管子等法家的以法治国的思想，并从法治之必要、法治与君主、法治与人民、立法、法治与政府、法治之目的等角度，对法家的思想进行了分析，并与放任主义、人治主义、礼治主义、势治主义进行了比较，指出放任主义不治的，正是法家所治的；人治主义无格式，法治主义有格式；礼治主义无强制，法治主义有强制；势治主义无限制的，正是法治主义所限制的。因此“法治主义对于其他诸主义，最为后起，而最适于国家的治术”[①]。

《商君评传》的作者麦孟华更是盛赞商鞅是两千年来中国可与西方伟大的政治家相比肩的两个人物中的一个，“于齐则得一管子，于秦则得一商君”，是“法学之钜子，政治家之雄”，他“奉一法律万能之主义，举凡军事、生计风俗、制度，无一不齐之以法，定一公布之法，凡一国之平民贵族，治者被治者，靡不受治于同一法律之下。以其总核精悍之才，排万夫之抗议，逆一国之舆论，毅然不挠，驱其国民为积极之进取，遂兴国势，定霸业”[②]。

柳诒徵先生在《中国文化史》中谈到秦朝灭亡的原因时指出，秦“二世之亡，罪在赵高，非法之罪也。世徒以秦祚短，遂病其法，实则始皇时代之法制，实具伟大之精神，以一政府而辖制方数千里之中国，是因国家形式之进化，抑亦其时思想之进化也”[③]。

1936年陈启天先生在《中国法家概论》中高度评价法家：“中国之得以在亚洲大陆造成一个大一统的大帝国者，实受法家之赐为多。

---

① 范忠信:《梁启超法学文集》，中国政法大学出版社2004年版，第97—118页。时显群:《法家“以法治国”思想研究》，人民出版社2010年版，第3—4页。

② 麦孟华《商君评传》，黑龙江人民出版社2003年版，第168页。

③ 柳诒徵:《中国文化史》(上)，东方出版中心2008年版，第281页。

近二千年中，中国偶遭外侮或内乱，伏流的法家便有跃起的倾向，即由于法家学说较为切合实际的需要，而能产生实际的功效。我们可以说，中国没有法家，中国便从来不能统一为一个大国匹配，或至今如欧陆一样的小国林立。我们今天有这样大的一个国家，是法家所遗留下来的，我们应该感谢法家。”[①]

钱穆也对商鞅变法有所评价，说“商鞅新法之意义，务在破弃旧传封建贵族制度之种种束缚，而趋于新军国之建设也”，商鞅“携带东方之新空气，至西方人赶上东方一步，而结果则后来居上，新军国之创建，秦为最有成功焉”[②]，也算比较中肯。

郭沫若在《十批判书》中明确区分了前期法家和后期法家，把李悝、吴起和商鞅视为前期法家的代表，他们源出子夏之儒派，认为商鞅开阡陌、废井田、承认土地私有、赋税平是划时代的变革，商鞅的“用法而不用术，正是初期法家的富有进步性的地方，初期法家主张公正严明，一切秉公执法，以为权衡尺度，不许执法者有一毫的私智私慧以玩弄法柄”，而以后的申不害和韩非子以私智私慧玩弄权术，“严格地说已经不是纯粹的法家了”，“纯粹法家是国家本位……而不是王家本位，人民虽然受着严刑的压迫而为国家服役，但不必一定为一人一姓服役，因而人民的利益也并未被完全抹杀，人民的大部分确实是从旧时代的奴隶地位解放了。商君正是法家的成功的代表。他的行法不避亲贵……正表示他的大公无私”，至于申不害，严格地说，他不是法家，而是术家。韩非子，严格地说，应该称为法术家。有商君是法家。[③]这一观点获得新儒牟宗三认同，他也明确地把法家分为以商鞅为

---

① 时显群：《法家“以法治国”思想研究》，人民出版社 2010 年版，第 8 页。

② 钱穆：《秦汉史》，生活 · 读书 · 新知三联书店 2004 年版，第 8 页。

③ 郭沫若：《十批判书》，科学出版社 1956 年版，第 338、321、325、326、327、340 页。

代表的前期法家，韩非子则是后期法家，认为即使孔子在世，也会实行商鞅的变革方法。

熊十力指出，“韩非出于老氏，汉人定论久矣，但韩非为霸者权谋之术，不当列法家，汉人弗辨也”①。

顾准先生曾明确否定中国历史上的各家各派，但说到法家时，明确指出“法治”可以，但“势治”不可，抱法处势，可以只是法治，“这种法治，推行到极端，势必要废除专制主义”。这个道理，许多批判法家的人“是从来不曾懂得过的”②。

中国共产党的领导人也对商鞅有过高度评价。

1912 年，就读于湖南高等师范学校的毛泽东读司马迁的《商君列传》，写了一篇作文，题为《商鞅徙木立信论》，文章称：“商鞅之法，良法也。今试一披吾国四千余年之记载，而求其利国福民伟大之政治家，商鞅不首屈一指乎？”③

2018 年 8 月 24 日，习近平总书记在中央全面依法治国委员会第一次会议上的讲话中说：“历史和现实都告诉我们，法治兴则国兴，法治强则国强。从我国古代看，凡属盛世都是法制相对健全的时期。春秋战国时期，法家主张‘以法而治’，偏在雍州的秦国践而行之，商鞅‘立木建信’，强调‘法必明、令必行’，使秦国迅速跻身强国之列，最终促成了秦始皇统一六国。”

2018 年 12 月 18 日，在庆祝改革开放 40 周年大会上，习近平总书记在说到中国改革的历史时提道：“自古以来，中国大地上发生了无数变法变革图强运动，留下了‘治世不一道，便国不法古’等豪迈宣

① 熊十力：《原儒》，上海书店 2009 年版，第 208 页。
② 顾准：《顾准历史笔记》，光明日报出版社 2013 年版，第 351 页。
③ 邸延生：《毛泽东评述诸子百家》，人民出版社 2013 年版，第 112 页。

言。”而最早发出这一豪迈宣言的正是商鞅。

三、汤因比、福山等学者对商鞅的评价：现代国家理论的奠基者

英国历史学家阿诺德·汤因比在《历史研究》中对商鞅的变法给予了高度评价，指出“中国的封建制度在秦始皇之前已经被商鞅的革命性改革扫荡了。商鞅用职业官僚阶层取代了被消灭的贵族阶层，并且通过这种激烈的行政革新把权力集中到君主政府手中，正因为如此，秦国变得越来越强大，最终秦国建立了大一统国家”①。

德国政治学家罗曼·赫尔佐克试图从世界政治思想史的角度对商鞅的理论和实践进行评价。他认为，法家学说是世界上现存的第一套真正的国家理论，西方从16世纪起才出现相关理论。他说，“从现存文献看，商鞅是世界上第一个提出系统的国家与法治理论的思想家，他既是理论家，又是实践家。在先秦诸子中，商鞅对当时社会历史过程的影响最大。他是战国时期最有成就的思想家、政治家之一”，②商鞅具有非道德主义倾向，创立了世界上最先使政治理论摆脱道德的学派，也是中国古代政治学比较有代表的学者之一。

孔飞力教授被公认为中国史学大家，曾任哈佛大学历史系讲座教授、东亚文明与语言系主任，他曾在《中国现代国家的起源》中对

① （英）阿诺德·汤因比：《历史研究》，刘北成、郭小凌译，上海人民出版社2000年版，第280页。

② 张分田：《秦始皇传》，人民出版社2003年版，第44、483、484页。

“现代性”、“现代国家”和“中国的现代国家起源”等问题进行过专门研究。孔飞力教授认为，现代国家如何形成，不仅关系到中国，也是一个带有普世性意义的问题，“‘现代性’有着多种形式的存在，也有着各种替代性选择”，“不同的国家是可以通过不同的方式走向‘现代’的”。这是一种对于西方经验可以垄断“现代性”界定的否定。在现代国家构建的问题上，植根于本土环境及相应的知识资源的“内部动力”，要带有更为根本的性质。[①] 孔飞力教授把中国现代国家的研究重点放在了清朝，但清朝不可能是中国现代国家的起点。无论是他书中提到的魏源的思想，还是冯桂芬的思想，都与春秋战国的儒家和法家思想相关联。仅从清朝时期的中国探讨中国现代国家的起源是不够的，但孔飞力教授提出的“中国现代国家的特性是由其内部的历史演变所决定的”这一观点，却是非常有价值的。

提出“历史终结论”的美国学者弗朗西斯·福山在考察中国历史时认为，中国从古到今都没有法治，但商鞅变法建立了以个人能力而不是贵族身份选拔官僚的制度，创造了一个古代雅典和斯巴达所没有的有效的国家制度。中国制度长于“强大的国家能力”。如果把非血缘、依法理、科层明确、权责清晰的理性化官僚体系作为“现代”的标准，中国在秦时期就已经建立起了“现代国家”。“我们理解的现代国家元素，在公元前 3 世纪的中国业已到位，其在欧洲的浮现，则晚了整整一千八百年”，他认为现代国家制度的出现是“中国第一”，“中国当作国家形成的范本”，“中国是开发国家制度的先行者，但西方的政治发展史解说，却很少提及此一创新”，“中国成功发展统一的中央官僚政府”，“中国西部的秦孝公和谋臣商鞅，奠基了世界上第一个真正现代的国家”，秦始

① （美）孔飞力：《中国现代国家的起源》，陈兼、陈之宏译，生活·读书·新知三联书店 2013 年版，第 7 页。

皇“实施了商鞅所阐述的法家原则”，“凭借政治权力所建立的强大现代制度，不但活过了汉初的贵族复辟，而且事实上定义了中国文明”，① 这个评价相对于中国学术界、思想界的观点而言是相当高的。

还有一个特别值得读者注意的地方，就是从西方史学的角度来看，如果讲法治、中央集权制度，福山似乎更应当强调古巴比伦王国时期的汉谟拉比，因为按照西方的历史学划分，汉谟拉比可能建立了人类文明最早的大一统制度和以法治国的制度。但福山似乎有意避开它，而把商鞅创建的秦国作为比西方文明出现更早的国家制度。为什么？这里可能有两个原因。一个是所谓的现代国家，不仅是指国家的强大，而且应当包含管理国家的现代制度，它主要体现为官吏制度的高度组织化和现代管理模式，而据西方学者的研究，虽然古巴比伦王朝时期的汉谟拉比雄才大略，但他创建的国家制度化程度不高，他“习惯于事必躬亲，没能够建立一个卓有成效的官吏制度”。另一个可能是古巴比伦的史料中非常缺乏有关汉谟拉比的事迹，所谓的巴比伦文明是由法国人发现、法国人创建、法国人翻译的，没有本土历史资料的记载作为支撑，所以人们研究汉谟拉比的主要（和唯一值得考虑的）来源是 1901 年法国东方学学者让·樊尚·施伊尔在苏萨所发现的石柱。

当然，我们也要指出，福山对中国历史的研究也有自相矛盾之处。他只是利用了西方战争学派的理论观点和一些研究中国的学者关于春秋战国战争史的研究成果。一方面，福山肯定“国家源于军事竞争”，而秦孝公和商鞅的改革是为了军事竞争，所以，“真正的国家开始在中国成形”这个观点大体也能成立。但另一方面，福山又借鉴韦伯的观点，提出“商鞅的现代化改革”是“没有经济和社会发展的政治发

---

① （美）弗朗西斯·福山：《政治秩序的起源：从前人类时代到法国大革命》，毛俊杰译，广西师范大学出版社 2014 年版，第 23—24、95、120 页。

展”，这又是一种纯粹的西方中心的理论推论，也不合乎历史发展的逻辑和真相。因为在韦伯的现代性理论来看，所谓现代化是一种经济秩序，即资本主义经济秩序，这种现代性精神离不开新教伦理和理性主义。中国既然长久没有发育出资本主义市场经济，当然也就没有所谓的政治现代化。而福山虽然质疑韦伯的观点，但其实是从另一面提出了同样的问题：秦国的“政治现代化为何没有导致经济和社会的现代化”？换了一句话，提出的还是韦伯的那个老问题：为什么秦国的政治现代化“没有发育出资本主义市场经济”？结论还是一样的，就是认为这一改革是“没有经济和社会发展的政治发展”，因此形成了自相矛盾的福山观点：从国家和政治发展的角度肯定商鞅变革达到了欧洲在17世纪才出现的现代国家制度的水平，但同时又否定商鞅变革，没有带来欧洲在17世纪之前就已经出现的那些科学、教育、产权制度等现代经济和社会发展的进步。①

从历史发展的逻辑来看，如果没有一定的经济和社会发展，如何能长期支撑一个国家的军事战争？从历史文献资料看，肯定和批判商鞅的人都承认秦用商法，“秦民大说，道不拾遗，山无盗贼，家给人足”，“外设百倍之利，收山泽之税，国富民强，器械完饰，蓄积有余”。即使是董仲舒，虽然批评商鞅，但也承认秦利税比过去有十倍、二十倍的增加。从历史事实看，秦国为了支撑军事战争，也有一系列政治、经济、社会变革和发展，比如分户制、人口登记、颁布法律、水利工程等。没有经济和社会的发展，秦国如何能支撑连年的军事战争？没有这些经济和社会的发展，又如何能把商鞅的改革称为“现代化改革”？难道以法治国不是一种政治发展？难道打破贵族世袭制，

① （美）弗朗西斯·福山：《政治秩序的起源：从前人类时代到法国大革命》，毛俊杰译，广西师范大学出版社2014年版，第117页。

以事功选拔官僚不是政治发展？这里的问题还是欧洲中心论的矛盾。福山打破了政治上的“欧洲中心论”，承认中国的政治发展比欧洲早1800年。但福山又保留了社会经济上的“欧洲中心论”：只要没有出现欧洲那样的资本主义市场经济，就是“没有经济和社会发展的政治发展”，就等同于没有法治。

四、商鞅思想的六大糟粕

在肯定商鞅的变法改革、商鞅的思想在中国政治思想史上的积极因素的同时，也必须指出商鞅的思想存在很大弊端和糟粕。

第一，法律本身含有过于严苛、残酷的内容，即使严格依法办事，也会引发许多问题。

第二，在强调法律的作用时，又错误地将道德与法律对立，完全否定儒家的道德教化在国家治理中的重要作用。

第三，法家之法都源于君主的权威，一旦君主乱法或守法之君去世，就面临崩溃的危险。

第四，法家的法治在开始都强调刑无等级，但到后来都变成了主要针对百姓的统治工具，对官吏的约束，尤其是对国君、皇帝的约束作用大体丧失。

第五，商鞅时期由于国力有限，没有频繁对外用兵，但在后来由商鞅的后学们编写的《商君书》中却鼓吹对外扩张侵略。

第六，商鞅治国思想的最大弊端在于没有正确的政治价值观的导向，他只从如何提高君王的统治能力角度考虑问题，缺乏对民众的人道关怀，更没有把百姓视为治理的主体，只是把百姓作为治理和统治的对象以及使用的工具。从技术、专业、职业、效率、结果来看，商鞅治国思想体现出技术专家官僚派的水平，但缺乏政治家的高度，不能免于当时的君权政治的局限，对百姓来说也很残酷。

《里耶秦简》第 J1（9）1—12 简记载了当时农民在商鞅之法下的悲惨状况。其中提及，始皇三十三年四月六日至始皇三十五年四月七日，阳陵县司空腾报告说，本县居里无爵平民毋在戍卒洞庭郡时死了，但他尚有罚款 8064 钱未交，《睡虎地秦墓竹简 · 秦律十八种》规定，当时平民的工钱是每天 8 钱（公食者 6 钱），毋欠的罚款在当时已是一笔巨款，相当于一个平民两年半的工钱。阳陵县司空对死者家属进行了训责并追罚款，但死者家太穷，不能缴纳，请求洞庭郡帮助查询平民毋死在何县，然后请所在县将他服戍卒时的工钱交付阳陵县。洞庭郡代理郡尉在四月七日，即收到阳陵县公文的第二天，就查到了死者死在迁陵县，并告知迁陵县丞，指示其按相关律令办理此事。

像毋一样在服役时死于异地而且欠罚款的人有很多，这批秦简中先后提及 12 人，分别欠 1640 钱、836 钱、728 钱、1344 钱、2688 钱、1344 钱、852 钱、1344 钱、384 钱、7680 钱、11211 钱，而且都是“责其家，家贫弗能入”。这批秦简一方面说明秦朝地方官员按法律办事的效率的确严格而快速，另一方面也说明当时秦国的百姓受到的压迫很重，罚款太多，许多人到死也还不上。[①]

商鞅治道虽然具有现代治理的一些基本特征，但也是很不完善的，后人在汲取商鞅学说的精华时，也必须对其糟粕进行批判和扬弃。

① 王焕林：《里耶秦简校诂》，中国文联出版社 2007 年版，第 65、79、84、85、87、89、92 页。

余论一

大国竞争与商鞅治道的五点结论

商鞅治道距离我们已经很遥远了。今天的时代，已经不是相互吞并的战国时代。人类在进步，理性在发展，今天的大国竞争虽然还会有战争，但和平竞争已经成为主要方式。

但是，今天的时代虽然不是战国的吞并时代，却仍然是一个激烈的大国竞争时代。霸权主义、强权政治还没有退出舞台，战争依然不断。那些在大国竞争中失败的国家一样会被分疆裂土，被挤出国际社会的舞台。

商鞅的伟大在于提出了中国治道的四大问题。一个是统一问题，一个是三农问题，一个是法治问题，一个是阶层上下流动问题，这四大政治问题都是国家治理的根本问题。

商鞅在战国时代处理的许多问题，在今天仍然会发生。商鞅在大国竞争时代提出的治国思想，到今天仍然具有非常现实的价值。

一、强国家模式仍然是大国竞争的基本模式

大国竞争比的是国家的综合实力，而提升综合实力首要的就是建立强国家模式。举目四望，当今世界的治理模式几乎都是强国家模

式。凡是国家竞争力强的，必定是强国家模式；凡是国家竞争力弱的，必定是国家治理模式还不够强。商鞅所谓的强国家模式，就是六个统一——统一国家政权、统一军队、统一货币、统一度量衡、统一文字、统一法治。

当年商鞅所处的时代是一个大国竞争的时代。秦国靠什么胜出呢？比人口面积，秦国不如楚国；比文化、人才、军事，秦国不如魏国；比经济富裕，秦国不如齐国。但秦国的强国家模式却能使秦国在大国竞争中居于上风，最后战胜综合实力比自己强大很多的国家。中国之所以能成为延续五千年文明未曾中断的国家，与商鞅的强国家模式有很大的联系。中国要在今天的大国竞争中保持自己的竞争能力，统一模式必定是要坚持的。中国还有台湾问题没有解决，维护统一的目标一刻也不能松懈。

以法治国与强国家模式是有关联的，强国家更需要用法制来制约和治理。同样，强大的法治体系也需要强大的国家权力来支持。弗朗西斯·福山在纠正哈耶克自发理论时说，“法律发展有重要中断，只能以政治权力的干预来解释，而不是‘自发秩序’进程的结果。哈耶克只是把历史事实搞错了”，“现代法治的出现全靠强大中央国家的执法”。

二、紧紧抓住战 略产业不放松是大国竞争的重要内容

什么是战略产业？一个时代有一个时代的内容，但不论处于哪个时代，战略产业都是对国家的生存发展具有决定意义的产业。在商鞅那个时代，农业就是决定国家生死存亡的战略产业。所以，当时商鞅以农战第一作为秦国的发展战略，紧紧抓住农业不放松，凡有利于发展农业的就去做，凡不利于发展农业的先放一边。虽然不免有所失衡，但总的来说是成功的。农业发展、粮食增产、农战一体，是秦国发展

的关键。后来的历史发展也证明，中国这样一个以农业为主业、以农村为主要区域、以农民为主要人口构成的国家，只有在发展上抓住了农业、农村、农民这三个关键才能成功。

当然，今天的农业、农村、农民已经不再是战略产业。什么是决定国家命运和前途的战略产业呢？芯片？生物科技？新能源？可能各有不同，但不管是哪个领域，中国一定要紧紧抓住对未来发展具有决定意义的战略产业，这是保证在大国竞争时代胜出的关键。

三、人才竞争依然是大国竞争的关键

人才对于大国竞争也异常重要。谁能把有能力的人放在国家的关键岗位，谁就能在大国竞争中占据优势。当年商鞅把法家唯才是用的原则用在秦国，制定了一整套提拔人才的制度和办法，根本的一条就是打破贵族世袭，凭借粮功、军功、政功等实际的事功选拔任用人才，保证了秦国国家治理的能力和效率，同时提出了徕民的思想，不拘一格重用不同国家的人才。在整个战国时期，秦国是任用最多外来人才并提拔他们担任重要职务的国家。秦国本是一个人才非常缺乏的国家，文化落后，教育落后，但商鞅改革在吸收外来人才上下了功夫，把一大批外来人才吸引到秦国，在国内又建立了让人才脱颖而出的制度，所以秦国人才辈出，保证了在大国竞争中的人才需要。

在今天，人才竞争仍然在大国竞争中具有重要意义。我们要真正学习商鞅不拘一格任用人才的精神，保证人才选拔的公平、实效。

四、打造一支能打胜仗的军队是大国竞争的基本保证

商鞅所处的时代，首先是要保证秦国能从魏国手中收回河西地，所以打造强大的、能打胜仗的军队，就成了商鞅大国竞争思想的基本

内容。而当时的魏国是一个霸权国家，也是一流的军事强国。为了打造能战胜魏国的军队，商鞅不仅在以法治军、选拔军事人才方面做了大量的工作，而且在秦军的作战方式、战略战术、行军布阵等方面都有所创新，为秦国打造了一支新式军队。这支军队战斗力特别强，纪律性特别强，作战特别勇敢，为以后秦国统一六国奠定了军事基础。

今天的大国竞争，强大的军队依然是坚强的后盾。中国是一个热爱和平的国家，中国不对外侵略扩张，但必须要有强大的自卫能力，必须要有击退外来侵略的军事能力。如何能在当今高科技战争条件下取胜，如何保证中国的领土安全、政治安全、资源安全、人民生命和财产安全，是极其复杂的任务。我们今天仍然要学习商鞅变法的精神，在打造新式军队、新的作战方式、新的战略战术方面下大功夫。

五、改革创新是大国竞争永恒的动力

大国竞争也在比拼制度的创新。没有一种制度能够永恒不变，没有一种办法能一劳永逸地解决所有的问题。再好的制度都会逐渐变得僵化，再好的办法都会落后于时代的发展。因为社会每天都在变化发展，每个国家的文化都有所长、有所短，每个国家可能都会面临重大机遇。所以，一个国家要想在国际竞争中立于不败之地，就必须随时改变旧的制度，随时准备学习他国的长处。保守必然落后，僵化必然停滞。商鞅之所以能在短时间内使秦国大有发展，靠的就是学习和借鉴在魏国、赵国学到的好经验、好办法，并且使之与秦国的国情结合，提出一系列新制度、新措施、新做法，迅速使秦国后来居上，一跃成为强大的国家。而原来先进和强大的国家，如魏国和齐国，不能保持连续的创新，国力就不断下降。

秦帝国之所以二世而亡，其最根本的教训，就是把商鞅在大国竞争时代创立的制度，原封不动地延续到了统一时代，该改的不改，不该改的又乱改。秦国成于商法，亡于不改商法和背离商法精华。

现代学者弗朗西斯·福山提出如何克服政治衰败的问题，其实商鞅在两千多年就已经给出了答案：唯一使政治制度保持活力的办法，就是不断改革创新。只要有利于国家发展，就要不惜改革原来的制度；只要有利于人民生活水平提高，就可以实行新的办法。这就是所谓的“苟可以强国，不法其故，苟可以利民，不循其礼”(《商君书·更法》)。改革创新正是保持大国竞争力的永恒动力。

总之，商鞅的时代虽然已经远去，但商鞅在大国竞争条件下提出的治理国家的基本精神，其实很多都适用于当前的大国竞争环境。正因为如此，我们才需要好好总结和研究商鞅治理国家的思想。

余论二

商鞅未竟之业

现在人们已经接受了西方的法治思想，因此一想到法治，首先就会用西方的话语体系来衡量。到底商鞅讲的法治，是“The rule for law”，即用法律来治国，相当于法制的意思；还是“The rule of law”，即被法律治理或者法的治理，相当于法治的意思？

实际上，用西方法治来衡量商鞅的法治是中国思想界的问题。正如中国的思想和实践有中国特色一样，商鞅的法治也是有中国特色的。

一、用法而治还是法治之治?

The rule for law，or the rule of law？意为用法而治还是法治之治？

用法来治理，是说法或法制不过是人们治理的工具，法在人之下；而法治之治，是说法才是治理国家的真正原则，法在人之上。The rule for law 强调法的形式、制度、机制。The rule of law 强调“法律至上”、“法律主治”、“制约权力”、“保障权利”的价值、原则和精神。

用西方的概念去判断商鞅的法治思想很难，因为商鞅所说的法治，其意既有“以法而治”，也有“缘法而治”，前者接近西方的 The rule for law，后者接近西方的 The rule of law。缘法而治，就是依据法的精神、以法律为起点和缘由来治理国家。把商鞅的以法治国等同于 The rule for law，其实不太准确。

仔细品读《商君书》，比较接近西方法治“The rule of law”内涵的内容至少有以下 8 处。

（1）“以法治者，强；以政治者，削”（用法来治理国家的就强大，用政治权力来治理国家的就削弱），明确区分了法治与权治。

（2）“故有道之国，治不听君，民不从官”（实行法治的国家，官吏处理政务不必听从君主，民众处理事务也不必听从官吏），明确区分了君治与法治。

（3）“法者，君臣之所共操也”（法度是君王和大臣应当共同遵守的），明确把国君纳入了法治范围。

（4）“故法者，国之权衡也”（法度是一个国家治理权衡的标准），法治是权衡国家公平正义的客观标准，不是君主手中随意使用和颁发的工具性政令。

（5）“夫倍法度而任私议，皆不知类者也”（违背法度而靠个人意见，都是不知类推事理的），法治是一种制度规则，不是君臣的个人言论。

（6）“明王之治天下也，缘法而治”（圣明的君王治理天下，根据法度而治理国家），法治是治理国家的依据，而不是一种临时性的工具和措施。

（7）“故明主慎法制。言不中法者不听也，行不中法者不高也，事不中法者不为也。言中法，则辩之；行中法，则高之；事中法，则为之”（所以，明主重视法度，不合法度的言论不听，不合法度的行为不推崇，不合法度的事情不做。言论合乎法度，就听从；行为合乎法度，就推崇；事情合乎法度，就做），法治是一切国家治理的依据。

（8）“法任而治”（根据法治来治理国家）。

二、亚里士多德的角度：可以比较的平等与良法

古希腊思想家亚里士多德在《政治学》中提出的法治有两点：一是法律面前人人平等，二是良法。法治应包含两重意义，已成立的法律获得普遍的服从，而大家所服从的法律又应该本身是制定得良好的法律。

亚里士多德和法家都反对人治，反对贤人治理，主张法治。亚里士多德认为，法治比任何一位公民的统治更为可取，崇尚法治的人可以说是崇尚只由神和理智来统治的人，而崇尚人治的人其中则掺入了几分兽性；因为欲望就带有兽性，而生命激情自会扭曲统治者甚至包括最优秀之人的心灵。法律即是摒弃了欲望的理智。这和法家前述的道理相近。法治不受人的感情、欲望、关系的影响和支配，可以用一个公平的角度权衡事物。

二者都追求良法。亚里士多德没有解释什么是良法，但在解释什么是最优良的政体时，认为有这样一种体制，遵从它，人们能够有最善良的行为和最快乐的生活。商鞅也从政治实践上对什么是良法做了解释，就是“为天下而位天下”，就是公私分明，就是强国、利民。

当然，在实践中，无论是君主制下的秦国，还是民主制下的古希腊的雅典，都有不少劣法。苏格拉底仅仅说了几句可能对神不那么恭敬的话，就被处以死刑，是劣法。雅典实行陶片放逐法，“过一定的时期就要放逐一批由于财富或广受爱戴或其他因代表政治势力而显得能力出众的人”，仅仅因为他们富裕或太有才，这也是劣法。雅典的法都不把奴隶、妇女当人看，剥夺他们的基本人权，也是劣法。商鞅的劣法可能更多，各种酷刑、不告腰斩、连坐法、焚诗书、限商业等，都

是劣法。所以，不能一概而论，不能以为只有民主制才有良法，也不能以为君主制下的法都是劣法。

商鞅的法治思想第一条接近亚里士多德的思想，即刑无差等，一切依法决断，治不听君，民不听官，与法律面前人人平等、法的普遍适用性有相同的内容，不仅包含王公贵族，甚至连秦孝公本人也不得不接受贬太子为平民、对其兄弟（秦公子虔）处以刑罚的结果，而且没有文献记载秦孝公本人干预或阻挠过商鞅之法的实行。

法家强调法律面前人人平等，总体上优于古希腊不平等对待奴隶、贫民、妇女，优于18、19世纪白人不平等对待黑人、印第安人的法。

至于说法律面前人人平等不能涵盖秦国君主，这一点并不能否定商鞅“刑无等级”的思想的积极意义。因为即使在今天的西方，总统、议会等也只是行政权、立法权的行使者，而不是行政权和立法权的真正所有者，行政权、立法权的真正所有者是人民，而人民从来不是西方司法的受体，人民即使选举出像希特勒这样的恶魔为害国内人民和国际社会，国内和国际的法律体系也只能追究希特勒及其官员的罪行，但把这个恶魔送上权力宝座的德国人民，也从来没有被追究过责任。同样，美国政府发动对伊拉克的非法战争，最多也只能追究美国总统的责任，而不能追究美国人民的责任。这在法律逻辑上与秦孝公不在法律处罚范围内没有本质区别，因为在君主制下，一切权力名义上都属于君主，正如在民主制下，一切权力名义上都属于人民。因此，两者都不在司法处罚的范围内。

第二条是所谓的良法。亚里士多德的良法是由共和政体中的多数人制定的，这一条与商鞅有很大的差别，从形式上说是有本质差别的，但如果是从结果来看法是否良好，那么商鞅依国情、民俗制定的法律应当是符合当时秦国的情况的，也达到了“移风易俗，民以殷富，国以富强，百姓乐用，诸侯亲附”的效果。

另外，从西方现代的法治来看，也有两条，一是保护个人权利，二是限制公权力。商鞅的法治肯定没有现代西方法治的内容明确，但也包含了一部分相同的内容，商鞅之法以刑法为主，包含部分民法、经济法的内容，也具有对侵犯和危害他人权利的惩罚（在当时主要是指对有产阶级和新富阶层、贵族的财产的处罚）。李悝《法经》里已经有了《盗法》，主要就是针对财产和权利侵害。商鞅治邪官的实践，尤其是刑秦公子虔和公孙贾等部分贵族，并明确提出使百姓明法以自治，使官吏不敢犯民的（“吏不敢以非法遇民”）思想，也包含了对公权力的限制。

《商君书·定分》中已经开始涉及私有权保护的问题了，说一只兔子跑了，一百个人乱哄哄而上，要逮住它，并不是因为捉到兔子后每个人都能分到兔子的百分之一，而是因为兔子的所有权没有确定。而市场上有好多兔子在卖，盗贼都不敢去偷，这是因为市场上兔子的所有权是明确的。所以，当事物的名分没有确定以前，尧、舜、禹、汤也会像奔马似地追逐；而名分确定后，贪婪的盗贼也不敢夺取。正如法令不明确，其条目不确定，天下百姓都会评议，其评议因人而异，没有定说。

法治的内容要看其是否用于调节国家的政治经济生活。与人们一般认为的秦法主要是刑律不同，睡虎地秦简中有大量的民法内容，其内容远远超出刑律，这在当时是一个巨大的进步。根据睡虎地秦简的内容，人们可以发现，其实秦律也是大民法，包括了秦国政治经济生活的方方面面，其中有《田律》《仓律》等农业生产和自然资源保护的法律，有《戍律》（兵役法），也有《金布律》《效律》等有关货币的法律。

总的来说，商鞅的法治与亚里士多德的法治也有可以比较的内容。

三、福山："中国无法治"？

所谓西方的法治，其实也没有统一的定义。比如，许多人强调法治与民主的关联，认为法治是民主的产物。但是，西方思想界也有人认为，法治先于民主。在西方民主兴起之前，法治已经在欧洲产生很久了。"民主是建筑大厦的拱顶石，而大厦的根基则是法治。"

美国学者弗朗西斯·福山在谈到法治起源时认为，"有多少法律学者，就会有多少'法治'的定义"。他认为，法治的含义就在于甚至国王或皇帝也是受法律束缚的，不可随心所欲，理解法治最重要的是区分法律与立法，法律是凝聚社区的有关正义的一组抽象规则，在前现代社会，制定法律的权威据信是超凡的，或神权，或古老习俗，或自然；另一方面，立法属于现在所谓的制定法，如果有高于任何立法的现存法律，方能说有法治的存在，法律相当于宪法，立法相当于普通法，所以，法治就是一方面，统治者在法律范围内行事，或以法律的名义行事，这可提高自己的权威。另一方面，法律可防止他们随心所欲地做事，不能只考虑私人利益，还要考虑整个共同体的利益。这段话的意思就是说，西方法治最重要的来源是宗教、自然法和习俗，与民主没有直接关系。

用福山的观点看，基督教文明是比非基督教文明更优秀的文明，所以产生了同时包含强大的国家、法治和问责制度的理想政治秩序，也就是自由民主制度，是人类迄今为止最为先进和高级的制度。非西方文明孕育出来的政治秩序则是传统的、落后的和低级的制度。福山的观点是一种肤浅的基督教文明至上论的观点。人类历史已经证明，每个文明都有所长、有所短，没有哪种文明可以拥有比其他文明更高一等的道德优势。

福山这样断言:“古代帝制中国没有法治”，现代中国也没有法治，因为古代和现代中国都缺乏超凡的、神权的、高于统治者和政治权威立法的权威存在。除了商鞅的法适用于社会所有成员这一点与现代法治共通外，福山否认法家的以法治国与西方的法治有任何关联。在他看来，法治的含义就在于“甚至国王或皇帝也是受法律束缚的，不可随心所欲”，“这种法治从没存于中国”，法治与民主共和或君主制关联度不高，除了中国，任何地方的任何制度都有可能存在法治，西方、印度、伊斯兰世界都有法治可能，因为有宗教。有没有宗教成了有没有法治的一个关键。

福山认为，商鞅等法家的法律只是国王或君主口述的典章。这表明他对法家的思想的理解是片面的，因为法家没有任何一人说过法律只是国王或君主口述的典章。虽然形式上都是“法自君出”，但法家对法的共识并非福山所说的法律只是国王或君主口述的典章，而是如《管子·七法》认为的“尺寸也，绳墨也，规矩也，衡石也，斗斛也，角量也，谓之法”，或《管子·七臣七主》所说的“法律政令者，吏民规矩绳墨也。夫矩不正，不可以求方；绳不信，不可以求直。法令者，君臣之所共立也”。《管子·任法》说“君臣上下贵贱皆从法”，《商君书·修权》说“先王县权衡，立尺寸，而至今法之”，即使最主张君王集权的韩非子，也不主张“朕即法律”，而是提出“法者，编著之图籍，设之于官府而布之于百姓者也”，并不言法由君主制定。至于道法家，则直接宣布“道生法”，法不由君主而生。

用这一观点来观察中国和西方历史的两个案例，可能会有完全不同的结论。

西方学者比较强调1215年的英国国王与英国贵族签定的《大宪

章》。从字面上看，《大宪章》的确明确包括了对英王权力的约束：给予英国教会自由，永久遵守宪章，并颁赐一切增加之自由权于全国自由民，俾世世保守之……凡自由民，除经其贵族依法判决或遵照内国法律之规定外，不得加以扣留、监禁、没收财产、剥夺法律保护权，或加以放逐、伤害、搜索或逮捕。贵族推选出 25 位代表监督《大宪章》的实施，他们具有否决国王命令的权力。如果这 25 人中有超过 4 人发现国王违约，就可以向国王指出并要求其在 40 天内改正。如果国王没有改正，这些代表就有权联合全国百姓，以一切方法甚至可以动用武力向国王施压，包括夺取王室的城堡、土地和财产。

福山认为，欧洲的法治植根于基督教。欧洲国家出现之前，罗马就有颁布权威法律的基督教主教。欧洲关于婚姻和遗产的规则，最初不是君主所规定的，而是来自教皇格里高利那样的个别人士……教皇应对所有的基督徒和政治当局行使至高无上的法律权力，并有署名皇帝的权利。他还认为，欧洲国家建设的特征之一，是很早就非常依赖法律。法律在国家制度成长方面，既是动机，又是过程，法治出现的时间也需要再往前提，至少要提前到 12 世纪，法治一开始不是经济力量的产品，而是宗教产品……都是前现代中世纪教会所创造的，许多评论家指出，西方法治比现代民主足足早了数个世纪，所以 18 世纪的普鲁士可以称为一个法治国家。

我们认为公元前 4 世纪商鞅刑太子师及太子傅是法治的表现，因为它体现的是法律面前人人平等。而在福山看来，这与法治无关，因为它只体现秦孝公的意志。

另外一个例子是，17 世纪法国一位名叫塞维涅的贵族夫人在写给女儿的信中说，有 60 个市民将在第二天上绞刑架，而那个手舞足蹈、想偷印花税纸的闲汉在车轮上就刑，被分成四块，分别扔在城市四个角落示众。尽管17世纪的法国与秦国一样也是君主统治，但是远远不如秦孝公时讲求“壹刑”、“刑无等级”，法国实行的是刑有等级、法律面前贵族与平民不平等的制度。按照理性的判断，人们几乎都会认为商鞅时的秦国有法治，而17世纪时的法国没有法治。

但按照福山的观点，结论则相反。秦国没有法治，因为秦国没有高于君主的宗教法、神权法、自然法；17世纪时的法国则是法治国家，因为法国早就有宗教法、神权法、自然法的存在，所以认为17世纪法国没有法治是不正确的。从政治实践的角度来看，福山的分析有两个问题。其一，罗马教皇的权威在欧洲一直长期存在，为何并不能长期约束欧洲各国的君主？谁来约束教皇和教会的权力？其二，假如如福山所说，英国自中世纪已经有了法治，那它应该让英国自此以后进入一个良序治理的状态，在政治上应该有较好的秩序，为何实际上并不是如此？

人们从种种历史著作中读到的英国，并不是一个良序良治的英国。从英国的历史来看，英国国王对法治的遵守并不如福山所说的那样好。人们读过英国历史都知道，英国国王有遵守法治的一面，但可能更多的是不守法治的一面。历史上的英国曾是一个野蛮、无序、战争不断的落后国家，与今天一些国家有民主无法治没有什么不同，否则就不会有后来英国封建专制制度的形成和英国革命的发生。

英国学者尼尔·弗格森曾在书中写道：1540—1800年的英国，就像是一个化粪池岛，人们的平均寿命仅37岁，伦敦人才二十几岁，亨利五世35岁死于痢疾。英格兰长期暴力泛滥，不仅与法国处于长期战争状态，而且与威尔士、苏格兰、爱尔兰打仗，它们的王室贵族觊觎并争夺王位，不断内战。玫瑰战争期间，先后有四位国王失去王位，死于战争或被杀的成年贵族多达40人。1330—1479年，英国贵族有

3/4死于暴力，普通人杀人致死更是司空见惯。牛津杀人致死率高达0.1%，比当今全球谋杀率最高的南非的0.069%要高得多。有“法治”的英国都这样，欧洲其他国家的情况就更险恶、更残暴了。1787年5月，满载700多名英国囚犯的轮船从朴茨茅斯出发前往澳大利亚，最小的才9岁，仅仅因偷了一些布料而入狱，最大的82岁，其中有一人仅仅因为偷两只鸡就被判处7年劳役。

甚至直到1818年，那时的英国从制度上说既有民主又有法治，如果小偷从店中偷5先令的货物就会被处死。而公元前330年的秦国，按西方理论来看是一个实行君主专制、没有法治的国家，也是一个所谓绝对权力导致绝对腐败的国家，但实际上，秦国罪犯如果抢220钱以下，只处流放而不强制参加劳动；如果无暴力行为，所偷物品价值也不足一钱，只处劳役30天；比较严重的抢劫，如果抢了220～659钱，只强制劳动而不处刑罚；抢660钱以上的，要受黥刑；而对那些执法但却抢劫的“害盗”，也只处黥刑和断足。

1818年时的英国，5先令大约相当于一个人两三天的工资；而在2200多年前的秦国，农民一天的工钱为6～8钱。在英国，小偷盗窃一个人三天的工资要处死刑；在秦国，小偷盗窃220钱相当于盗窃一个月的工钱，却只处劳役30天。1787年，英国小偷盗窃一只鸡要判7年刑；而在2200多年前的秦国，一个人把跑到自己家里的价值250钱的牲畜（猪或羊）幼崽打死了，只处罚款二甲（大约60钱）；偷一头牛，只处罚“城旦”（修城墙）。对于儿童犯罪，秦国对不满六尺五身高的儿童，只关押，不判刑；而在英国，9岁的儿童犯偷盗罪，就会被判流放澳大利亚……2000多年前中国君主制下的法治，与2000多年后英国的民主法治相比，哪一种更文明？哪一种的法相对是良法？

我们再来看看权威著作《西欧中世纪史》是如何描绘那时的英国

的。英王是否守法，取决于英王个人素质及英王与英国贵族的权力较量，当英王素质较高、自律且贵族权力强大时，法治程度较高，相反，法治程度会较低，甚至无序和混乱。比如，英王约翰的儿子亨利三世（1216—1272 年在位）就是一位软弱的君主，从不违抗教皇的命令，但贵族却对他不满意，常常强迫他接受贵族的意志，把英王控制了起来。虽说“难以驾驭的封建男爵和教会与国家之间的紧张气氛，皆足以阻止君主的专制行为”，但问题是，谁来控制那些滥用权力的贵族？谁来约束教皇和教会？英王好比是一只大老虎，贵族和教会则是无数只小老虎，这无数只小老虎放纵起来，危害不亚于大老虎。当时的法学家亨利·布拉克顿提出了一个法治悖论：法律面前国王与民众的权利平等，法律代表国王或君主的意志，但君主和国王的权力要受到法律的约束。英王爱德华一世（1272—1307 年在位）是一位强大、有力、专横的统治者，而他的儿子爱德华二世（1307—1327 年在位）由于懦弱无能且又被贵族控制，爱德华三世（1327—1377 年在位）再次成为强者，他的孙子理查二世（1377—1399 年在位）又是一位弱者。此时，贵族的派系斗争使英国处于严重的政治危机，甚至废黜了国王理查二世，由此导致了后来的玫瑰战争。这些问题的根源就在于，英格兰社会结构中贵族享有太大的权力。可见，在《大宪章》后的近两个世纪中，英国并没有出现“法治”，而是陷入长期的混乱、无序和战争。这种状况直到 17 世纪英国出现新的权力阶层，即资产阶级和乡绅，才有所改变。英国通过激烈的革命和战争，产生了新的权力制度，打破了君主—教会—贵族的权力架构，英国的法治才最终完成。

1485—1603 年，英国君主专制制度发生变革，形成了以专制君主为核心的信仰新教的民族国家。到了 17 世纪初期，原先为英王专制统治而臣服的贵族与英王发生了尖锐的矛盾。而 1603 年继承了英国王位的詹姆士·斯图亚特，一上台就鼓吹所谓“君权神授”的说法，声称国王是上帝派到人间的最高权威，有无限的权力，根本没有所谓的“法权至上”的约束。他大肆搜刮钱财，独断专行，随意征收各种苛捐杂税，王室生活极度腐化，挥霍无度，最后导致了英国革命的发生。这说明，英国神权约束王权的理论与英国理论上的约束王权而出现的法治，完全不是一回事。而福山仅以理论上的约束王权的因素出现，就认为英国自 12 世纪就已经是法治国家，只是一种理论自洽的说法，而不是一种历史事实。而且，从理论上说，法治的实行依赖一个强大权力的存在，因为法治始终是以强制力为后盾的。有强国家不一定有法治，但没有强国家，真正的法治难以实现。这一点福山自己也有所纠正，认为“现代法治的出现全靠强大中央国家的执法”。

英国的强法治，还得等到英国革命之后形成强国家时才能真正落地，要等到英国议会和民主政治兴起后才能真正落实。当然，这也说明，在议会和民主政治之前，统治者的个人道德和个人素质这样的因素以及历史与文化的种种因素，对法治能否实行也能起到很大的作用。英国国内秩序的长期混乱，与商鞅法治下秦国的长期稳定，哪一个更接近法治？按照福山的逻辑，结论是：虽然英国内战不断，政治失序，犯罪率也更高，但英国是一个法治国家，因为英王受到神权和贵族的制约；而秦国虽然秩序良好，“秦民大说，道不拾遗，山无盗贼，家给人足。民勇于公战，怯于私斗，乡邑大治”，但秦国仍然是一个无法治的专制国家，因为秦国君主没有受到神权和贵族权利的制约。这样的结论完全违反了历史常识。

换言之，福山的思维模式是，只要理论上有教会和贵族的存在，有对英王权力约束的条款，那么不管中世纪的教会、贵族如何腐败，也不管欧洲有没有良治和公共秩序，社会有没有得到发展，它一直都是法治的社会；而中国不论有没有公共秩序，也不管中国的社会经济如何发展，君主制的中国都是没有法治的，都是绝对权力导致绝对腐败的制度，中国两千多年的历史就一直是在无法治的环境下发展的。

所以，完全按照西方的法治标准和模式来评判商鞅和法家的法治，显然是不公平、不公正的，也会得出违反常识的荒唐结论。因此，法治不仅仅只是一种理论，更是一种实践。没有良好秩序和良好社会发展的社会，不能说完全具有法治。法治肯定不仅仅是西方法治的一种模式。没有神权、宗教、三权分立和民主选举，法治也可以以其他形式存在。中国的法治有中国的特点。

四、商鞅法治：未完成的事业

如果从福山的角度回答法治，那么得回答如何制约君主权力的问题。福山认为，在中世纪，欧洲已经通过神权和宗教形成了对君主权力的约束，所以欧洲在中世纪已经形成了法治。在回答中国问题时，福山认为，中国的法律都是由君主颁布的，没有形成对君主权力的制约，所以，中国从古代到近代都没有法治。

但从西方法治角度来分析就会产生一个问题，那就是为什么中国既没有超然于人类社会的神权权威，也没有宪法之类的权力制衡机制，始终是君主制的国家，实行一个理论上统治者拥有绝对权力的政治制度，却并没有经常性地陷进西方理论中绝对腐败的泥潭？

福山试图回答这个问题，他说，中国皇帝当然有能力实施暴政，然而，中国历代王朝并不以严酷统治著称。在有关产权、征税以及为重塑传统社会风俗而行干预的程度上，中国国家遵守明确的限制，暴政永远可能，但往往不是现实。可惜，他的回答不太能让人接受，因为他对中国的历史文化的理解流于表面。

是什么限制了君主理论上的绝对腐败？福山没有找到答案，试图把它归于统治技术的困难：（1）中国太大，征税成本高，实物难收难运；（2）不同的皇帝有不同的权欲，比如明太祖节俭，避免对外战争，但明成祖派郑和下西洋，开支多了两三倍；（3）权威转授转变为权力转授，导致官吏机构失去控制。

无论从历史、思想史的角度，还是从政治实践的角度看，这个回答都不让人满意。

而商鞅的政治实践和《商君书》其实已回答过类似的问题。商鞅的思路与福山不同，他没有从神权和宗教的角度去解决约束君主权力的问题，因为中国神权和宗教不发展，从这个角度去思考是一条死路。他是从政治实践、权力运行规律和中国历史文化去展开思考的，从而形成了有特色的法治思想。

商鞅法治思想和实践所形成和定义的“中国特色的法治”，与西方法治也存在一些共同点：（1）强调法治原则是任何人都应守法遵法，法律面前人人平等；（2）强调以法治维护国家、社会或共同体的整体利益；（3）强调法治的制度性、规范性、权威性。

但这些只是表面现象，还有更深层的原因。这些原因，我把它们归类为权力“软制约”或者“软法治”的因素。

其实，任何法治问题都需要多维度地进行研究，仅仅看最高权力者是否受到了外在制度的刚性约束，只是一个维度，而不是全部。法治至少包括制度性和外在的约束，即硬约束，也包括权力行使者的思想道德和内在约束，即软约束。

西方的法治强调制度约束、外在约束，玩的是权力制衡的游戏：行政、立法、司法机构三权分立，将定期选举和任期制等作为制约权力的制度性约束，但这些硬约束如果离开了软约束的支撑，就会使效果大大降低。

比如，福山所说的中世纪英国法治的产生过程只是一个假想，到底能否在实践中发生，其实在很大程度上也取决于英王的道德素质及个人的主观选择。虽然受基督教影响，国王确实有遵守法律的义务，但英王到底要不要遵守法律，遵守哪些法律，国王自己有很大的裁量权，他可以把他喜欢的那些法律记下来，也可以把他不喜欢的那些法律摒弃，不再遵守。这不就把法治虚化了吗？法治是否实行，还得看国王个人的喜好。因为中世纪英国的法治一方面强调国王应不服从任何人，但服从上帝和法律；另一方面又说王权不受法律约束，国王是上帝的代理人，所以国王拥有至上的权力，国王所好即有法律效力。前者对君主约束力更大，而后者其实更专制。

同样，当今许多仿效西方民主法治制度的发展中国家，虽然既有三权分立、民主选举、宪法原则，也有宗教法等制度性约束，但其实既不民主，也没法治；既没有稳定的政治秩序，也没有促进经济发展，因为它们缺乏权力约束的软件，即权力行使者所产生的历史环境、文化以及精英阶层本身的素质等软条件。比如新加坡这样的国家，法治之所以有效，与西方法治中三权分立、民主选举的约束都有一定联系，但新加坡执政者的个人素质等软约束因素也起了很大作用。

有没有法治思想、法治制度，与现实中有没有法治是两个不同的维度。正如今天许多名义上有民主选举、三权分立、法治制度，但实际上却社会失序的国家一样。

法治不可能只有一种形式、一种标准，如果要从实践意义上说，如弗里德曼所言，法治仅仅意味着公共秩序的存在；法治也不仅存在一个层次，还有高、中、低三种层次。从低层次上说，一个国家只要有明确而稳定的法律制度，一切依法而治，国家就可以治理好。

法治的实现程度，取决于制度的硬约束和软约束的结合。这就是商鞅法治的特色。

虽然商鞅没有对什么是法治做出明确的定义，但从商鞅的理论尤其是实践来看，商鞅所谓的“法治”包括以下四个方面。

第一，法治的权威性、普遍性，即商鞅所说的以法治国，而不是以政（权力）治国，非法不行、非法不听、非法不视和相对意义上的法律面前人人平等。

第二，对权力资源的约束性。权力资源当时掌握在以君主为核心的权力机构和官吏手中。法治的实行，首先是要约束君主集团，即商鞅所说“法之不行，自上犯之”，于是刑太子师及太子傅；其次，通过君主任命的相对独立的法官、法吏，约束中央权力机构和中央官吏；再次，通过君主、中央机构和官吏、法官、法吏约束地方机构和地方官吏。同时，在权力资源和权力实践中也会生出软约束机制，尤其是在君主和主要的中央官吏之间。比如，日本学者仁井田陞认为，法家的罪刑法定主义，实际上是对各级官吏和机构滥用法权力的一种限制，国家政权出于统治人民的需要而提出来，他们清楚地知道，这种对国家统治权力任意性的限制，确实给国家活动带来种种不便，然而国家权力的支配者为自己所支配的权力确立一个限制，目的在于取得更有利的统治。

第三，国内政治经济的有序性。所谓良法，不仅要从理论评判，也要从实践评判。在实践上，要在一个比较长的时期内保证和平与稳定的秩序，就看是否利国，能否促进国家发展进步，是否利民，是否使百姓有良好的生存环境。只有长期稳定的、和平的社会政治秩序，才能实现国家的发展和建立相对良好的民众生存环境。

第四，对私权利和私财产的保护性。

以上四条是一个整体，不能只以其中的某一个因素来评判。

因此，商鞅时期秦国的政治制度和政治权力的运行，虽然没有教权、贵族的制约，也没有刚性的对君主的制度约束，但却没有掉进西方所谓“绝对权力导致绝对腐败”的陷阱。相反，只要中央权力够强大，就会出现较长时期的政治秩序稳定和经济较快发展。中国历史上政治影响比较大、经济发展比较繁荣，都出现在中央权力强大的时期，相反，当中央权力不够强大，或者地方诸侯、军阀有较大权力时，没有带来西方理论上所谓的权力制约和政治稳定，除了个别时期有较好的发展外，大多数都使中国陷入动荡和混乱之中。这可以从商鞅治秦后 140 多年的历史中看出来。

商鞅法治影响秦国政治百年，从公元前 361 年商鞅进入秦国实行变法改革，到公元前 238 年秦始皇亲政前期，长达 123 年之久。这期间，秦国君王一直都拥有绝对权力，但秦国一直都在政治经济的发展中稳步前进，基本上没有出现较大的政治腐败、政治动乱或政治衰败。如果这只是短期表现，还可以归于偶然，但长达 123 年之久，就说明秦国政治中拥有较强的制约君王滥用权力的因素。

是什么因素阻止了秦国君王和官僚滥用权力？

首先，由于高度中央集权，秦国君王对官僚集团、中央对地方官僚有强大的制度硬约束，在很大程度上限制了中央和地方官吏集团滥用权力。一个强有力的大老虎，约束了成千上万的小老虎。

这可以从当年荀子到秦国考察情况的记述中看出来。秦国边塞险峻，地势便利，山林河流风景美好，自然资源丰富。进入境内，观察它的风俗，百姓朴实，音乐不淫荡卑污，服装不轻佻妖艳，人们非常畏惧官吏而很驯服，就像是古代的人民一样。到了大小城镇的官府，那里的各种官吏都是严肃认真的样子，无不谦恭节俭、敦厚谨慎、忠诚守信而不粗疏草率，真像是古代圣王统治下的官吏。进入它的国都，观察那里的士大夫，他们出家门就进衙门，出衙门就回家，完全没有营私，不互相勾结，不拉党结派，卓然超群。没有谁不明智通达而廉洁奉公，就像古代的官吏一样。观察它的朝廷，退朝前，所有事情都必须处理完毕，安闲得好像没有事情办理一样，真像古代的朝廷。所以秦国四代强盛，并不是因为侥幸，而是必然的结果。这就是亲眼见到的。所以说，安闲而又治理得很好，政令简约而周详，政事不烦乱而有功绩，这是政治的最高境界，而秦国现在就像荀子笔下的秦国一样，不是腐败的国家，而是一个良治国家。这个评价是相当高的。

如何制约秦国君王的权力呢？包括但不限于以下几个方面，就是秩序的软约束、历史的软约束、先祖先圣先贤的软约束、君臣关系的软约束和法治的软约束。

第一，秩序的软约束。只要权力行使者希望国家有一个良好运行的政治秩序，那么就会制定权力约束的条件。这种条件与西方的宗教、神权无关，而与国家社会的公共秩序联系密切。商鞅法治的权威性不来自神权或超自然的存在，而来自对稳定的政治和社会公共秩序的追求，如果没有这种软约束，强大的国家很快就会失序。秦二世而亡，正是由于它丧失了这种软约束，所以很快政治秩序就崩溃了。这反过来说明商鞅缔造的强国家长期稳定运行，是由于存在对权力约束的法治体系，而没有这个法治体系，秦始皇手中的强国家就成了一个“怪胎”。但不能由这个“怪胎”来否定商鞅的法治，正如不能用希特勒这个民主怪胎来否定民主制度一样。

第二，历史的软约束。商鞅之后至秦始皇执政后期，虽然没有了商鞅，但商鞅创立的法治体系的历史影响和惯性还存在。秦惠文王（公元前 338 年—公元前 310 年在位）处死商鞅，但并没有放弃商鞅的法治体系；秦悼武王（在位四年）、秦昭襄王（在位五十六年）、秦孝文王（在位一年）、秦庄襄王（在位三年）这几位秦国君王，都是在其惯性之下行使权力的。不要小看了这种历史的软约束，它的作用实际上是很大的。中国的君王不惧怕神权，不怕上帝、鬼神，却怕在历史上留下恶名，只有那些历史上强国利民的君王才能进入青史留美名的神圣殿堂。秦虽然二世而亡，但商鞅开创的中央集权的统一国家却依然起着巨大作用，尽管以后的君王以及辅助他们掌权的将相都有许多机会实行别的制度，也可以自己去当一个地方诸侯，但却始终不能改变中央集权的统一国家的历史惯性。刘邦可以推翻秦的统治，但却不能完全废了秦制秦律，后来的汉唐宋明清的法律都受到了秦制秦律的影响。

第三，先祖先圣先贤的软约束。中国君王没有神权宗教的约束，但却始终受到逝去的先祖先圣先贤的影响。秦孝公的求贤令是从祖先的光荣开始的，讲述了秦缪公实行德政、振兴武力、称霸西戎、拓展疆土的辉煌历史，而秦孝公振兴秦国的历史又会对以后的秦国君王产生影响。秦缪公开创的重用外国人的先例，也成为秦国一个不成文的制度，对秦国影响深远。从前秦缪公用由余、百里奚、蹇叔、丕豹、公孙支，秦孝公用商鞅，秦惠王用张仪，秦昭王用范雎，秦始皇用吕不韦、李斯，这些外人对秦国的发展起重大作用。秦实际上形成了重用外来人才的制度。商鞅在《商君书》中没有讲自己的先祖如何，但却讲了历史上那些先圣先贤的遗产，为什么秦国要变法，为什么秦国应该实行法治，都是在陈述历史上先圣先贤的成功做法，所以他说，“圣人苟可以强国，不法其故；苟可以利民，不循其礼”，“三代不同礼而王，五霸不同法而霸”，“故汤武不循古而王”，又以“伏羲、神农，教而不诛；黄帝、尧、舜，诛而不怒；及至文、武，各当时而立法，因事而制礼。礼、法以时而定；制、令各顺其宜……汤、武之王也，不循古而兴”来反驳保守派不要改革的观点。

儒道法三家实际在一定程度上都是承认先圣先贤的权威的。先祖先圣先贤的权力约束性虽然没有完全实现，但有一定作用。比如，汉高祖刘邦所立非诸刘不封王，两汉各帝基本实行；宋太祖赵匡胤曾在太庙立碑刻誓“不得杀士大夫及上书言事人”，“子孙有渝此誓者，天必歼之”，这对宋朝各代皇帝都有约束力，文人可以褒可以贬，可以降可以升，但宋朝确实没有文人被杀的案例。

第四，君臣关系的软约束。中国历史上存在的君臣关系实际上可以分为四种：一是强君弱臣，二是弱君强臣，三是强君强臣，四是弱君弱臣。如果再引入法治意识的强弱，则会产生几十种不同的君臣关系。真正的明君明臣（法治政治，如商鞅时期）和强君弱臣、昏君乱臣（暴政如秦始皇后期，乱政如秦二世、赵高时期），其实都是少数，大多数的君臣关系可能以偏中间为主。在不同的君臣关系条件下，存在着对绝对君王权力的不同程度的限制。比如，秦孝公和商鞅属于明君强臣型，秦孝公名义上的无限权力首先受秦孝公自身素质的约束，大力支持商鞅变法，其次受到商鞅的强约束，因此，秦孝公的君主绝对权力可以说也受到了绝对约束，在此间 20 多年中，秦国没有君主乱法的记载。秦昭襄王时，穰侯魏冉在其姐宣太后的支持下权力很大，在很长时期制约了秦昭襄王的权力，直到秦昭襄王后期，他才真正掌握大权。秦庄襄王和秦王政前期形成了弱君强臣的局面，大权实际上在秦相国吕不韦等大臣手中。可以说，从公元前 361 年秦孝公与商鞅改革时代到公元前 238 年嬴政亲政的 123 年间，理论上君王的绝对权力其实并不存在，当然也就没有所谓绝对腐败的可能。秦王政在清除了赵太后、嫪毐后宫集团和吕不韦官僚集团后，才开始真正拥有绝对权力，并在一统六国的进程中达到了顶峰，在秦二世、赵高乱政时期产生了绝对腐败。

这一君臣权力的软约束关系，在秦之后的汉唐明清时期都有不同程度的表现。唐代时设有中书省和门下省，是和皇帝一起参与政治决策过程的两个重要权力机构，皇帝的命令由两机构拟定、审核，重大决定都要在皇帝的敕字之下加盖中书门下的大印，才能正式下发执行。由皇帝直接发出的命令，在当时被认为是违法的，不能为下面各级机关承认。在宋代也有相同的制度，皇帝的命令必须由宰相副署后才能合法生效，如果宰相或有影响的大臣对皇帝的旨意提出不同意见或反对意见，往往也有皇帝被迫撤回自己诏令的例子。比如，汉朝时，哀帝加封嬖臣董贤官爵，丞相王嘉不肯副署，退还诏书；桓帝下诏逮捕大臣，太尉陈蕃不肯副署；景帝想封王信为侯，周亚夫不肯，并以高祖非刘不王相对；成帝想用刘向为九卿，因大臣反对作罢。宋仁宗的御史大夫包拯、宰相文彦博等大臣的影响力都很大，对宋仁宗形成了很大的约束。包拯曾联合其他大臣，联合弹劾宋仁宗宠妃的伯父三司使张尧佐，宋仁宗觉得不好对宠妃交代，想外放张尧佐当节度使，但包拯等大臣不依不挠，强烈反对，宋仁宗最后也只好作罢，彻底罢免了张尧佐。

所以，这种君臣关系对名义上有无限权力的君王形成了一定的软约束。

第五，法治的软约束。商鞅的法治，对官吏集团是有硬约束的，但其最大的软肋是没有对君主的硬约束。在商鞅的法治实践和思想中，存在对君主的软约束，这种软约束对强势有为的君主的约束较弱，对那些昏庸乱为的君主不起作用，但对大部分才能中等、不乱为的君主有一定的约束力。这一点在本书正文第七章已经论述过。

有一个事例，可以看出在一定的历史条件下，中国君主制中的软约束可能比英国君主制下的所谓硬“法治”更能约束君主权力。1608年，英国国王詹姆斯一世要亲审一起案件，大法官柯克反对，他反驳道：“陛下对英格兰王国的法律并不精通。”詹姆斯一世很愤怒，说国王代表法律，大法官回答说：“国王在上帝和法律之下。”但事情最后以詹姆斯一世罢免柯克而告终。而比詹姆斯一世要早500多年的宋仁宗，有一次也想亲自当法官直接给近臣判罪。按理说近臣犯罪是皇室的私事，以家法私自处置理论上并无不妥。但御史大夫王贽抗议说：“情有轻重，理分故失，而一切出于圣断，前后差异，有伤政体，刑法之官安所用哉？”“请自今悉付有司正以法。”宋仁宗最终只好接受了王贽的意见。可见，受到软约束的宋仁宗，要比所谓有“法治”硬约束的英王詹姆斯一世更讲法治，更尊重司法的独立性。

可见，西方所谓“绝对权力导致绝对腐败”，在公元前361年至公元前238年的123年中基本没有发生，或者说商鞅特色的法治思想对当时的几位君主在理论上无限的权力，都起到了一定的约束作用。只有对秦始皇、秦二世这两个君主制的极端例子没能起作用。虽然不存在福山等人所说的神权约束和分权约束，但商鞅法治对君权的约束确实存在，这就是商鞅特色法治何以成为可能的历史现实。

刚性约束最高权力者只是法治的一个重要方面，但不是唯一和绝对的，不能以此作为判断一个国家法治的唯一标准。

商鞅特色法治体现在法治的权威性、普遍性、对权力资源的约束性、国内政治经济的有序性、对私权利和私财产的保护性方面，商鞅法治在第一条、第二条的一部分和第三条，是相对较好的，也有不少成就。但商鞅法治也有逊色于西方的法治的地方，主要有两条。

一是维护百姓利益、个人利益方面，商鞅的法治远不如西方法治具有规范性、程序性、有效性。二是在制约公权力的力度方面，商鞅的法治约束最高权力资源即君权，以法治来“驯化国家权力”方面，不如后世西方法治的弹劾、审判、选举、限定任期等方法有效。

因此，不能完全从西方法治的定义来判断商鞅特色法治的内容，也不应仅从名义上、思想上、制度上看有没有对最高执政者的权力约束，法治不单是理论问题，更是实践问题。因此，应从理性和实践两方面综合评判。从总体上说，商鞅特色法治思想并不完善，但已具备现代法治的精神。他的法治思想和法治实践也为中国建设法治社会提供了宝贵的历史经验，值得人们珍视。当然，商鞅的法治也是一个未完成的事业，如何驯化权力机构，把权力装进法治的笼子里，如何保护公民的个人权利不受公权力的侵害等，都是中国法治社会、法治政府、法治国家建设中亟待解决的问题，需要中国的有识之士继续为之努力。

后 记

我在2013年出版《华夏主义——华夏体系500年的大智慧》和《中国崛起——华夏体系500年的大历史》后，持续对老子、孔子、商鞅的思想进行思考，我认为这三位代表了中国历史上诸子百家政治思想的最高水平。解读《论语》和儒家政治思想的论著有很多，我无意对此做更多的研究，但是对老子和商鞅的政治思想的研究成果不满意，于是这几年重点对老子和商鞅的政治思想进行了较多的思考。我在2017年和2018年分别出版了《〈老子〉：新视角、新解译》和《老子政治哲学：天道、政治、德道、治道、术道、器道》，对《华夏主义——华夏体系500年的大智慧》中有关老子的思想进行了更全面的研究和分析。之后，重点转到对商鞅政治思想的思考上。我认为，老子的政治思想长于政道，提出了道法自然、以百姓之心为心、无为而治、损补抑举等非常优秀的思想，而商鞅的长处在于提出了以法治国，在治道上达到了很高的水平。一般人只注意到商鞅以法治国的思想，殊不知商鞅的治道思想也很丰富，在治农、治官、治军和社会治理方面都有精彩的论述。基于此，我在《华夏主义——华夏体系500年的大智慧》一书的基础上进一步解读商鞅的思想，扩展成这本拙著，以期引起读者对商鞅治道思想的重视，也算是对华夏主义思想体系的补充和扩展。

期待读者们通过阅读本书，能够对商鞅治道的精华有更多的了解，尤其期望商鞅以法治国的思想能在今天中国依法治国的伟大实践中发挥有益的作用，特别希望中国能早日建成法治国家、法治政府、法治社会。中国在法治道路上向前迈进一步，必将大大提升百姓的安全指数和幸福指数。衷心祝愿我们伟大的祖国早日成为法治昌明的国家。

谨以此拙作为酒为花，献于二老的墓前，告慰二老的在天之灵。

感谢北京大学国际关系学院领导和同事们的支持与帮助，能在北京大学国际关系学院和谐的团队和环境中进行工作与研究，是我莫大的荣幸。

北京大学是值得怀念的精神家园，我有幸在这个精神家园中度过人生最美好的时光，感谢北京大学对我的帮助和支持。

感谢我的家人、亲朋好友在我的生活中和写作本书的过程中，给予我的真诚和亲切的支持、帮助、鼓励和关心。

感谢中信出版集团以及本书编辑团队给予的支持和辛勤付出。

感谢微信朋友圈里许多认识和不认识的朋友点赞、鼓励与支持！

愿华夏主义的精神能在中华民族的伟大复兴中发挥更大的作用。

作者 2019 年 6 月 10 日定稿，2020 年 9 月 22 日修改

主要参考书目

原典：

《春秋左传译注》，鲁开泰译注，武汉出版社 1998 年版

《白话管子》，赵守正译注，岳麓书社 1993 年版

《白话国语》，赵望秦等注译，三秦出版社 1998 年版

《新编诸子集成：韩非子集解》，钟哲点校，中华书局 1998 年版

《评析本白话韩非子》，王宁主编、王煦华、叶青评析，北京广播学院出版社 1993 年版

《纵横家全书》，房立中主编，学苑出版社 1994 年版

《〈吕氏春秋〉白话今译》，谷声应译注，中国书店 1992 年版

《六韬译注》，郑利群、郑京编译，陕西人民出版社 1992 年版

《（原著）孙子兵法与三十六计》，公孙道明编著，广西民族出版社 1995 年版

《商君书校疏》，张觉撰，知识产权出版社 2012 年版

《商君书译注》，石磊、董昕译注，黑龙江人民出版社 2003 年版

《商君书注译》，高亨著，清华大学出版社 2010 年版

《白话史记》，盛广智译，吉林文史出版社 2008 年版

《周礼》，吕友仁、李正辉等译，中州古籍出版社 2010 年版

《睡虎地秦墓竹简》，睡虎地秦墓竹简整理小组编，文物出版社 1978 年版

《战国策》，夏侯忠良编译，贵州人民出版社 1994 年版

《里耶秦简校诂》，王焕林著，中国文联出版社 2007 年版

《汉书》，内蒙古文化出版社 2010 年版

《张家山汉墓竹简》，张家山二四七号汉墓竹简整理小组编著，文物出版社 2001 年版

主要研究著作：

《西欧中世纪史》（第六版），（美）布莱恩·蒂尔尼、（美）西德尼·佩因特著，袁传伟译，北京大学出版社 2011 年版

《商鞅评传》，陈启天著，商务印书馆 1935 年版

《英国法制史》，程汉大主编，齐鲁书社 2001 年版

《日知录校注》，陈垣校注，安徽大学出版社 2007 年版

《胡适讲国学》，胡适著，吉林人民出版社 2009 年版

《中国法学史》，何勤华著，法律出版社 2006 年版

《中国哲学十讲》，李石岑著，广西师范大学出版社 2010 年版

《先秦政治思想史》，刘泽华著，南开大学出版社 1984 年版

《中国古代政治思想史》，刘泽华主编，南开大学出版社 1992 年版

《中国传统政治思想反思》，刘泽华著，生活·读书·新知三联书店 1987 年版

《政道与治道》，牟宗三著，广西师范大学出版社 2006 年版

《政治秩序的起源：从前人类时代到法国大革命》，（美）弗朗西斯·福山著，毛俊杰译，广西师范大学出版社 2014 年版

《中国现代国家的起源》，（美）孔飞力著，陈兼、陈之宏译，生活·读书·新知三联书店 2013 年版

《秦国发展史》，林剑鸣著，陕西人民出版社 1981 年版

《中国文化史》，柳诒徵著，东方出版中心 2008 年版

《中国历代政治得失》，钱穆著，生活·读书·新知三联书店 2001 年版

《中国法律与中国社会》，瞿同祖著，中华书局 2003 年版

《秦律通论》，栗劲著，山东人民出版社 1985 年版

《韩非子政治思想再研究》，宋洪兵著，中国人民大学出版社 2010 年版

《先秦诸子精神：百家争鸣、融合与传统文化整体观》，孙开泰著，凤凰出版社 2010 年版

《法家“以法治国”思想研究》，时显群著，人民出版社 2010 年版

《先秦七子思想研究》，童书业著，齐鲁出版社 1982 年版

《战国史》，杨宽著，上海人民出版社 2015 年版

《春秋战国时期的中国外交思想》，叶自成著，香港社会科学出版社 2003 年版

《华夏主义——华夏体系 500 年的大智慧》，叶自成、龙泉霖著，人民出版社 2013 年版

《中国崛起——华夏体系 500 年的大历史》，叶自成著，人民出版社 2013 年版

《以百姓心为心——老子政治哲学》，叶自成著，上海远东出版社 2018 年版

《道法中国》，翟玉忠著，中央编译出版社 2008 年版

《先秦儒家哲学九讲：从〈春秋〉到荀子》，张祥龙著，广西师范

大学出版社 2010 年版

《秦始皇传》，张分田著，人民出版社 2003 年版

《政治世界的思想者》，张汝伦著，复旦大学出版社 2009 年版

《商鞅评传》，郑良树著，南京大学出版社 1998 年版